普通高等教育交通运输类专业系列规划教材

交通影响评价

主　编　马昌喜　马超群
参　编　刘博航　胡树成　孙文红
　　　　王玉萍　李　顺
主　审　王建军

机械工业出版社

本书系统阐述了交通影响评价的基本理论、方法及其应用。内容包括绪论、交通影响评价涉及的专业术语与基本问题、面向交通影响评价的交通调查与分析、交通需求预测、交通影响程度评价、交通改善措施、基于交通软件的交通预测与仿真以及5个交通影响评价案例。

本书既可作为高等院校交通工程、交通运输专业本科教材，也可作为交通运输工程等相关专业研究生的教材或参考书，还可供从事交通规划、设计和交通影响评价等工作的技术人员和管理人员参考。

本书配有电子课件，免费提供给选用本书的授课教师，需要者请登录机械工业出版社教育服务网（www.cmpedu.com）注册下载。

图书在版编目(CIP)数据

交通影响评价/马昌喜，马超群主编.—北京：机械工业出版社，2014.3(2025.1重印)
普通高等教育交通运输类专业系列规划教材
ISBN 978-7-111-45849-4

Ⅰ.①交… Ⅱ.①马… ②马… Ⅲ.①交通运输-影响因素-评价-高等学校-教材 Ⅳ.①U491.1

中国版本图书馆CIP数据核字(2014)第027989号

机械工业出版社(北京市百万庄大街22号 邮政编码100037)
策划编辑：刘 涛 责任编辑：刘 涛 李 帅
版式设计：常天培 责任校对：闫玥红
封面设计：马精明 责任印制：单爱军
北京虎彩文化传播有限公司印刷
2025年1月第1版第5次印刷
184mm×260mm · 14印张 · 2插页 · 340千字
标准书号：ISBN 978-7-111-45849-4
定价：39.80元

电话服务
客服电话：010-88361066
010-88379833
010-68326294

网络服务
机 工 官 网：www.cmpbook.com
机 工 官 博：weibo.com/cmp1952
金 书 网：www.golden-book.com
机工教育服务网：www.cmpedu.com

前　言

随着我国社会经济的快速发展和城镇化进程的加快，城市建设项目日益增多，这些新的建设项目建成以后，会产生一些新的交通需求，会给原本不是很“宽裕”的城市道路、停车场等基础设施造成一定的压力。交通影响评价是以最大限度地平抑城市局部的开发所引起的交通需求与交通供给之间的不平衡为目标，运用定性和定量相结合的方法，对土地开发项目与交通需求增长之间的关系进行研究，分析开发项目对周边一定范围内的道路交通设施造成的影响（包括影响范围、影响程度等），根据交通影响评价与分析结果，确定相应的对策或修改方案，以减少开发方案对交通的影响。目前，交通影响评价工作正在国内如火如荼地开展。

目前国内与“交通影响评价”相关的教材较少，这些教材都是在CJJ/T 141—2010《建设项目交通影响评价技术标准》颁布之前撰写出版的，其中的部分内容与新标准不完全一致。为了让学生能够系统、全面地掌握最新的交通影响评价理论、方法和技术标准，编者联系了国内外多名交通专业人士合力编写了这本教材，希望能为交通工程专业建设和人才培养尽微薄之力。

本书共分8章，其中第1章为绪论，第2章介绍交通影响评价涉及的专业术语与基本问题，第3章阐述面向交通影响评价的交通调查与分析，第4章和第5章分别介绍交通需求预测和交通影响程度评价，第6章介绍交通改善措施，第7章介绍基于交通软件的交通预测与仿真，第8章列举了5个不同类型建设项目交通影响评价案例。

本书由兰州交通大学交通运输学院马昌喜和长安大学马超群主编，长安大学王建军教授主审。具体编写分工为：第1、4、5章由马昌喜编写，第2章和附录由孙文红（兰州交通大学）编写，第3章由马超群和王玉萍（西安建筑科技大学）编写，第6章由李顺（长沙理工大学）和马昌喜编写，第7章由刘博航（石家庄铁道大学）、胡树成（英国SIAS公司）和马昌喜编写，第8章由马超群和马昌喜编写。在编写过程中，研究生刁爱霞、麻存瑞和叶清在资料收集、图文整理及书稿校对等方面给予了大力支持。感谢华中科技大学邹志云教授、张席洲教授、王进博士，合肥工业大学张卫华教授，武汉理工大学吴超仲教授，东南大学任刚教授，同济大学滕靖教授、杨金顺博士，南京理工大学胡启洲教授，华东交通大学赵小平教授，上海第二工业大学杨涛教授，桂林电子科技大学李文勇教授，北京工业大学朱成明博士，华南理工大学沈旅欧博士，长沙理工大学卢守峰博士，南京工业大学王卫杰博士，山东科技大学靳露博士在本书写作过程中给予的指导。感谢南京市城市与交通规划设计研究院有限责任公司钱林波、孙俊、郜俊成，武汉市城市综合交通规划设计研究院刘金、郑猛、佘世英，福州市规划设计研究院交通规划所陈仁春、周华，昆明市城市交通研究所孙莉芬、曹乔松等交通领域的专家给予的帮助。本书广泛参考了相关文献，在此谨向这些著作和文献资料的作者们表示衷心的感谢。

鉴于我国交通影响评价研究的历史很短，由于其探索性和本书的篇幅以及编者水平所限，书中不妥之处，恳请读者不吝指正。本书虽然尽可能列出了所参考的文献，但仍可能有疏漏之处，诚请读者提供相关信息，作为本书再版时修订的依据。

马昌喜

E-mail：147779014@qq.com

于兰州交通大学

目　录

前言
第1章　绪论 ………………………………… 1
1.1　概述 ………………………………… 1
1.2　国内外交通影响评价概况 ……… 2
1.2.1　国外交通影响评价发展概况 …… 2
1.2.2　国内交通影响评价发展概况 …… 3
1.2.3　国内外交通影响评价的差异 …… 4
1.3　交通影响评价的内容与作用 …… 5
1.3.1　交通影响评价的目的 …………… 5
1.3.2　交通影响评价的内容 …………… 5
1.3.3　交通影响评价的作用 …………… 7
1.4　交通影响评价发展趋势 ………… 8
1.4.1　区域交通影响评价 ……………… 8
1.4.2　交通影响后评价………………… 8
思考题……………………………………… 9
第2章　交通影响评价涉及的专业术语与基本问题 ……………………… 10
2.1　交通影响评价涉及的专业术语………………………… 10
2.2　与交通影响评价相关的基本问题………………………… 11
2.2.1　建设项目分类 ………………… 11
2.2.2　交通影响评价启动阈值 ……… 13
2.2.3　交通影响评价范围 …………… 14
2.2.4　交通影响评价年限 …………… 15
2.2.5　交通影响评价时段与评价日 …… 15
2.2.6　交通影响费用确定 …………… 15
2.2.7　道路交通分析 ………………… 16
2.2.8　土地利用分析 ………………… 17
2.2.9　建设项目交通组织管理 ……… 18
思考题 …………………………………… 19
第3章　面向交通影响评价的交通调查与分析 ……………………… 20
3.1　面向交通影响评价的交通调查内容………………………… 20
3.1.1　土地利用调查 ………………… 20
3.1.2　道路基础设施调查 …………… 21
3.1.3　交通管理设施调查 …………… 21
3.1.4　交通运行状况调查 …………… 21
3.1.5　停车调查……………………… 22
3.1.6　公共交通调查 ………………… 22
3.1.7　周边同类性质项目调查 ……… 22
3.2　交通量调查与分析……………… 23
3.2.1　交通量调查概述 ……………… 23
3.2.2　交通量人工观测法 …………… 23
3.2.3　交通量调查数据的整理与分析 ……………………… 24
3.3　车速、延误调查与分析………… 25
3.3.1　车速的基本概念 ……………… 25
3.3.2　地点车速调查 ………………… 26
3.3.3　区间车速调查 ………………… 28
3.3.4　延误调查概述 ………………… 32
3.3.5　延误调查方法 ………………… 33
3.4　通行能力计算与分析…………… 33
3.4.1　路段通行能力计算与分析……… 33
3.4.2　交叉口通行能力计算与分析 …… 35
3.4.3　常规公交线路的通行能力……… 39
3.4.4　城市轨道交通系统运输能力分析 ……………………… 40
3.4.5　自行车道通行能力分析 ……… 42
3.4.6　行人交通设施通行能力分析 …… 43
3.5　停车调查与分析………………… 43

3.5.1 停车调查概述 …… 43
3.5.2 停车设施供应调查 …… 44
3.5.3 车辆停放实况调查 …… 44
3.6 公共交通调查 …… 47
3.6.1 公共交通调查概述 …… 47
3.6.2 公共交通调查表格 …… 47
3.7 周边同类性质项目调查 …… 49
思考题 …… 49
第4章 面向交通影响评价的交通需求预测 …… 50
4.1 交通需求预测的内容与步骤 …… 50
4.2 背景交通需求预测 …… 50
4.3 建设项目交通需求预测 …… 53
4.3.1 交通生成 …… 53
4.3.2 交通分布 …… 54
4.3.3 交通方式划分 …… 55
4.3.4 交通分配 …… 57
4.3.5 停车需求预测 …… 59
思考题 …… 62
第5章 交通影响程度评价 …… 63
5.1 概述 …… 63
5.1.1 评价对象 …… 63
5.1.2 评价指标与评价方法 …… 63
5.1.3 评价流程 …… 65
5.2 交通影响程度总体评价 …… 65
5.2.1 机动车交通影响程度评价 …… 65
5.2.2 公共交通影响程度评价 …… 65
5.2.3 慢行交通影响程度评价 …… 66
5.2.4 停车设施交通影响程度评价 …… 66
5.3 交通影响程度评价标准 …… 67
思考题 …… 69
第6章 交通改善措施 …… 70
6.1 项目总平面规划方案交通改善 …… 71
6.1.1 项目开发强度改善 …… 71
6.1.2 建筑物退让与内部道路交通改善 …… 71
6.1.3 基地出入口交通改善 …… 71
6.1.4 配建停车设施交通改善 …… 73
6.2 路段交通改善措施 …… 75
6.2.1 优化路幅 …… 76
6.2.2 优化交通标志标线 …… 76
6.2.3 隔离 …… 76
6.2.4 优化管控 …… 76
6.2.5 其他 …… 77
6.3 交叉口交通改善措施 …… 77
6.3.1 交叉口几何构造改善 …… 77
6.3.2 渠化改善 …… 78
6.3.3 交通控制改善 …… 79
6.3.4 行人过街安全设施改善 …… 79
6.4 公共交通改善措施 …… 80
6.4.1 发展大运力快捷公交方式 …… 80
6.4.2 公交智能信息系统 …… 80
6.4.3 公交专用道与专用相位 …… 80
6.4.4 公交站选型 …… 80
6.5 停车设施改善措施 …… 81
6.5.1 配建停车设施改善 …… 81
6.5.2 公共停车设施改善 …… 81
6.5.3 停车设施运营管理改善 …… 81
6.6 交通安全改善措施 …… 82
6.6.1 改善道路条件 …… 82
6.6.2 完善交通安全管理设施 …… 82
6.7 其他综合性改善措施 …… 82
思考题 …… 83
第7章 基于交通软件的交通预测与仿真 …… 84
7.1 基于TransCAD的交通预测 …… 84
7.1.1 TransCAD概况及其基本操作 …… 84
7.1.2 基于TransCAD中的交通预测操作步骤 …… 86
7.2 基于TranStar的交通预测与分析 …… 104
7.2.1 TranStar概况 …… 104
7.2.2 基于TranStar的交通预测操作步骤 …… 105
7.3 基于VISSIM的交通仿真 …… 109
7.3.1 VISSIM概况 …… 109
7.3.2 基于VISSIM的交通仿真

操作步骤 …… 110
7.4 基于 Paramics 的交通仿真 …… 128
7.4.1 概述 …… 128
7.4.2 基于 S-Paramics 的交通仿真操作步骤 …… 129
思考题 …… 145
第 8 章　交通影响评价案例 …… 146
8.1 某居住小区建设项目交通影响评价 …… 146
8.1.1 项目概述 …… 146
8.1.2 项目建设背景与现状交通分析 …… 147
8.1.3 交通需求预测 …… 151
8.1.4 项目交通影响评价 …… 152
8.1.5 项目交通组织方案 …… 154
8.1.6 结论与建议 …… 155
8.2 某体育场建设项目交通影响评价 …… 156
8.2.1 项目概述 …… 156
8.2.2 目标年与影响范围确定 …… 157
8.2.3 项目建设背景与现状交通分析 …… 158
8.2.4 交通需求预测 …… 163
8.2.5 项目交通影响评价 …… 167
8.2.6 项目交通组织方案 …… 170
8.3 某学校建设项目交通影响评价 …… 172
8.3.1 项目概述 …… 172
8.3.2 现状分析 …… 175
8.3.3 规划分析 …… 181
8.3.4 交通供需分析 …… 182
8.3.5 交通组织与交通改善 …… 190
8.3.6 结论与建议 …… 192
8.4 某物流园区建设项目交通影响评价 …… 193
8.4.1 项目背景 …… 193
8.4.2 项目评价年限与影响范围 …… 193
8.4.3 道路交通系统分析 …… 193
8.4.4 交通需求预测 …… 195
8.4.5 交通影响分析与评价 …… 201
8.4.6 交通组织及改善建议 …… 202
8.4.7 结论与建议 …… 203
8.5 某城市综合体建设项目交通影响评价 …… 204
8.5.1 项目背景 …… 204
8.5.2 评价范围与年限 …… 204
8.5.3 评价日与评价时段 …… 204
8.5.4 现状调查与分析 …… 204
8.5.5 交通需求预测 …… 205
8.5.6 道路和交叉口交通影响评价 …… 206
8.5.7 交通问题及改善措施简述 …… 208
8.5.8 评价结论 …… 209
8.6 本章小结 …… 209
思考题 …… 209
附录 …… 210
附录 A　交通影响评价报告主要内容 …… 210
附录 B　机动车服务水平分级 …… 211
参考文献 …… 214

第 1 章

绪　论

1.1 概述

近年来，随着社会经济的发展和城市化进程的加速，机动车保有量不断增加，交通需求激增。现有的城市交通建设的速度很难适应交通需求快速增长的需要，城市交通供需不平衡现象较为严重，而且很难在短期内解决，随之出现的交通拥堵、交通事故、交通环境恶化等问题愈演愈烈。这些问题不仅影响城市居民的日常生活和生命财产安全，而且严重地制约了城市的持续发展。

城市在发展的过程中，需要新建或改建很多配套设施，如学校、医院、体育场馆、购物中心、住宅小区等，这些新的建设项目建成以后，会成为新的交通产生源和吸引源，产生一些新的交通需求，会给原本不是很“宽裕”的城市道路、停车场等基础设施造成一定的压力。特别是城市内大型建设项目，产生和吸引的交通需求往往波及项目周围乃至整个路网，导致路网局部乃至全局的交通供求关系失衡。由于城市某些地区过度开发，在大型建设项目建设时不考虑未来的交通问题，而给周边的道路交通管理带来了无法克服的困难的事例屡见不鲜。

所谓交通影响评价，即是以最大限度地平抑城市局部的开发所引起的交通需求与交通供给之间的不平衡为目标，运用定性和定量相结合的方法，对土地开发项目与交通需求增长之间的关系进行研究，分析开发项目对周边一定范围内的道路交通设施造成的影响（包括影响范围、影响程度等），根据交通影响评价与分析结果，确定相应的对策或修改方案，以减少开发方案对交通的影响。交通影响评价的英文表述为 traffic impact analysis 或 traffic impact assessment，简称为 TIA。

为了有效地防止由于城市的过度开发给城市交通系统造成过大的压力，确保城市道路交通的供给与需求基本保持平衡，合理进行交通组织，保持道路畅通安全，降低交通事故率，这就需要在城市土地规划、建设项目审批阶段，规划部门和交通管理部门共同根据道路交通管理要求，对建设项目可能对周边交通产生的影响进行审核；在城市交通基础设施建设中，建立起规划、建设、环保、交管部门相互配合，协调管理的工作机制，建立起城市建设项目科学的决策程序和监督管理制度。

从本质上说，交通影响评价是局部土地利用与交通管理系统的综合分析评价，也是交通规划与管理在局部范围的具体化。在项目建设之前，通过交通影响评价可以分析现状交通问题，对土地利用规划进行及时地比较论证和信息反馈；预测未来的交通状况，提出近期或局部的交通设施改善计划，满足道路交通管理的需求，从而给道路交通资源利用和道路交通管理找到最优的结合点。

通过交通影响评价可以改变以往交通规划与管理脱节的局面，所以交通影响评价是局部地把交通规划目标和交通管理目标有机地结合在一起，使两者互动的有效手段。

交通影响评价工作在国外已普遍开展，一般均有强制性规定，与“环境影响评价”一样重要。

2004 年 5 月 1 日起施行的《中华人民共和国道路交通安全法实施条例》第三条明确规定：“县级以上地方各级人民政府应当建立、健全道路交通安全工作协调机制，组织有关部门对城市建设项目进行交通影响评价。”该法律的颁布实施为维护道路交通秩序，预防和减少交通事故，保护人身安全，保护公民的财产安全和其他的合法权益，提高通行效率奠定了基础。

很多城市对城市建设项目交通影响评价也作出了具体的规定，如北京市规划委员会 2001 年 10 月 16 日发布的《北京市规划委员会关于对部分新建项目进行交通影响评价的通知》（市规发〔2001〕1001 号）中指出：为确保首都城市建设协调发展，有效缓解城市交通紧张状况，经北京市政府同意，在北京市开展部分新建项目交通影响评价工作，自 2002 年 1 月 1 日开始实施，并给出了“北京市建设项目交通影响评价准则和要求”。上海于 2006 年 7 月 20 日下发了《上海市建设项目交通影响评价规划管理暂行规定》。目前，国内很多城市已经陆续出台了本地区的“建设项目交通影响评价具体规定”。

由公安部、住建部共同开展的“畅通工程”也对交通影响评价提出了很高的要求。例如，“畅通工程”评价指标体系《城市道路交通管理评价指标体系》（2003 版），将参加交通影响评价的城市从过去的 A 类城市扩大到了 D 类城市，所有参加畅通工程建设的城市都应当建立城市建设项目交通影响评价的工作机制。

2010 年 3 月 31 日，中华人民共和国住房和城乡建设部批准《建设项目交通影响评价技术标准》为行业标准，编号为 CJJ/T 141—2010，自 2010 年 9 月 1 日起实施。目前交通影响评价工作正如火如荼地在国内展开。

1.2 国内外交通影响评价概况

1.2.1 国外交通影响评价发展概况

交通影响评价（简称交评）工作最早始于美国，而后在英国、加拿大、澳大利亚和日本等国均得到普及开展。

1. 美国的研究概况

1920 年以前，美国以地方政府为主体进行基础设施建设，并未认识到对土地开发进行管理是一个重要问题。当时，许多开发商在基础设施尚不完善的区域（如市郊）对土地进行开发，投资形成规模后，基础设施随之得到改善。后来随着基础设施建设压力的增大，20 世纪 20 年代美国商务部颁布了《The Standard City Planning and Zoning Enabling Acts》（《城市规划和区划的标准法案》），该法案限制了开发的地点和类型，对基础设施建设不充分的地方，不允许开发。20 世纪 40 年代，对城市周围地区的开发，地方政府只负责主要基础设施的建设，其余配套设施由开发者承担建设，这种做法客观上导致了无秩序的开发。20 世纪 70 年代以后，由于这种高速而无秩序的开发，加之政府预算对交通基础设施投资的削减，造成交通设施不足，路网服务水平下降，道路拥挤。美国政府开始研究从供需两方面寻求影响交通行为的策略，地方政府也意识到在高速发展地区研究开发项目对周围交通条件造成影响的必要性，并开始探讨通过开发者负担来保证基础设施建设的资金来源，交通影响评价作为规划实施手段日益受到重视。20 世纪 80 年代中期以后，美国对交通影响评价的理论体系、基本内容、分析方法与步骤、交通影响费的确定标准等进行了广泛而系统的研究。20 世纪 90 年代初，美国联邦政府为了协调土地利用与交通问题的关系，先后提出了《Clear Air Act》（《清洁空气法案》）和《Inter modal Surface Transportation Efficiency Act 》（《陆地联合运输效率法》）等一系列法案，这促进了政府、交通工程师和开发商间的合作。许多州都依据本州情况建立了各自的交通影响评价方法与标准，对新建开发项目实施交通影响评价，同时制定了征收交通影响费政策。

美国的交通影响评价，一般由地方政府首先设定作为政策对象的开发工程项目条件，当进行符合该条件的开发时，开发者必须向咨询公司招标，由咨询公司进行交通影响评价，然后向地方政府提出交通影响评价报告书。但是其步骤和方法从一开始就没有标准，各地方政府要求不一，即便在同一地方政府辖区内，交通影响评价的步骤和方法也有很大差异。在此情况下，ITE 的一些委员会和州分部在总结全美的交通影响评价步骤和方法基础上，提出了较为完善的步骤。

2. 其他国家的研究概况

西方国家在早期进行交通影响评价时，由于无统一的规范，研究的深度与广度有很大的不同。直至 20 世纪 90 年代初，美国才公布统一的工作指南，而英国是在 1994 年，经过系统的研究之后，由交通运输协会（IHT）公布了全国统一的交通影响评价指南，其交通影响评价过程与美国基本上相似。英国进行交通影响评价一般采用网络分析软件，在交通预测与分析方面体现了自己的特色，其核心内容包括交通生成、交通分布和交通评估等部分，这需要有大量交通基础数据和模型的支持。澳大利亚和日本分别于 1987 年和 1990 年开始研究建设项目的交通影响评价方法。

1.2.2 国内交通影响评价发展概况

随着人们对城市内大型建设项目交通影响评价重要性认识的加深，国家有关部门以及许多城市相继将交通影响评价制度、相应法规地研究和制定提到了议事日程上。

国内最早的交通影响评价研究是 1991 年对上海市静安区的交通影响评价，研究沿用美国的交通影响评价方法对静安区作为副中心的未来开发交通影响进行了分析。目前，政府对大型建设项目也施行了交通影响评价制度，国内的一些大中城市，如北京、上海、南京、哈尔滨、昆明、石家庄等都先后制定了交通影响评价工作标准。

随着公安部、住建部“畅通工程”的实施，各地方对建设项目的交通影响评价都非常重视，并在积极制定科学化、规范化的交通影响评价政策和法规。部分城市的城建部门和规划部门已经出台了试行的交通影响评价编制办法及其相关规定。在这些规定中要求土地开发项目的交通影响评价必须与其他报批材料一并报市相关主管部门审批，并规定了需要进行交通影响评价的具体条件（即阈值）。

北京自2002年1月1日开始实施《北京市建设项目交通影响评价准则和要求》（2001年）。上海于2006年7月20日下发了《上海市建设项目交通影响评价规划管理暂行规定》(2006年)。《哈尔滨市城市规划局城市规划审批管理规定》（2006年）中规定：工业项目、对环境有影响的建设项目还需提供环保部门评估意见；重大项目还需提供交通影响评价书。武汉市人大常委会（编号［217］）建议：加大中环、外环线建设的力度，新建的高层建筑或居民小区，应进行交通影响评价分析，确立对交通环境的一票否决制度。我国台湾省也建立了进行交通影响评价的制度，并在某些大学开设了交通影响评价的课程。

中华人民共和国住房和城乡建设部批准的CJJ/T 141—2010《建设项目交通影响评价技术标准》，为我国目前进行交通影响评价工作提供了科学的指导。

但总的来说，我国交通影响评价研究当属起步阶段，很多涉及交通影响评价的基本问题需要解决，需要理论和实践相结合的深入研究，其交通影响评价工作需要进一步规范。应该说交通影响评价工作是改善我国城市建设和道路交通问题的有效手段之一，目前已经引起相关部门的普遍重视。

1.2.3 国内外交通影响评价的差异

1. 基础数据及资料的差异

国外交通影响评价中无论是阈值的推荐还是出行产生率和吸引率的推荐，都是建立在科学的研究以及大量交通数据采集和分析基础上的。在分析美国交通影响评价时发现，无处不见ITE《出行率手册》中标准出行率的强大作用，它几乎是所有交通影响评价项目工作过程中的“宝典”，许多关键参数都能够在这里找到答案，从而有效地避免了预测的歧义和随意性。此外，国外规划资料的完整性也是国内城市所无可比拟的，这些基础的规划资料和数据均可从网络上方便获得。

国内城市交通影响评价中，每个建设项目都是独立的，交通影响评价由建设单位分别委托，具体影响评价报告的编制单位对区域背景交通量、区域路网规划、相关公交系统规划等资料的把握存在不一致性，并且某些重要参数缺少研究和技术积累，个别指标甚至几乎从未进行过针对具体区域特性的系统专题研究。由于这些重要指标没有一个统一标准，各编制单位只能依据调查或者经验自行确定指标，因此加大了预测的随意性，甚至造成不同的编制单位对同一个项目的评价结论截然不同，使得交通影响评价的权威性和科学性受到一定质疑。

2. 交通需求预测模式的差异

西方国家的城市中，由于已进入城市发展的“稳定期”，项目预测目标年和现状年交通状况不会发生较大的改变，未来年交通流量可通过现状交通量结合增长系数的方法获得。通常习惯于应用“累积预测法”的交通需求预测模式，即通过叠加现状交通量的增量、过境交通量、项目自身交通量来获取未来年交通量。

与之相对应，国内城市则大多处于快速发展之中，建设项目研究范围内城市道路系统在一定周期内会发生实质性的变化，目标年建设项目周边会有大量的道路按规划实施建设，在这种情况下，目标年路网结构与现状差异较大。这一特点使得国内城市更加适合于以土地利用规划为基础，通过建立交通生成模型来预测未来年各小区交通生成量，在通过交通分布、方式划分，以及交通量预测来获取目标年道路交通状况。因此，国内城市交通影响评价中，所采用的交通需求预测模式更类似于“路网规划”的思路，与国外相比，对传统“四阶段法”的利用更为紧密。

3. 交通影响评价指标的差异

国外经验表明，不论是现状交通分析还是目标年交通预测，通行能力、负荷度、服务水平及交叉口延误的测算及剖析都是非常重要的环节，而国内城市的一些交通影响评价基本上忽略了服务水平与交叉口延误的具体分析，只是取用一种通行能力、道路负荷度等来反映城市道路交通的变化情况，并缺乏对道路交叉口的深入研究和改善措施分析。

1.3 交通影响评价的内容与作用

1.3.1 交通影响评价的目的

从道路交通管理和城市发展的角度对开发项目进行交通影响评价，可使土地开发强度与交通承受能力相匹配，避免土地开发强度过大而使城市机能和交通需求集中，促进城市结构的合理发展。充分发挥政府对土地利用和交通规划的协调作用，以进行交通影响评价为手段，在建设项目申报阶段，把握城市交通发展的导向，控制并缓解建设项目对城市道路网络的影响，以期使城市土地利用合理化。

近年来，随着经济持续高速发展，城市化进程的加速，机动车保有量不断增加。与此同时，随着城市建设发展迅速，城市内土地开发强度普遍增加，其结果是增加了城市交通的产生量和吸引量，给城市道路等基础设施造成了巨大的压力，也极大地增加了城市道路的交通管理难度。

在此背景下，开展交通影响评价工作，对于加快交通设施建设，促进城市结构合理化，协调土地使用与交通负荷，保证城市建设健康发展，解决城市交通问题具有深远的现实意义。

交通影响评价是分析和评价建设项目对其周围路网交通负荷的影响，以及提出为抵消其中非正常增长因素所产生的影响，而必须采取的措施和提供的交通设施。它可以使行政主管部门从源头上保障城市道路交通运行安全、通畅。其主要目的如下：

1）确定建设项目建成使用后对项目周边道路及其他交通设施的交通影响。

2）确保建设项目内外部交通设施供应充足。

3）提出有效措施，确保项目影响范围内道路及交通设施服务水平。

1.3.2 交通影响评价的内容

1. 确定交通影响评价目标年

交通影响评价属于近期交通规划范畴，城市建设项目交通影响评价目标年的确定与区域规划目标年限、开发工程的建设阶段以及交通系统的变化情况有关，其取决于项目实施的年限和道路交通系统改善的期限。通常研究目标年应为项目建成或全部使用的年份，或是城市总体规划的目标年，对于分阶段建设的城市建设项目应考虑各阶段完成时期及全部建成后一定时期的情况。

2. 确定交通影响评价范围

交通影响评价的研究区域不能局限于建设项目本身。应根据项目对周围地区交通影响的程度，将周边地区乃至更大范围作为一个整体来考察土地使用与交通的关系，以及交通需求与供给能力是否平衡。

3. 区域现状交通量调查

区域现状交通量的获得应建立在区域土地利用及区域交通系统现状实地调查的基础上，重点应调查区域内出行结构、建设项目周围路口和路段的高峰小时交通量与交通特征以及周边建筑的机动车、非机动车及行人的产生量、吸引量。

4. 背景交通量预测

背景交通量是指在不考虑建设项目建设的前提下，目标年区域内道路交通流量预测值，预测背景交通量的主要方法有以下三种：

（1）累加法　即通过估计区域内其他已审批和所有可能的项目产生的交通量，再加上区域内现状交通量，从而得出背景交通量。这种方法最适用于交通增长适中、预测年限不长（小于10年）、区域内的开发建设项目比较确定的情况。

（2）增长率法　根据近几年建设项目附近地区的交通历史数据确定平均增长率，也可以使用区域交通规划模型预测的增长率。这种方法主要适用于建设项目周边基本为建成区，交通模式、居民出行方式基本固定的情况。

（3）交通模型法　若建设项目所在地区进行过系统的交通分析，已经建立了交通规划模型，可以较准确地反映区域内的土地利用和交通网络的变化情况，则可选用交通模型法预测背景交通量。其前提是要掌握未来年各区域的产生量、吸引量，了解居民的出行结构，该方法适用于建设项目规模较大，或者预测年限较长（超过10年）的情况。在对背景交通量进行预测的过程中，应根据建设项目的具体情况选择预测方法，以便取得较好的预测效果。

5. 建设项目交通量预测

建设项目交通量预测即采用系统的分析方法，根据有关数据定量分析各种土地使用及开发强度与交通量产生或吸引的关系，预测目标年建设项目引发的新增交通量。预测方法有回归分析法、类别生成率法等。

6. 交通影响程度评价

对建设项目交通影响范围内的各类交通设施的供应与需求进行分析，分析交通需求与路网容纳能力是否匹配，通过交通模型计算出各建设阶段拟建项目对影响范围内交通的影响程度，包括建设项目产生的交通量对各相关交通系统设施（如道路、安全、停车等）的影响。

7. 交通影响缓解对策

依据分析评价结果，提出减小建设项目对周边交通影响的改进方案和措施，处理好建设项目内部交通与外部交通的衔接，提出相应的交通管理对策，并对改进的措施和方案进行评估。

8. 结论与建议

提出对建设项目建设规模及交通安全方面的建议，以及可接受的交通设施改进措施建议。重点要求说明项目的规模是否合适，改进措施是否有效，以及对项目布局的评价等。

交通影响评价的侧重点应放在制定切合实际的改善措施，以使建设项目对道路交通所产生的影响尽可能地减小；明确界定开发商对此影响所应承担的市政设施建设义务。为使城市建设与交通协调发展，一方面应使新建或改建项目在路网交通流量自然增长的情况下，不能对现有道路造成较大影响，保障道路交通的运行通畅，提高道路交通安全性；另一方面，又应具体分析这种影响在未来路网交通流量中所占的比例，使项目控制在合理的规模内，做到既能使交通设施承受这种影响，又不妨碍城市的发展和经济的增长。

1.3.3 交通影响评价的作用

建立城市交通影响评价制度并开展交通影响评价工作，不但有重要的现实意义，而且对城市发展有深远影响。通过开展交通影响评价能够促进城市开发建设的合理化，土地开发利用与交通的协调发展等。

1. 促进城市开发与交通系统的协调发展

我国从计划经济进入市场经济后，城市土地使用机制特别是经营类土地从按计划拨地转变为土地储备上市交易，开发商由于受价值规律的影响，往往从获取自身的最大利益出发，尽可能地增加土地开发强度，无疑给城市交通等基础设施带来巨大压力，引发路网容量、交通组织和停车设施等方面的问题。从城市规划和交通发展的角度对建设项目进行交通影响评价，充分发挥政府和规划部门对城市发展的导向作用，使土地开发强度与交通承受能力相匹配。避免土地开发强度过大而使城市机能和交通需求集中，进而促进城市功能布局和交通系统的协调发展。

2. 促进社会资源分配的公平性

交通基础设施建设往往没有直接的经济效益或经济效益很低，难以从经济角度激发市场、吸引投资，我国城市基础设施尤其是交通基础设施是由国家投资建设的。事实上，城市交通发展促进了相关土地的增值，开发商在交通设施完备的地区开发，获得了高额开发效益。而这些效益中的很大部分是由于公共投资产生的，这部分效益应该还给社会。从另一个角度来说，建设项目的开发使得开发区域的交通需求增加，这些新增交通需求加重了周围路网的压力，降低了交通设施的服务水平，而开发商又希望开发项目与周围保持便利的交通联系。所以，开发商也应该采取一定的改善措施，负责解决新增的交通需求，维持一定的道路交通服务水平，进而保证社会资源分配的公平性。

3. 促进交通设施建设资金的多源化

目前，我国政府是交通设施主要的投资主体，渠道相对单一，而我国又是一个发展中国家，交通基础设施建设投资巨大，由于财力有限，政府尚无力拿出足够的资金进行交通基础设施建设，由此导致的资金长期投入不足是我国加快交通发展的最大障碍之一。本着“谁使用谁出钱”的公平原则，开发商也应该负担解决新增的交通负荷，保持交通服务水平不低于 CJJ/T 141—2010《建设项目交通影响评价技术标准》规定的服务水平。通过交通影响评价研究，能够定量的确定开发商所应负的交通责任，从而多方面筹集资金，加速交通基础设施建设。

4. 促进现行规划模式的整合

土地利用与交通存在着深刻的内在联系和互动作用。土地利用是产生交通需求的源泉，不同的城市结构、土地功能和土地使用强度产生不同的交通需求，并涉及交通分布、交通方式选择等变化。城市土地利用与开发以便利的交通为前提，交通设施的建设和改善促进地区土地的开发和利用，在进行交通系统规划时，必须考虑这种相互影响关系的存在。

当前国内通常的规划模式是“先用地规划，后交通规划”，这样交通规划往往处于从属和被动地位，只是分析现状交通问题和提出近期或局部的交通设施调整改善措施，难以对土地利用规划进行及时的比较论证和信息反馈，进行交通影响评价能从微观角度分析建设项目土地利用与周边交通系统的协调关系，及时反馈用地规划和交通规划方面的不足，是整合城市规划、土地利用和交通规划，协调土地利用和交通的重要手段。

1.4 交通影响评价发展趋势

随着城市化、机动化进程的加速，目前交通影响评价主要以两大发展方向为主，一个方向以空间为轴线，将交通影响评价划分为单体交通影响评价和区域交通影响评价，以此实现空间上的广泛覆盖；另一个方向以时间为轴线，将交通影响评价划分为交通影响前评价（即目前统称的交通影响评价）和交通影响后评价，以实现在时间上的广泛覆盖。

1.4.1 区域交通影响评价

现行的交通影响评价均为单体建筑的交通影响评价，个别采用了地块为整体进行交通影响评价的方式。为了改进单体交通影响评价的部分弊端，综合考虑区域土地开发所呈现的叠加效应，有学者把区域内外部道路瓶颈点作为未来土地开发规模的约束条件，提出了在城市区域范围内对土地开发进行区域交通影响评价的方法。

区域交通影响评价的研究主体是用地，它通过限制需求的手段达到交通与用地的平衡。同时，区域交通影响评价也是一种先评价的行为，重在合理控制土地开发，其从总体高度提出在一定的道路设施条件下，目标年内区域土地开发的宏观控制意见，包括目标年内区域的允许土地开发量、土地开发组合、区域内不同地块的可开发程度等定量、定性指标。区域交通影响评价通过解决新增交通需求与道路交通供给之间的矛盾，为区域土地开发提供指导。

1.4.2 交通影响后评价

由于现有交通影响评价全程反馈性不强，对建设项目的监督和改进效能不足，因此有必要将交通影响评价划分为交通影响前评价（即目前统称的交通影响评价）和交通影响后评价，以实现在时间上的广泛覆盖。

交通影响后评价是指对已经完成的建设项目给交通运行实际造成和将可能进一步造成的影响进行系统、客观的评价，是通过调查、分析、评估等对原交通影响评价结论的客观性以及所采取建议措施有效性的验证性评价，在评价时间点重新对今后项目的交通影响进行预测的预测性评价，在有必要时提出补救、完善或调整的对策和措施。最后，通过分析评价找出成败的原因，总结经验教训，并及时反馈给未来新项目决策的评价。

传统的交通影响评价可归类为前评价范畴，对于任何前评价的质量提升都需要后评价的不断反馈和总结。交通影响后评价能够提供途径对交通影响评价报告的编制质量进行管控，提供手段对编制单位的违规进行惩戒，提供基础对主管部门制定专门法进行支持。同时，交通影响后评价也有助于政府主管部门制定权威交通生成率数据标准，有助于需求预测等评价模型的进一步深化，有助于交通改善措施的范围和作用进一步加强。

思 考 题

1. 简述交通影响评价的基本内容。
2. 试论述交通影响评价的作用。
3. 简述交通影响后评价的意义。
4. 请思考交通影响评价的发展趋势。
5. 当前交通影响评价制度在哪些方面有改进的空间？

第 2 章

交通影响评价涉及的专业术语与基本问题

2.1 交通影响评价涉及的专业术语

1. 城市交通

城市交通包括解决城市居民为了从事正常的生产、生活、教育、文化等活动而产生的人流、物流等一切输送活动。它既是指车辆、行人在道路上的往来，飞机、船舶的航行（动态交通）；也有交通工具及行人停住（静态交通）的内涵。

广义的城市交通可划分为三个层次：一是对外交通体系，承担一个城市与国内外其他同等级或更高等级中心城市的运输联系；二是区域交通体系，承担中心城市与其基本腹地的运输联系；三是市内交通体系，负责城市内部交通联系。

城市交通设施由四部分构成：

1）车辆。

2）附有交通管制设施的交通线路（包括城市道路、城市铁路、其他的轨道交通线、市内航道等，有些城市还可能因其职能、规模、自然地理等条件的差异而设有高架路、地下或水下隧道、索道等）。

3）为保证 1）和 2）项的正常运作而设立的服务设施（如汽车库、加油站、修理站等）。

4）具有交通集散功能的交通枢纽（如车站、机场、港口、停车场、广场等）。

2. 土地利用

1）城市土地利用的涵义。城市土地利用就是对城市的土地进行不同层次及功能的配置。从其表象而言，城市土地利用包括：城市土地利用规模、城市土地利用的空间形态和城市土地利用的结构与比例三个方面。

2）城市土地利用强度和土地利用效率。城市土地利用强度是对城市土地配置结果的一种描述，反映了城市用地配置的差异。这种差异既可以存在于不同类型的城市用地之间，也存在于某一特定类型的用地方式之中。通常一块土地的使用频率越高、吸收的投资量越大，则这块土地的利用强度越大。正如城市中住宅用地的利用强度大于公共绿地，中心商务区大于小区级商业中心等。

3. 若干有关出行的基本概念

1）内部出行。在用地内部范围完成的出行。

2）外部出行。起点或终点（二者之一）在用地范围之外的出行。

3）新增出行。譬如新建了一个商业中心，吸引了许多顾客。有些顾客是专门来逛商店的，此外别无其他目的。这些顾客的出行就属于该商业中心的新增出行。

4）顺便出行。出行者在完成其他目的的出行时，途径某一场所而临时决定顺便光顾该场所的出行。

5）顺道出行。顺便出行中不经过任何绕道而完成的出行。

6）绕道出行。顺便出行中必须经过绕道而完成的出行。

4. 建设项目交通影响评价

这里的建设项目专指具有交通生成的永久性或临时性拟建设（新建、改建和扩建）项目。对建设项目投入使用后，新生成交通需求对周围交通系统运行的影响程度进行评价，并制定相应的对策，消减建设项目交通影响的一系列工作称为建设项目交通影响评价。

5. 出行率（trip generation rate）

建设项目单位指标（建筑面积、住宅户数、座位数等）在单位时间内所生成的交通需求，包括产生量和吸引量。

6. 新生成交通需求（new generating traffic demand by construction projects）

建设项目投入使用所生成（包括产生和吸引）的新增交通需求。新建项目，新生成交通需求包括建设项目生成的全部交通需求；改、扩建项目，新生成交通需求是指由项目改、扩建部分引起的新增交通需求。

7. 背景交通需求（background traffic demand）

交通影响评价范围内除去被评价建设项目新生成交通需求外的其他交通需求，包括起讫点均在评价范围外的通过性交通和评价范围内其他建设项目生成的交通需求。

8. 交通影响程度评价指标（indicators of traffic impact assessment）

衡量建设项目新生成交通需求对评价范围内交通系统影响的指标。

9. 长路段（long continuous road link）

长度超过 1.5km，交通几乎不受交叉口影响的道路区段，这里的长路段概念主要用于交通影响程度评价。建设项目邻近长路段时，不仅要评价其上下游交叉口的交通影响，还需要评价长路段的交通受到的影响。

10. 公共交通线路剩余载客容量

在一定服务水平下，建设项目周围的公共交通设施可以为建设项目提供服务的剩余运力。

2.2 与交通影响评价相关的基本问题

2.2.1 建设项目分类

根据建设项目用地类型、建筑物使用功能和项目生成的交通需求特征对建设项目进行的分类。

1）交通影响评价应根据用地类型、建筑物使用性质和交通出行特征，对建设项目进行分类。

2）大类应依据用地类型和建筑物使用功能确定，划分为11个大类，大类划分的名称和代码应符合表2-1的规定。

表2-1　建设项目大类划分

大类名称	住宅	商业	服务	办公	场馆与园林	医疗	学校	交通	工业	混合	其他
大类代码	T01	T02	T03	T04	T05	T06	T07	T08	T09	T10	T11

3）城市和镇应在大类基础上按照本地建设项目交通出行特征进行中类划分。中类划分宜符合表2-2的规定。

表2-2　建设项目中类划分

大类		中类		说明
名称	代码	名称	代码	
住宅	T01	宿舍	T011	集体宿舍、集体公寓等
		保障性住宅	T012	廉租房、经济适用房等
		普通住宅	T013	普通商品房、居民楼等
		高级公寓	T014	—
		别墅	T015	—
商业	T02	专营店	T021	专卖店、小型连锁店等
		综合型商业	T022	综合型超市、百货商场、购物中心等
		市场	T023	批发或零售市场、农集贸市场、菜市场等
服务	T03	娱乐	T031	娱乐中心、俱乐部、休闲会所、活动中心、迪厅等
		餐饮	T032	餐馆、饭店、饮食店等
		旅馆	T033	招待所、旅馆、酒店、宾馆、度假中心等
		服务网点	T034	邮局、电信、银行、证券、保险等对外服务的分理处或营业网点
办公	T04	行政办公	T041	党政机关、社会团体的办公楼等
		科研与企事业办公	T042	—
		商务写字楼	T043	—
场馆与园林	T05	影剧院	T051	电影院、剧场、音乐厅等
		文化场馆	T052	图书馆、博物馆、美术馆、科技馆、纪念馆等
		会展场馆	T053	展览馆、会展中心等
		体育场馆	T054	比赛性体育场馆、训练性体育场馆、综合性场馆、健身中心等
		园林与广场	T055	城市公园、休憩广场、游乐场、旅游景区等
医疗	T06	社区医院	T061	诊所、社区医疗中心、体检中心等
		综合医院	T062	各级各类综合医院、急救中心等
		专科医院	T063	—
		疗养院	T064	疗养院、养老院、康复中心等

（续）

大类		中类		说明
名称	代码	名称	代码	
学校	T07	高等院校	T071	—
		中专及成教学校	T072	中专、职高、特殊学校及各类成人与业余学校
		中学	T073	高中、初中
		幼儿园和小学	T074	小学、幼儿园
交通	T08	客运场站	T081	交通客运站、客运枢纽等
		货运场站	T082	货运站、货运码头、物流中心、仓储设施等
		加油站	T083	—
		停车设施	T084	社会停车场（库）、公共汽（电）车停车场（库）等
工业	T09	工业	T091	—
混合	T10	混合	T101	使用功能包含了两种或两种以上建设项目大类的建设项目，如多功能综合楼、商住楼等
其他	T11	市政	T111	非交通类的市政设施，如水厂、变电站等
		其他	T112	农业建筑、军事建筑等特殊建筑

4）城市和镇应在中类基础上按照建设项目的交通出行特征划分小类。

5）城市和镇应通过分类调查确定不同类别建设项目的出行率等出行参数。

2.2.2　交通影响评价启动阈值

1）城市和镇应根据本地交通系统状况以及建设项目的分类、规模和区位，确定本地建设项目交通影响评价启动阈值。

2）建设项目的规模或指标达到或超过规定的交通影响评价启动阈值时，应进行交通影响评价。

3）建设项目报建阶段交通影响评价启动阈值应符合下列规定：

① 住宅（T01）、商业（T02）、服务（T03）、办公（T04）类建设项目，交通影响评价启动阈值的取值范围应符合表2-3的规定。

表2-3　住宅、商业、服务、办公类建设项目交通影响评价启动阈值取值范围

城市和镇人口规模/万人	项目位置	建设项目新增建筑面积/10^4m^2	
		住宅类项目	商业、服务、办公类项目
≥200	城市中心区	3～8	1～3
	中心城区除中心区外的其他地区/卫星城中心区	5～10	2～5
	其他地区	10～20	4～10
100～200	城市中心区	2～5	1～2
	其他地区	3～8	2～5
<100	—	2～8	1～5

注：人口规模是指正在执行的城市和镇总体规划所确定的规划期末城镇人口规模；建设项目的建筑面积，有建筑设计方案时按总建筑面积计算，无建筑设计方案时按容积率建筑面积计算；在同一栏中，人口规模越大、交通问题越复杂的城市和镇，其阈值选取应越低。

② 场馆与园林（T05）和医疗（T06）类建设项目的启动阈值应为：配建机动车停车泊位 100 个。

③ 符合下列条件之一的建设项目，应在报建阶段进行交通影响评价：

a. 单独报建的学校（T07）类建设项目。

b. 交通生成量大的交通（T08）类建设项目。

c. 混合（T10）类的建设项目，其总建筑面积或指标达到项目所含建设项目分类（T01 ~ T09，T11）中任一类的启动阈值。

d. 主管部门认为应当进行交通影响评价的工业（T09）类、其他（T11）类和其他建设项目。

4）符合下列条件之一的建设项目，应在建设项目选址阶段进行交通影响评价：

① 特大城市的建设项目规模达到报建阶段启动阈值的 5 倍及以上，其他城市和镇达到 3 倍及以上。

② 重要的交通类项目。

③ 主管部门认为需要在选址阶段也进行交通影响评价的建设项目。

5）规划人口规模超过 1000 万的城市和国家历史文化名城可在本标准基础上确定更为严格的阈值标准。

6）当相邻建设项目开发建成时间接近，出入口相近或者共用时，可对多个相邻建设项目合并进行交通影响评价。

2.2.3 交通影响评价范围

建设项目交通影响评价范围应根据城市和镇的规模、新生成的交通需求以及周边交通状况确定。

1）报建阶段进行的建设项目交通影响评价，评价范围应符合下列规定：

① 有明确定量启动阈值的建设项目，其评价范围应按照表 2-4 划定。

表 2-4 建设项目交通影响评价范围

建设项目规模指标与启动阈值之比（R）	交通影响评价范围
$R<2$	建设项目邻近的城市干路围合的范围
特大城市 $2\leqslant R<5$， 其他城市和镇 $2\leqslant R<3$	建设项目邻近的城市主干路或快速路围合的范围
特大城市 $R\geqslant5$， 其他城市和镇 $R\geqslant3$	建设项目邻近的第二条主干路或快速路围合的范围

② 单独报建的学校（T07）类建设项目、交通生成量大的交通（T08）类建设项目，其评价范围应为：建设项目邻近的第二条主干路或快速路围合的范围。

③ 主管部门认为应当进行交通影响评价的工业（T09）和其他（T11）类建设项目，其评价范围应为：建设项目邻近的城市主干路或快速路围合的范围。

2）建设项目选址阶段的交通影响评价，应在上述第 1）条规定的基础上，根据建设项目的实际情况和周边交通状况，适当扩大评价范围。

3）位于下列地区的建设项目，宜根据建设项目的具体情况和周边交通状况，适当调整评价范围：

① 城市中心区、历史文化保护区、风景名胜区、快速路出入口附近和交通枢纽周边等交通敏感地区，宜适当扩大评价范围。

② 城市和镇边缘地区，宜根据交通网络实际情况，调整评价范围。

③ 当按照上述第1）条划定的交通影响评价范围附近存在比较明显的交通瓶颈时，也应适当扩大评价范围，把交通瓶颈纳入影响评价范围。

2.2.4　交通影响评价年限

1）建设项目交通影响评价年限应根据城市和镇的规模、建设项目的规模和分类确定。

2）报建阶段进行的建设项目交通影响评价，评价年限应符合下列规定：

① 有明确定量启动阈值的建设项目，其评价年限应符合表2-5的规定。

表2-5　建设项目交通影响评价年限

序号	建设项目规模指标与启动阈值之比（R）	交通影响评价年限
1	特大城市 $R<5$，其他城市和镇 $R<3$	正常使用初年
2	特大城市 $R\geqslant5$，其他城市和镇 $R\geqslant3$	正常使用初年； 正常使用第5年

注：当建设项目正常使用第5年超出了正在执行的城市和镇总体规划的目标年限时，宜用规划目标年限作为交通影响评价年限。

② 单独报建的学校（T07）类建设项目、交通生成量大的交通（T08）类建设项目，以及主管部门认为应当进行交通影响评价的工业（T09）、其他（T11）类建设项目，其评价年限应为正常使用初年以及正常使用第5年。

3）建设项目选址阶段进行的交通影响评价，评价年限应为建设项目正常使用初年以及城市和镇总体规划的目标年限。

4）分期开发的建设项目，项目整体的评价年限除应符合上述规定外，还应该评价各分期投入正常使用的初年。

2.2.5　交通影响评价时段与评价日

交通影响评价时段的选择应符合下列规定：

1）当建设项目新生成交通需求的高峰时段与背景交通高峰时段基本重合时，建设项目新生成交通需求高峰时段应为交通影响评价时段。

2）当建设项目新生成交通需求的高峰时段与背景高峰时段不重合时，建设项目新生成交通需求高峰时段与背景交通高峰时段均应为交通影响评价时段。

交通影响评价日的选择应符合下列规定：

1）按工作日、非工作日分别叠加评价时段的建设项目新生成交通需求和背景交通需求，对交通系统最不利日应作为交通影响评价日。

2）当难以判断时，应对工作日和非工作日分别进行评价。

2.2.6　交通影响费用确定

在征收交通影响费的情况下，可分为两类：一类是让开发者承担交通设施的建设，另一类是交付交通影响费。费用具体的计算方法应结合我国的土地利用特点、法律法规以及税收特点制定。

前者应该根据容量分析对影响区域内的一般道路、交叉口、立体交叉以及通向开发区域的连接道路等在服务水平不能满足预先要求的标准时，就要求对该处的交通设施进行建设改造。

后者交通影响费计算的基本项目包括：如何选择对象交通设施；如何计算对象交通设施建设的必要经费；如何避免和固定资产税、燃油税等用于道路的资金来源的重复计算；如何将征收的交通影响费分配给开发项目。

2.2.7 道路交通分析

1. 现状道路分析

分析建设项目所在区域内的现状主要道路，包括各道路等级、道路断面形式、人行道宽度、机动车道数量、道路路幅边界线等。

其中，规划的城市道路路幅边界线反映了道路红线宽度，它的组成包括：通行机动车或非机动车和行人交通所需的道路宽度；敷设地下、地上工程管线和城市公用设施所需增加的宽度；种植行道树所需的宽度。

我国现行的 CJJ 37—2012《城市道路设计规范》，依据道路在城市道路网中的地位和交通功能以及道路对沿路的服务功能，将城市道路划分为四种类型，即快速路、主干路、次干路和支路。

1）城市快速路是为机动车（主要是汽车）交通服务的，是解决城市长距离快速交通的汽车专用道路。快速路应设置中央分隔带，在与高速公路、快速路和主干路相交时，必须采用立体交叉形式；与交通量不大的次干路相交时，可暂时采用平面交叉形式，但应保留修建立体交叉的用地条件。快速路的进出口采用全部控制或部分控制。

在规划布置建筑物时，快速路两侧不应设置吸引大量车流、人流的公共建筑物出入口，必须设置时，应设置辅助道路。

2）城市主干路是以交通功能为主的连接城市各主要分区的干线道路。在非机动车较多的主干路上应采取机动车分行的道路断面形式，如三幅路、四幅路，以减少机动车与非机动车的相互干扰。主干路上平面交叉口间距以 800～1200m 为宜，道路两侧不应设置吸引大量车流、人流的公共建筑物出入口。

3）城市次干路是城市内区域性的交通干道，为区域交通集散服务，兼有服务功能，配合主干路组成城市干道网络，起到广泛连接城市各部分及集散交通的作用。

4）城市支路是以服务功能为主的，直接与两侧建筑物、街道出入口相接的局部地区道路，它既是城市交通起点，又是交通的终端。

2. 路网形成情况分析

对区域内道路交通设施的现状及规划情况进行交通调查，包括交通影响范围内主干路网、次干路网及区域主要地块支路系统的按规划形成程度，分析指出需要在现状路网基础上进一步加强的道路。

3. 区域现状交通管理方式

明确调查区域内的交通设施等情况，包括调查区域内道路基础设施状况、管理与控制等因素。对项目交通影响较大的重要交叉口和路段，具体调查其交叉口渠化、信号灯配时情况、转向控制、路段机非分隔、车道划分、港湾式公交停靠站设计、停车管理等，分析其交通管理设施及现代化程度。

2.2.8　土地利用分析

1. 交通与土地利用的关系

交通影响评价所考虑的因素很复杂，涉及人文、社会、经济和地理等许多因素，而交通与土地利用的关系是进行交通影响评价的理论基础，因此必须要掌握交通与土地利用的关系。

交通与土地利用相互联系、相互影响。一方面，不同的土地利用形态，决定了交通产生量和交通吸引量，决定了交通分布形态，在一定程度上决定了交通结构。土地利用形态不合理或者土地开发强度过高，将会导致交通容量无法满足交通需求。另一方面，发达的交通改变了城市结构和土地利用形态，使得城市中心区的过密人口向城市周围疏散，城市商业中心更加集中，规模加大，土地利用的功能划分更加明确。同时，交通的规划和建设对土地利用和城市发展有导向作用，交通设施沿线的土地开发利用异常活跃，各种社会基础设施大都集中在地铁和干道周围。

由此可知，城市用地和城市交通之间存在着复杂的互动联系，建设项目周围环境及区域土地利用对确定建设项目对周围交通所造成的潜在影响至关重要，了解交通影响范围内的交通现状和土地利用是预测出行需求、进行交通影响评价和确定必要的交通设施改善措施的前提，在进行交通影响评价时应对研究范围内的现状用地和规划用地按用地大类进行分类统计。进行该项工作有如下几个作用：

1）对研究区域的主要功能进行定位。

2）明确建设项目在研究区域功能形成过程中的作用。

3）除本项目之外，分析区域内其他地块的性质和开发强度。

4）确定除本项目之外，该研究范围内近期将开发的地块。

2. 交通与区位理论

德国地理学家克里斯塔勒（W. Ohristaller）提出了中心地理论，即城市区位论。随后，德国经济学家廖什（August Losch）从市场区位的角度分析和研究城市问题，提出了与克里斯塔勒的城市区位论相似的理论，为与前者相区别，后人将其概括为市场区位论，城市区位包括城市在区域中的区位和城市内部各地块的区位两个范畴。交通影响评价通常研究城市建设项目在单个城市的出行生成，因此本书中城市区位均指后者。

区位理论认为城市各地块都表现出不同的位置关系，并影响城市的地域结构。克里斯塔勒提出的“城市区位论”认为，人类社会聚落具有六边形结构单元特征，中心地位于六边形的中央，任何一个中心地都有大致确定的经济距离和所能达到的范围，承担着向外围区域提供商品和服务的职能。就某个具体的中心地而言，人类经济活动的地理单元无论小到何种程度，它总是处于不均衡状态，在空间分布上永远存在着中心地和外围区的差异。

因此若将城市划分为若干交通分区，可以得出城市区位分布存在着规律性：交通分区的区位优势存在着从城市中心区向外围区递减的趋势，按照区位优势的降低顺序可划分为中心区、中间区、外围区。中心区具有最大的区位优势和明显的聚集效益，那里的建筑密度最大，公共设施种类也最多，到那里消费也具有极高的“心理”附加值，因此成为城市活动最活跃的区域。而外围区对人口、经济的聚集效益则随着与中心地的距离增大而不断减弱（距离衰减规律），发展机遇相应减少，发展速度缓慢，人们的活动种类和数量也相应减少。

同一个城市中，不同区位的交通特性及交通条件不同，因此须明确建设项目在城市中的位置及其所处区位。

2.2.9 建设项目交通组织管理

随着城市建设的发展和城市产业经济的变化，城市建设项目的功能结构越来越向复杂化发展，混合设施类项目的开发越来越多，建设项目规模大，内部车流、人流密集，因此，处理好建设项目的交通组织问题是交通影响评价的关键。

1. 项目交通系统服务对象

建设项目交通系统的服务对象包括人流、物流和消防。

（1）人流　人流主要就是通常所说的客流，是建设项目功能区的客观需求。人流流线必须按照建设项目商业运营的要求，提供给消费顾客以行动的途径，还必须减少对商业物流和消防的影响。

（2）物流　物流需求是建设项目能够正常运行的功能性条件。物流需求包括商品和其他各类固体货物的运输、仓储、搬运和装卸；各类废弃物的运输、存放和处理，如项目车辆的行驶和停放。

物流流线必须按照建设项目商业运营的要求，提供对商品、货物、废弃物和车辆以运输、仓储和处理的途径。这个途径需要足够的空间、通道、流向和必要的辅助服务设施。

（3）消防　建设项目交通系统要求必须满足消防车的通行和设置完整联系的消防通道。

2. 项目交通组织管理的结构组成

建设项目的交通体系结构，按项目内外划分，划分为外部交通体系和项目内部交通体系；按功能划分，划分为人流流线、客用车辆流线、货运流线、废弃物流线和消防流线；按流线环节划分和不同交通服务对象划分为出入口、内部通道、运载工具、落客区、集散区、卸货处理区等。

（1）外部交通体系结构　外部交通体系结构是将人流和物流从城市交通体系合理有效地组织到建设项目内部。主要包括以下几个方面：项目连接道路、项目出入口、城市常规公共交通系统、出租车、轨道交通等。

因此，建设项目应当具备与上述内容相联系的外部交通组织，包括道路和服务设施：

1）项目出入口。项目出入口包括项目机动车出入口、项目人行出入口和项目消防出入口，即城市规划道路与项目机动车停车场相联系的道路和设施。承载顾客和货物及消防各类车辆通过项目出入口由规划道路进入项目内部。

2）城市常规公共交通系统。城市常规公共交通系统即城市地面公共交通站点和城市步行街区与项目步行设施联系的道路和设施。行人通过城市常规公共交通系统由城市地面公共交通站点和城市步行街区进入项目。

3）出租车停靠点。根据建设项目的性质与规模等确定项目对出租车交通的需求大小，在区域内设置出租车停靠点，行人可以通过出租车停靠点进入项目。

4）轨道交通。如果建设项目周围有可利用的规划站点，建议项目的地下空间和人行设施加强与规划地铁站点的联系。

（2）内部交通体系结构

1）慢行交通。慢行交通包括人流和非机动车交通。项目人流除了考虑外部交通进行转换外，还要考虑与停车设施之间的交通转换。尽量做到人车分离，保障慢行交通的安全性。

2）客用车流流线结构。客用车流流线与人流流线、货流流线（包括垃圾流流线）在空间上要进行分隔。确保安全，给行人提供良好的心理环境。

3）货运流线结构。当建设项目的货流量较大时，形成有序的货运流线结构是十分重要的。一般来说，货运流线由货车进出口及通道、卸货区、货物转运后通道、库区所组成。

（3）项目交通组织的运行和管理　建设项目交通组织的运行和管理必须实现以下要求：

1）有效进行空间管理，实现不同类型流线的空间分隔。城市建设项目在交通组织的空间管理方面，不仅要实现人车分流，而且必须实现客货分流。这样做不仅是为了安全，更重要的是为了创造项目良好的外部形象并实现环境的优化。

2）有效进行时间管理，充分发挥交通组织的效率。建设项目交通系统设置上必须为项目各个功能区在不同时间的经营服务需要，科学安排和控制各类交通在项目内交通组织活动的时间，对人流和各种物流活动的时间进行控制，发挥交通组织的效率。

3）有效进行引导和疏导，给予项目交通流动以足够的便利。指示标识在交通组织中对项目交通流动的引导起到十分重要的作用。此外，必须制订发生流线阻塞的应急处理方案，并且当发生流线阻塞时具有快捷有效地疏通流线的能力。

4）有效进行安全管理，确保交通组织中的交通安全和公共安全。健全安全标识和安全防护设施，对人员、车辆和物资在活动和运输的过程中进行安全防护，有效地进行车辆限速、限高、货物包装等监管活动，有效进行安全管理，防止项目内各类车辆交通事故、危险品运输过程中造成的灾害和人员意外伤害事故，避免对建筑、环境和经营活动造成损害。

5）引导客流，促进顾客消费，最大限度发挥交通组织的服务功能。

总之，交通影响评价分析的是建设项目的实施对项目周边区域道路交通状况的影响程度，交通组织设计则是其中的一个重要环节。出入口的设计、车辆进出的行驶路线设计、人流组织设计、停车场的设计、项目外部相邻的道路上各交通参与者的交通行为设计等，都是为了保证在未来项目建成之后，内、外部交通行为在经由项目时对整个外界道路交通造成压力能控制在一定范围之内，因此，为了更大程度地降低建设项目对局部路网的影响，必须合理有效地进行交通组织设计。

思考题

1. 举例说明交通影响评价范围如何确定。
2. 在确定交通影响阈值时需要考虑哪些因素？
3. 简述交通影响费的确定方法。
4. 简述交通影响评价的流程，并画出流程图。

第 3 章

面向交通影响评价的交通调查与分析

在交通影响评价中，交通调查是一项基础性工作，通过对影响范围内的道路交通、土地利用等进行翔实的调查，掌握一手资料，为现状交通运行状况评价、背景交通量预测、拟建项目交通需求预测等提供依据。本章主要介绍进行交通影响评价时应进行的各项调查，相应的调查内容、方法以及数据的分析。

3.1 面向交通影响评价的交通调查内容

交通影响评价中，交通调查的主要内容如图 3-1 所示。

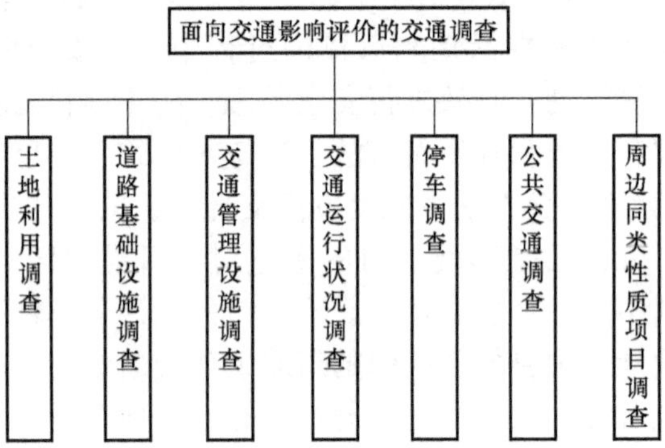

图 3-1 面向交通影响评价的交通调查内容

3.1.1 土地利用调查

土地利用调查主要调查和收集拟建项目相关经济指标、项目周边土地利用现状和规划、周边在建或待建建设项目情况等。

1. 拟建项目经济指标

拟建项目经济指标调查主要用于拟建项目的交通需求预测、内部交通组织分析、出入口交通分析等，具体调查内容包括：

1）拟建项目的总体指标。包括：项目总建筑面积、不同性质用地（如办公、居住、商业等）的建筑面积、容积率、户数、规划人口等，主要用于拟建项目交通需求预测。

2）评价项目的设计总图。包括：总平面布置图、各分层平面布置图。

上述资料一般可从委托方获得。

2. 项目周边土地利用现状和规划

项目周边土地利用现状和规划调查主要用于背景交通预测，调查范围一般涵盖拟建项目的交通影响范围，具体调查内容包括：

1）土地利用性质与面积。各交通区主要土地利用类别的土地面积，如工业、商业、居住、科教文卫等土地利用类别的面积。一般应根据现行的 GBJ 137—90《城市用地分类与建设用地标准》中规定的10大类城市用地性质分别进行。

2）就业岗位数。全部交通区或典型交通区的就业岗位数。

3）就学岗位数。全部交通区或典型交通区的就学岗位数。

上述资料一般可从规划部门、建设部门、土地管理部门等政府机构获得，或者通过对研究区域的踏勘和各项调查来得到的。

3. 周边在建或待建建设项目情况

周边在建或待建建设项目的调查主要调查周边在建或待建项目的用地性质、建筑规模、出入口设置情况等。

3.1.2　道路基础设施调查

道路基础设施调查主要调查评价范围内的道路、交叉口等基础信息，为交通组织提供基础资料，具体调查内容包括：

1）道路路段。包括道路等级、断面形式、规划红线、机动车道、非机动车道和人行道路面宽度、机非分隔方式、长度、车道数等。

2）道路交叉口。各交叉口类型、位置、相交路段的几何线形、转向车道以及各种构造物等设施、控制（管制）方式等。

3.1.3　交通管理设施调查

交通管理设施调查内容包括研究范围内道路交通管理措施（如禁左、单行等）、交叉口渠化设施、信号灯配时方案及车道转向方案、其他控制方案，如停车、让行、限速等警告标志等。

3.1.4　交通运行状况调查

交通运行状况调查是对主要路段和交叉口的交通量进行调查，对重要路段和交叉口还应对车速和延误进行调查，此外还需对通行能力进行调查，用于计算道路交通饱和度，并评价道路交通运行状况。

1. 项目影响范围交通量调查

1）机动车流量调查。应调查研究范围内所有道路分车型、分时段交通量。

2）交叉口机动车流量。应调查主要交叉口分车型、分时段、分流向交通量。

3）道路非机动车流量。应调查主要道路分时段交通量。

4）交叉口非机动车流量。主要交叉口分时段、分流向流量。

5）行人流量调查。主要调查研究区域内行人交通量大的地区，分时段的行人流量调查。

2. 速度与延误调查

常见的速度与延误调查有地点车速调查和区间车速（行程车速）调查。一般调查最常选用的时间是机动车上午高峰及下午高峰时间。

行车延误调查包括路段行车延误调查和交叉口延误调查两部分。

3. 通行能力调查

通行能力是交通设施的一项重要指标，是评价相关交通设施服务水平的重要指标。在交通影响评价中，结合项目周边交通环境可能需要调查或计算路段通行能力、交叉口通行能力、常规公交线路的通行能力、城市轨道交通运输能力、自行车道通行能力和行人交通设施通行能力等。

3.1.5 停车调查

停车调查主要调查项目周边车辆停放设施的供应情况和车辆停放特征，前者主要包括社会公共停车场、住宅小区停车场、公建配建停车场和路边停车场的位置、形式、停车容量、出入口等，后者则主要包括周边各类停车场上停放车辆的基本特征指标：停放数量的时间、空间分布，停放时间、停车目的、停车密度、停放车指数（如饱和度，占有率）、停放周转率、步行距离等。

3.1.6 公共交通调查

公共交通调查主要是了解和掌握建设项目周边公交的线路及运营状况，目的是考察建设项目本身的公交出行在目标年对周围公交系统的影响是否在可接受范围内。

项目影响范围内公交线路调查包括公交线路条数、布局情况、各线路站点设置情况、线路车辆数等内容。

项目影响范围内公交客流调查主要包括经过项目临近道路的公交车数、发车频率以及抽样的公交车载客率情况。

3.1.7 周边同类性质项目调查

为了掌握拟建项目的交通特征，可以在同一区域寻找与所研究项目相类似的其他已建项目，借用周边同类性质项目的交通变化规律来类比研究项目的交通变化规律。要求所类比的已建项目与所研究的项目必须具有相同的建筑性质和相当的建筑规模，项目周边的道路交通设施和用地模式也要求基本相当。通过调查获取调查对象的建筑物功能布局、出入口分布、人（车）流量高峰时段基本范围等数据，为后续调查制定时间和调查员配置方案提供基础数据；获取调查对象的建筑物土地利用强度、功能类型、人员规模等方面的具体数据，为类比拟建项目客流吸引强度和时空分布提供基础数据。

3.2 交通量调查与分析

3.2.1 交通量调查概述

1. 目的和意义

交通量是指单位时间内通过道路某一断面（一般为往返两个方向，如特指时可为某一方向或某一车道）的车辆数（或行人数），又称为交通流量或流量。在交通影响评价中，一般需要对拟建项目周边一定范围内的路段或交叉口进行交通量调查，其目的主要在于：

1）掌握影响范围内道路交通状况，评价现状交通系统运行状态。

2）为背景交通预测提供基础。

2. 类别

在建设项目交通影响评价中，根据交通影响评价的需要一般可将交通量调查分成以下几类：

1）机动车交通量调查。

2）非机动车交通量调查。

3）行人交通量调查。

3. 调查地点的选择

调查地点的选择，主要是考虑交通量集中而又有代表性、便于调查统计、具有控制性的地点。一般设置在下列场所：

1）路段。交叉口之间的平直路段上。

2）交叉口。交叉口各入口引道的停车线。

4. 调查时间的选择

在交通影响评价中，道路交通量调查主要调查研究范围内所有道路不同类型的机动车交通量，根据需要有时也调查非机动车交通量和行人交通量。调查时间原则上应选择在交通需求的高峰时期进行，调查时间为正常工作日（建议周二至周四）的早高峰时段或晚高峰时段。具体应考虑项目及周边道路的流量特征选择合适的高峰时段推荐早高峰时段为 7:00 ~ 9:00，晚高峰时段为 17:00 ~ 19:00。对于一些休闲娱乐型建设项目或者特殊类的建设项目，其背景交通的高峰时段与建设项目交通的高峰时段往往不重合，此时建议最好在背景高峰时段和项目高峰时段分别进行调查。

5. 交通量调查方法

交通量调查的方法很多，主要有人工观测法（计数）、机械观测法、摄影（像）法、浮动车法、试验车法、航摄法等。建设项目交通影响评价中的交通量调查，一般涉及范围较小，调查工作时间也不太长，因此，多采用简单易行的人工观测法（计数）。

3.2.2 交通量人工观测法

人工观测法，是我国目前应用最广泛的一种交通量调查方法，只要有一个或几个调查人员即能在指定的路段或交叉口进行调查，组织工作简单，使用的工具除必备的计时器（手表或秒表）外，一般只需记录用的记录板（夹）、记录表和笔。常用的交通量观测记录表，可参见表3-1和表3-2。其中，表3-1用于观测交叉口机动车交通量，车型的分类可以视具体情况而定，表3-2用于观测交叉口非机动车，表3-3主要用于观测路段交通量。

表3-1　交叉口机动车交通量观测表

地点＿＿＿＿＿路＿＿＿＿＿路　进口＿＿＿＿＿　天气＿＿＿＿

日期＿＿＿＿＿星期＿＿＿＿＿　观测人＿＿＿＿＿　审核人＿＿＿＿

时段	左转					直行					右转				
	大型车	中型车	小型车	公交车	摩托车	大型车	中型车	小型车	公交车	摩托车	大型车	中型车	小型车	公交车	摩托车
小计															

表3-2　非机动车流量观测表

地点＿＿＿＿＿路＿＿＿＿＿路　进口＿＿＿＿＿　天气＿＿＿＿

日期＿＿＿＿＿星期＿＿＿＿＿　观测人＿＿＿＿＿　审核人＿＿＿＿

时段	左转	直行	右转
小计			

表3-3　交通量观测记录表

地点＿＿＿＿＿路＿＿＿＿＿处　方向＿＿＿＿＿　天气＿＿＿＿

日期＿＿＿＿＿星期＿＿＿＿＿　观测人＿＿＿＿＿　审核人＿＿＿＿

车型 时段	小型车	中型车	大型车	公交车	出租车	摩托车

3.2.3　交通量调查数据的整理与分析

1. 车辆换算和数量统计

交通影响评价中，一般以小汽车作为标准车型，将混合交通量换算成标准小汽车的当量交通量。不同车辆的换算系数可参见表3-4。

表 3-4　以小汽车为标准的换算系数表[①]

车辆类型	换算系数
自行车	0.2
二轮摩托	0.4
三轮摩托或微型汽车	0.6
小客车或小于 3t 货车	1.0
旅行车	1.2
大客车或小于 9t 的货车	2.0
9～15t 货车	3.0
铰接客车或大平板拖挂货车	4.0

① 数据来源：GB 50220—95《城市道路交通规划设计规范》

2. 交叉口流量流向图

经常用来表示十字或 T 字形交叉口各入口引道各向车辆的运行状况。图 3-2 中绘出了典型的十字交叉口的流量流向图，由图 3-2 可以一目了然地看清交叉口的流量流向分布。通常根据高峰小时的交通量绘制。由于机动车交通高峰与非机动车高峰往往不在同一小时内出现，因此应对各个高峰小时的机动车和非机动车交通量分别绘制。

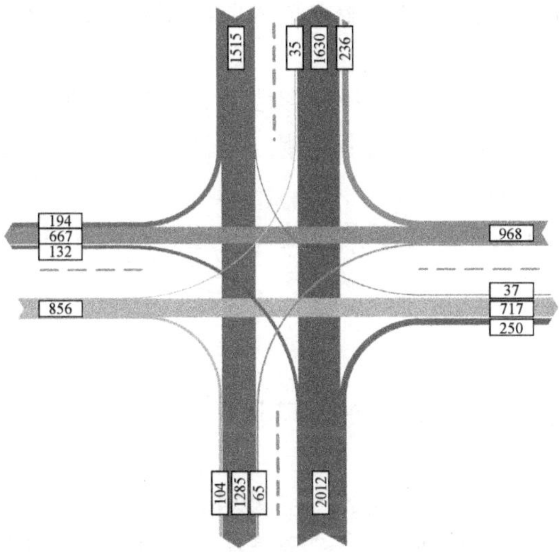

图 3-2　交叉口车辆流量流向图

3.3　车速、延误调查与分析

3.3.1　车速的基本概念

随着车速的用途不同，派生出若干有特定用途的车速，常用的有：地点车速、行程车速、运行车速、临界车速、设计车速、时间平均车速、空间平均车速等，它们的定义和使用场合简述如下：

1. 地点车速

车辆通过道路某一地点（道路某断面）时的车速，也称瞬时车速，是描述道路某地点交通状况的重要参数，常用于研究制订限制车速、设计车速及交通流理论研究。

2. 行程车速

行程车速，也称区间速度，是车辆行驶在道路某一区间的距离与行程时间的比值。行程时间包括行驶时间和中途受阻时的停车时间。行程车速是评价道路行车通畅程度与分析车辆发生延误原因的重要数据。

3. 行驶车速

行驶车速，也称运行车速，是车辆行驶在道路某一区间的距离与行驶时间（即行程时间中扣除因阻滞而产生的停车时间）的比值。行驶车速是衡量道路服务质量、估算路段通行能力及延误的主要参数。

4. 运营车速

车辆在运输路线上的周转速度即车辆行驶距离与运营时间的比值，例如公共汽车的运营时间包括行驶时间、停车延误时间、停靠站等待时间、起终点调头时间和发车间隔时间。运营车速是衡量运输企业管理水平和运输效率的重要指标。

5. 临界车速

临界车速，又称最佳速度，指通行能力最大时的车速。从理论上考虑通行能力时采用。

6. 设计车速

在道路几何设计要素具有控制性的特定路段上，具有平均驾驶技术水平的驾驶员在天气良好、低交通密度时所能维持的最高安全速度。设计车速是道路几何设计的基本依据，也是表明道路等级与使用水平的主要指标。

在建设项目交通影响评价中，主要关注地点车速和行程车速（区间速度），下面仅就这两种车速分别介绍其调查方法。

3.3.2 地点车速调查

在建设项目交通影响评价中，地点车速测定最常用的方法主要有以下几种：

1. 人工测速法

在欲调查的地点，量测一小段距离 L，在两端做好标记（见图 3-3），观测员用秒表测定各种类型车辆经过前后两标记的时间，记录员在标准记录表上记录距离、车型及通过两标记的时间，经整理计算，得到各类车辆的地点车速，记录表格见表 3-5。

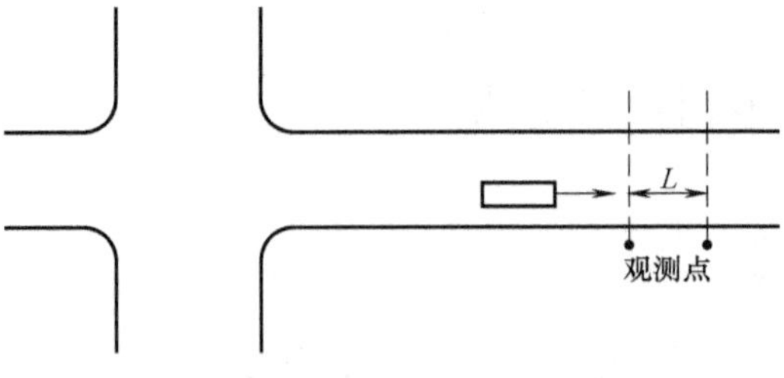

图 3-3 秒表测速法示意图

距离 L 的取值与车速有关，为方便观测者对秒表读数，可按车辆经过 L 路段的时间等于

2s 左右计算，通常取 20 ~ 25m。

表 3-5 地点车速记录表

日期＿＿＿＿ 星期＿＿＿＿ 天气＿＿＿＿ 记录者＿＿＿＿

起讫路线＿＿＿＿至＿＿＿＿ 起讫时间＿＿＿＿至＿＿＿＿时间间隔＿＿＿＿

车种	t_1	t_2	$\Delta t = t_2 - t_1$	$v = \frac{S}{\Delta t}$	车种	t_1	t_2	$\Delta t = t_2 - t_1$	$v = \frac{S}{\Delta t}$

注：t_1- 车辆到达起始观测点时刻；

t_2- 车辆到达终末观测点时刻。

2. 雷达测速法

雷达测速方法十分简单，只要用测速雷达瞄准前方被测车辆，即能读出该车辆的瞬时车速。雷达测速的基本原理是应用多普勒效应。当雷达测速仪瞄准测速车辆时，发射出无线电波，遇车辆后再从车辆反射回来，发射波与反射波的频率差与车辆行驶的速度成正比，从而得到车辆的瞬时车速。若雷达所发射的电波频率为 f，发射电波碰到车辆后反射回来的频率为 f'，车辆运行的速度为 v，电波传播速度为 c，雷达发射的电波方向与车辆运行方向之间的交角为 φ（见图 3-4），则

$$f' = f\left(1 \pm \frac{2v\cos\varphi}{c}\right) \tag{3-1}$$

式（3-1）中“+”号表示车辆向接近雷达方向运行，“-”表示车辆远离雷达方向运行。

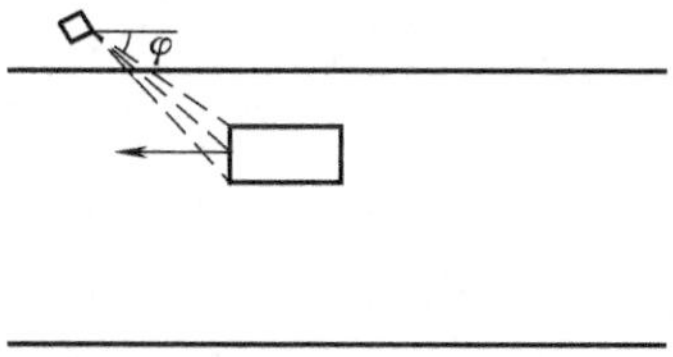

图 3-4 雷达波与车辆运行方向夹角 φ

多普勒频率数为发射电波束频率 f 与反射回来电波频率 f'之差 Δf 为

$$\Delta f = f' - f \quad 即 \quad \Delta f = \frac{2vf\cos\varphi}{c} \tag{3-2}$$

测速雷达测量这个频差，从仪表上直接读出车速。

从式（3-2）可以看出多普勒频率数 Δf 与 $\cos\varphi$ 成正比，当 $\varphi = 0°$，$\Delta f = 2vf/c$，此时测速误差最小，因此测速时应尽可能使雷达装置发射出无线电波束的方向接近车辆运行方向。如果 φ 不等于零，测速雷达所读出的数字比车辆实际行驶车速要小，例如 $\varphi = 20°$时，产生的误差大约为 6%。此外雷达测速仪的效应有一定范围，同向车辆密度过高或对向车辆同时通过道路某断面，均会产生干扰，使雷达仪上的车速数字产生不稳定情况；当道路上车辆行驶速度很低时，测速精度也低。

3.3.3 区间车速调查

1. 汽车牌照号码登记法

在调查路段的起终点设置观测点，观测人员记录通过观测点的车辆类型、牌照号码（一般记后3位数字即可）各辆车的到达时间。测完后，将两处的车型及牌照号码进行对照，选出相同的牌照号码，计算通过起终点断面的时间差即为行程时间，路段距离除以行程时间，得到行程车速。调查记录表格见表3-6。

表3-6 牌照法车速调查表

道路名称＿＿＿＿＿＿＿ 起始时间＿＿＿＿＿＿＿ 日期＿＿＿＿＿＿＿

起 终 点＿＿＿＿＿＿＿ 观 测 者＿＿＿＿＿＿＿ 天气＿＿＿＿＿＿＿

车辆类型	牌照号码	起点时间 t_1	终点时间 t_2	行程时间 t_2-t_1	区间车速 v

关于调查人员及工具的配备：起终点断面各配2名观测员，1名观测车型、牌照号码及经过本断面的时间，另1名记录观测时只需配备秒表即可。

牌照法的主要优点：取样速度快，室外工作时间短，能较准确地测得不同时段的平均行程车速及各种车辆类型的平均行程车速、通过断面的单向交通量及车头时距，有利于交通工程中的微观分析。

牌照法的主要缺点：所测得的只是起终点间的行程时间，无法知道车辆在行驶过程中的延误及交通阻滞情况，当路段中间有交叉口时，由于路段车辆在交叉口的转向，使起终点的车辆牌照号码不完全一致，增加了内业工作量；在单向两车道或大于两车道的路段，观测时由于靠边车道上车辆的阻挡，无法看清中间车道上车辆的牌照号码，容易漏记车号；此法现场观测的劳动强度大，对于交通繁忙的路段在一般体力情况下，通常只能连续观测2小时左右。

2. 浮动车测速法

浮动车测速法（见图3-5）是由英国道路研究试验所的华德鲁勃（Wardrop）和查尔斯沃思（Charlesworth）于1954年提出，可同时获得某一路段的交通量、行驶时间和行驶车速，是一种较好的交通综合调查方法。

（1）调查方法 需要有一辆测试车，小型面包车或工具车最好，吉普车或小汽车也可以，尽量不要使用警车等有特殊标志的车，以工作方便、不引人注意、座位足够容纳调查人员为宜。

调查人员（除开车的驾驶员以外）需要一人记录与测试车对向开来的车辆数；一人记录与测试车同向行驶的车辆中，被测试车超越的车辆数和超越测试车的车辆数；另一人报告和记录时间及停驶时间。行程距离应已知或由里程碑、地图读取，或从有关单位获取，如不得已则应亲自实地丈量。调查过程中，测试车一般需沿调查路线往返行驶12～16次（即

6~8个来回)。总的行驶时间，根据美国国家城市运输委员会的规定，主要道路为每英里（合1.6km）需要30min，次要道路为每英里（合1.6km）需要20min。

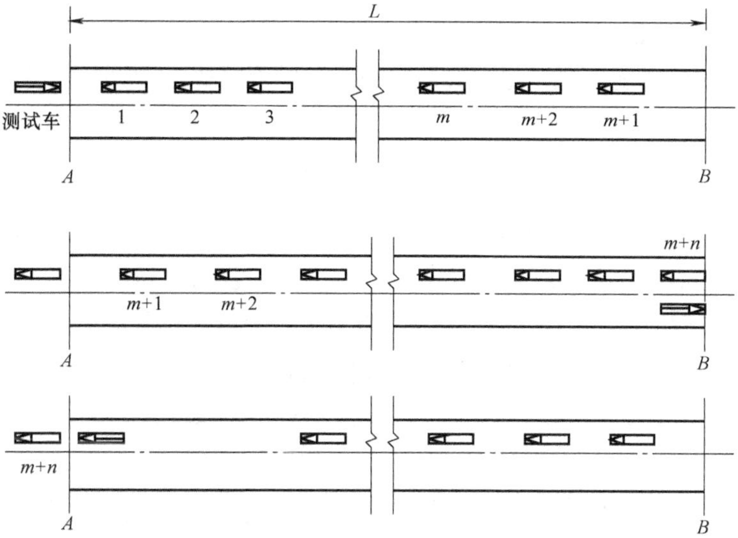

图3-5　浮动车测速法示意图

（2）交通量计算　在测试中，当没有测试车辆超越其他车辆或其他车辆超越测试车的情况时，假设 AB 路段内没有进出的支路，车辆由 A 到 B 的过程中所遇到的对向车辆数 x 由两部分组成，其中 m 是 T_{AB}时间内通过 A 断面的车辆数，n 是 T_{BA}时间内通过 A 断面的车辆数，试验车到达 B 断面后立即调头，中间未插入任何车辆，则自 B 到 A 方向通过 A 断面的流量 Q_A可由下式求得

$$Q_A = \frac{x}{T_{AB} + T_{BA}} \times 60 \tag{3-3}$$

式中，T_{AB}与 T_{BA}的单位为 min，Q_A 的单位为辆/h，即 veh/h。

另一种情况，如果测试车在从 B 返回 A 的途中有 C 辆车超越试验车，则在 T_{BA}时间内自 B 至 A 方向驶过 A 断面的车辆数增加到 $n+C$ 辆。同理如有 D 辆车被测试车超越，则在 T_{BA}时间内自 B 至 A 方向驶过 A 断面的车辆数减少到 $n-D$ 辆。如果两者兼有之，则 T_{BA}时间内通过 A 断面的车辆数为 $n+C-D$。

经过上述修正后，A 断面（自 $B \to A$ 方向）的流量计算公式为

$$Q_A = \frac{x + C - D}{T_{AB} + T_{BA}} \times 60 \tag{3-4}$$

（3）行程时间计算　如果测试中没有车辆超过测试车或被测试车超越，则测试车的往返时间 T_{AB}、T_{BA}就可以代表车流的往返时间。如果测试车由 B 到 A 的过程中有 C 辆车超越测试车，则 B 到 A 方向车流的平均车速高，即车流平均行程时间较 T_{BA}短；反之，若测试车超越了车流中 D 辆车，则 B 到 A 方向车流的平均车速较测试车的车速低，即车流平均行程时间较 T_{BA}长。因此，从 B 到 A 方向车流的平均行程时间需在 T_{BA}的基础上进行修正，其计

算公式如下

$$T = T_{BA} - \frac{C - D}{Q_A/60} \tag{3-5}$$

式中，T 和 T_{BA} 单位为 min，Q_A 单位为 veh/h。

（4）车流平均行程车速计算　设 V_{BA} 为 B 到 A 方向的平均行程车速（km/h），L 为 A 到 B 断面间的距离（km），则

$$V_{BA} = \frac{L}{T} \times 60 \tag{3-6}$$

与跟车测速法一样，为了使测算的流量和平均行程车速更接近实际，应当在相似的交通条件下，让测试车在 AB 路段上来回次数不少于 6 次，并且同时测出车流穿越 B 断面的流量 Q_B 及 AB 段的平均行程时间和车速。现场测定的记录表格可参见表 3-7。

表 3-7　浮动车测速观测表

道路名称__________　起点__________　终点__________
路段长度__________　观测者__________　日期__________　天气________

行驶方向	出发及到达时间			对向来车数			超越试验车车数			被试验车超越数			行驶状况描述
	时	分	秒	大	中	小	大	中	小	大	中	小	

浮动车测定法实际上是在整个行驶时间内的一种抽样率小于 50% 的抽样测定法。因为测试车每来回行驶一趟，每个方向的车流被测的时间约占一半，所以这种方法所统计的流量和车速不如用牌照法测量精确。

浮动车测定法需要注意如下事项：

1）行程时间，在记录时以分、秒计，但在公式计算中，秒应以分的百分数计，以便于直接计算。

2）浮动车法调查延续的时间较长，为了真实反映交通情况，应注意路段和行程时间不要太长，尽可能分段以较短时间完成调查。

3）浮动车法观测到（经过计算获得）的交通量是一个平均值（当以平均值计算时），是表明在整个观测时段内的平均值，而由每一次观测所得数据计算的交通量才是该时段的交通量。

【例】　某道路全长 1.5km，用浮动车法进行测量，试验车在路线上共往返 6 次，测量后数据整理如下表 3-8，试计算该路段的流量、平均行程时间、平均行程车速。

表 3-8　浮动车测量数据整理

行驶次序方向 $A \to B$	行程时间 T_{AB}/min	对向来车数 x_A	超越试验车数 C_{AB}	被试验车超越数 D_{AB}
1	3.08	70	0	2
2	3.25	72	1	0
3	3.10	72	2	1
4	3.23	74	1	3
5	3.41	79	3	0
6	3.33	77	0	2
总计	19.40	444	7	8
平均	3.23	74	1.17	1.33
行驶次序方向 $B \to A$	行程时间 T_{BA}/min	对向来车数 x_B	超越试验车数 C_{BA}	被试验车超越数 D_{BA}
1	2.95	86	1	2
2	3.22	90	2	0
3	2.95	89	0	2
4	3.18	79	0	1
5	3.25	88	3	0
6	3.30	92	1	2
总计	18.85	524	7	7
平均	3.14	87.3	1.17	1.17

断面流量（单向）

$$Q_A = \left[\frac{x_A + C_{BA} - D_{BA}}{T_{AB} + T_{BA}} \times 60\right]\text{辆/h} = \left[\frac{74 + 1.17 - 1.17}{3.23 + 3.14} \times 60\right]\text{辆/h} = 697\ \text{辆/h}$$

$$Q_B = \left[\frac{x_B + C_{AB} - D_{AB}}{T_{AB} + T_{BA}} \times 60\right]\text{辆/h} = \left[\frac{87.3 + 1.17 - 1.33}{3.23 + 3.14} \times 60\right]\text{辆/h} = 821\ \text{辆/h}$$

当路段长度不大时，可近似地认为断面的双向流量为两断面流量之和，即

$$Q_{AB} = Q_A + Q_B = 1\ 518\ （\text{辆/h}）$$

行程时间

$$A \to B \quad T = T_{AB} - \frac{C_{AB} - D_{AB}}{Q_B/60} = \left[3.23 - \frac{(1.17 - 1.33)\ \times 60}{821}\right]\text{min} = 3.24\text{min}$$

$$B \to A \quad T = T_{BA} - \frac{C_{BA} - D_{BA}}{Q_A/60} = \left[3.14 - \frac{(1.17 - 1.17)\ \times 60}{697}\right]\text{min} = 3.14\text{min}$$

行程车速

$$A \to B \quad V_{AB} = \left[\frac{L}{T} \times 60\right]\text{km/h} = \left[\frac{1.5}{3.24} \times 60\right]\text{km/h} = 27.8\text{km/h}$$

$$B \to A \quad V_{BA} = \left[\frac{L}{T} \times 60\right]\text{km/h} = \left[\frac{1.5}{3.14} \times 60\right]\text{km/h} = 28.7\text{km/h}$$

从以上计算可知：当浮动车测试的超车和被超车的数量不多时，可以不进行修正，如本例中：

当 $Q_A=\left[\frac{x_A}{T_{AB}+T_{BA}}\times 60\right]$辆/h $=\left[\frac{74}{3.23+3.14}\times 60\right]$辆/h $=697$ 辆/h，与修正后的 Q_A 正好相等。

当 $Q_B=\left[\frac{x_B}{T_{AB}+T_{BA}}\times 60\right]$辆/h $=\left[\frac{87.3}{3.23+3.14}\times 60\right]$辆/h $=822$ 辆/h，与修正前极相近。

同样，行程时间计算也有相同情况，修正前 T_{AB} 与修正后 T_{AB} 仅差 0.01min，T_{BA} 修正前后相等。行程车速修正前 $V_{AB}=27.9$km/h，修正后 $V_{AB}=27.8$km/h，V_{AB} 修正前后正好相等。

3.3.4 延误调查概述

1. 目的和意义

1）评价道路交通阻塞程度。行车延误直观地反映了道路交通的阻塞情况，借助于延误资料可以确定产生交通阻塞的位置、程度和原因，进而对交通阻塞程度作出评价。延误时间越长，说明阻塞越严重。

2）评价道路服务质量。道路的服务质量通常用服务水平来衡量。对于道路使用者，最关心的是时间和延误。

3）作为采取交通控制措施的依据。根据延误资料，确定无信号交叉口是否需要设置交通信号，设计交通信号控制参数，从而减少交叉口的延误或某一入口引道的延误。另外也可根据延误资料确定是否需要采取某些管理与控制措施，比如禁止左转，限制停车、单向行驶以及禁止某一方向通行等。

4）改建道路和交叉口的依据。根据延误资料，对交通阻塞严重的路段或交叉口，提出改建计划。例如拓宽道路以改造瓶颈路段、实施快慢车分隔、拓宽交叉口引道或增设转弯专用车道等。

2. 基本概念

1）延误。由于道路与环境条件、交通干扰以及交通管理与控制设施等驾驶员无法控制的因素所引起的行程时间损失，以 s/辆或 min/辆计。

2）固定延误。由交通控制装置引起的延误，与交通量大小及交通干扰无关，主要发生在交叉口处。交通信号、停车标志、让路标志和铁路道口等都会引起固定延误。

3）运行延误。由各种交通组成部分之间相互干扰而引起的延误。运行延误可分为两种，一种是由其他交通组成部分对车流的干扰（称为侧向干扰）而引起的延误，例如行人、受阻车辆、路侧停车以及横穿交通等因素引起的延误；另一种运行延误是由交通流之间的干扰（称为内部干扰）而引起的延误，产生这种运行延误的主要原因是交通拥挤、汇流、超车与交织运行等因素的影响。

4）停车延误。车辆由于某种原因而处于静止状态所产生的延误，停车延误等于停车时间，其中包括车辆由停止到再次起动时驾驶员的反应时间。

5）行程时间延误。实际行驶的总行程时间与完全排除干扰后以平均速度通过调查路段的自由行驶时间之差。这一延误除包括停车延误外，还包括因加减速而产生的加速延误和减速延误。

6）延误率。车辆通过单位长度路段的实际运行时间与车辆在理想条件下通过该路段所需时间（标准运行时间）之差值。因此延误率可以反映出单位长度路段上延误的大小。据国外观测，高峰时间内车辆通过单位长度路段的标准运行时间：高速道路为1.06min/km，主要城市干道为1.49min/km，集散道路为1.86min/km。

7）车流延误率。车流中各辆车的延误率的总和，即车流在单位长度路段上的总的损失时间。因此，车流延误率就等于单向交通量乘以延误率。

8）排队延误。车辆排队时间与车辆按自由行驶车速驶过排队路段的时间（自由行驶时间）之差。排队时间是指车辆从第一次停车到越过停车线所用的时间，排队路段是指车辆的第一次停车断面与停车线之间的道路。

9）引道延误。引道延误为引道实际耗时与引道自由行驶时间之差，其中引道实际耗时为车辆通过引道延误段实际所用的时间；引道自由行驶时间为不受干扰车辆通过引道延误段所用的时间。引道延误段指的是引起全部或大部分引道延误的引道路段，其长度随引道上的排队车辆数而变化。排队车辆越多引道延误段就越长。实际选用时，通常将可能出现的最大排队长度作为引道延误段。

3.3.5　延误调查方法

行车延误调查包括路段行车延误调查和交叉口延误调查两部分。

1. 路段延误的调查方法

区间行车时间调查与区间车速调查时的行车时间调查完全一样，而延误调查实际上也是对不同条件下的行车时间调查。因此，该项调查可采用区间速度调查时所采用的方法。如试验车法、车辆牌号对照法、驶入驶出量法等。

2. 交叉口延误的调查方法

交叉口延误是指车辆通过交叉口范围的时间延误，调查方法随所需资料不同而不同。

（1）行车时间调查　通过行车时间的调查即可求得延误。由于交叉口处的调查涉及范围一般较小，所以调查车辆通过交叉口的行车时间时，也可在通视条件良好处，由1人用秒表直接测定车辆通过的行驶时间。使用此法应注意抽样的随机性并应保证抽样数量。

（2）停车延误调查

1）由调查人员用秒表和计数器测定车辆通过交叉口时的停车数量及累积停车时间。

2）定时段测定。选择测时时段（如15s），由调查人员记录每时段内通过和停车的车辆数，然后计算求得延误。使用此法只要时段选择合适，可使实测精度相当高。

3.4　通行能力计算与分析

3.4.1　路段通行能力计算与分析

1. 基本通行能力

基本通行能力，是指道路和交通都处于理想条件下，由技术性能相同的一种标准车，以最小的车头间距连续行驶的理想交通流，在单位时间内通过道路断面的最大车辆数。也称为理论通行能力。CJJ 37—2012《城市道路工程设计规范》建议的城市道路路段一条车道基本通行能力如表3-9所示。

表 3-9 城市道路路段一条车道的基本通行能力

道路类型	设计速度/(km/h)	100	80	60	50	40	30	20
快速路	基本通行能力/(pcu/h)	2200	2100	1800	—	—	—	—
	设计通行能力/(pcu/h)	2000	1750	1400	—	—	—	—
其他等级道路	基本通行能力/(pcu/h)	—	—	1800	1700	1650	1600	1400
	设计通行能力/(pcu/h)	—	—	1400	1350	1300	1300	1100

注：pcu（passenger car unit）标准车当量数，也称为当量交通量。

2. 可能通行能力的确定

可能通行能力是指考虑到实际道路条件和交通条件的影响，并对基本通行能力进行修正后得到的通行能力。

（1）多车道对路段通行能力的影响　在城市主干道上，同一行驶方向的车道数往往不止一条，在多车道的情况下，同向行驶车辆的超车、绕越、停车等会影响邻近车道的通行能力，一般越靠近路中心线的车道，其影响越小。因此，在无分隔带的同向车道上，靠近路中心线的车道通行能力为最大；靠近右侧的车道，其通行能力为最小。其车道影响程度可用折减系数 $\alpha_{条}$ 来表示。

据观测，自路中心线起第一条车道的折减系数 $\alpha_{条}$ 假设为1.00，则其余车道的折减系数依次为：第二条车道为0.80～0.89；第三条车道为0.65～0.78；第四条车道为0.50～0.65；第五条车道为0.40～0.52。

由以上的折减系数可以看出，当设计的车道数越多，则靠路边的车道其折减系数越小，例如自路中心线起算的第四条和第五条车道，其通行能力经折减后，仅为第一条车道通行能力的1/2左右。

（2）交叉口对路段通行能力的影响　在城市里，纵横交错的道路形成了许多交叉口，交叉口对道路通行能力的影响较大，尤其是当交叉口的间距较小时。在影响通行能力的许多因素中（如快慢车混合行驶、快车超车、公共交通车辆停靠时进出车道、行人过街等），交叉口是主要的影响因素，它对通行能力往往起控制作用。因为，在有交通管制的交叉口上，车辆遇到红灯必须减速、停车，然后又要起动、加速行驶。即使碰巧没有遇到红灯或是在没有交通管制的交叉口上，车辆也要减速通行。所以，车辆在通过交叉口时，实际的行程时间比没有交叉口的路段的行程时间要多，其实际平均车速也大为降低，通行能力下降。

交叉口对通行能力的影响，用交叉口通行能力折减系数 $\alpha_{交}$ 来表示，

$$\alpha_{交}=\frac{\text{交叉口之间无阻的行程时间}}{\text{交叉口之间实际的行程时间}} \tag{3-7}$$

（3）行人过街等因素对路段通行能力的影响　关于行人过街对路段通行能力的影响，它与行人过街的密度有关，据北京市的观测，当双向过街人数达到500人次/h时，其折减系数可取 $\alpha_{人}=0.63$。快车超车影响的折减系数，与小汽车的交通量所占的比重有关。铁路道口影响的折减系数，与每小时道口封闭的次数及每次封闭的时间长短有关。在设计时，可参考有关资料或通过实际调查，观测求得。

（4）车道宽度对路段通行能力的影响　道路的通行能力 C 是车道宽度 b 的函数。车道的宽度达不到要求，必然影响车速，车速的降低则意味着通行能力的减小。车道宽度对道路

的通行能力和行车的舒适影响很大。从保证通行能力的角度考虑，必需的车道宽度 $b_{min}=3.50m$。当车道宽度 $b \geqslant 3.50m$ 时，不影响通行能力；如 $b<3.50m$ 时，则车速下降，通行能力减小。因此，达不到3.50m宽的车道，其通行能力应按表3-10中的数值进行折减。

表3-10　根据车道宽度 b 的通行能力折减系数 α 车道

车道宽度 b/m	通行能力折减系数 $\alpha_{车道}$	车道宽度 b/m	通行能力折减系数 $\alpha_{车道}$
3.50	1.00	3.00	0.85
3.25	0.94	2.75	0.77

考虑上述影响的折减系数，则路段上一条车道的通行能力（单位：辆/h，即veh/h）为：

$$C_{路段}=C_0(\alpha_{条}\alpha_{交}\alpha_{人}\alpha_{综}\alpha_{车道}) \tag{3-8}$$

式中　$\alpha_{综}$——有快车和铁道口等影响的综合折减系数。

目前，由于 $\alpha_{人}$，$\alpha_{综}$ 影响因素较复杂，尚难正确计算，通常忽略不计，因而上式可简化为

$$C_{路段}=C_0(\alpha_{条}\alpha_{交}\alpha_{车道}) \tag{3-9}$$

在特殊情况下，如一定要考虑 $\alpha_{人}$、$\alpha_{综}$ 等因素的影响，可通过现场观测确定。

由于影响车道通行能力的因素很多，一条车道究竟实际能通过多少车辆，迄今还不能用一个简易公式就能把所有的各种因素加以普遍概括。

3.4.2　交叉口通行能力计算与分析

1. 无信号管制的交叉口通行能力

不设信号管制的交叉口大致可分为两类，一是暂时停车方式，一是环行方式。而暂时停车方式的交叉口又可分为四路停车和两路停车两种。四路停车用于同等重要的道路相交的路口，不分优先与非优先（即主干道与次干道），所有车辆至交叉口均需停车而后通过。两路停车通常用于主干道（优先方向）与次干道相交（非优先方向），主干道可优先通过，次干道上车辆一律停车等待，等待优先通行方向交通流的间隙通过或转弯。

这里仅介绍十字形交叉口通行能力计算方法。

根据可插间隙理论，直接计算优先方向交通流中的可插间隙（车头时间间隔），即非优先方向交通可以横穿或插入的间隙数，作为非优先方向可以通过的最大交通量。

计算原理：将主干道（优先方向）上的车流视为连续行驶的交通流，并假定车辆到达的概率分布符合泊松分布，则车辆之间出现的时间间隔分布为负指数分布，但不是所有间隔均可供次干道车辆通过或插入，只有当此间隙大于临界间隙（即50%的驾驶员可以接受）时才有可能。当出现可插间隙时间 α 时，次要方向的车流可以相继通过的随车时距为 β，推导出下列计算公式

$$Q_{非}=\frac{Q_{优}e^{-\lambda\alpha}}{1-e^{-\lambda\beta}} \tag{3-10}$$

式中　$Q_{非}$——非优先通行次干道上可以通过的交通量（veh/h）；

$Q_{优}$——主干道优先通行的双向交通量（veh/h）；

λ——$\lambda=Q_{优}/3600$（veh/s）；

α——临界间隙时间（s）（一般取6~8s或5~7s）；

β——次干道上车辆间的最小车头时距（一般取3s或5s）。

2. 环形交叉口的通行能力

环形交叉口是指在几条道路相交的交叉口中央，设置圆岛或带圆弧形状的岛，使进入交叉口的所有车辆均以同一方向绕岛行驶，其运行过程一般为先在不同方向汇合（合流），接着于同一车道先后通过，最后分向驶出，可以避免直接交叉、冲突和大角度碰撞，其实质为自行调节的渠化交通形式。

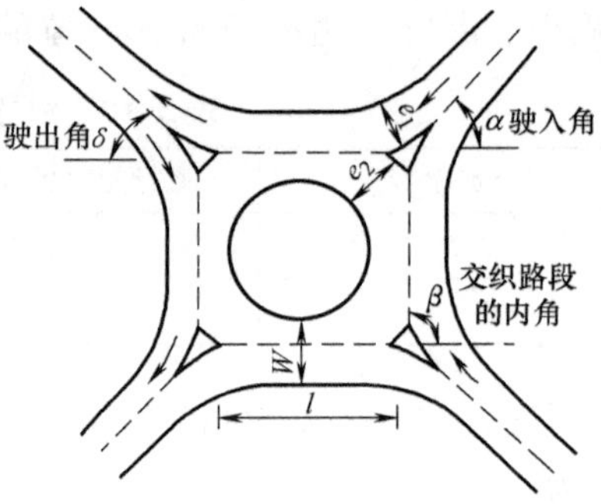

图3-6　常规环形交叉口计算图示

（1）常规环形交叉口通行能力计算　常规环形交叉口通行能力计算图示如图3-6所示，其通行能力按下列公式计算。

1）沃尔卓普公式

$$Q_M = 354W\frac{\left(1+\dfrac{e}{W}\right)\left(1-\dfrac{P}{3}\right)}{\left(1+\dfrac{W}{l}\right)} \tag{3-11}$$

式中　Q_M——交织段上最大通行能力（veh/h）；

l——交织段长度（m）；

W——交织段宽度（m）；

e——环交入口引道平均宽度：$e=(e_1+e_2)/2$（m）；

P——交织段内交织车辆与全部车辆之比（%）。

根据经验检验，一般设计通行能力应为沃尔卓普公式计算最大值的80%，因此沃尔卓普公式应修改为

$$Q_M = 280W\frac{\left(1+\dfrac{e}{W}\right)\left(1-\dfrac{P}{3}\right)}{\left(1+\dfrac{W}{l}\right)} \tag{3-12}$$

计算时，应将车型换算成小汽车。

2）英国环境部暂行公式。该公式适用于采取位于环形交叉口上的车辆优先通行的常规环交，其具体形式如下

$$Q = \frac{160W\left(1+\dfrac{e}{W}\right)}{\left(1+\dfrac{W}{l}\right)} \tag{3-13}$$

式中　Q——交织段通行能力，其中载货车占全部车辆数的15%，如重车超过15%时要进行修正，用于设计目的应采用Q值的85%

（2）小型环交通行能力计算　所谓小型环交系指中心岛直径小于25m，环道较宽，而出入口均形成喇叭形，车流运行已不存在交织形式，各入口车流可按同一方向相互插穿运行，各类车辆运行时可较好地相互调剂，整个环交的流量变化要比个别路口的车流量变化小。在所有引道入口均呈饱和状态情况下进行多次试验，得出了整个环交通行能力的简化

公式。

1）英国运输与道路研究所公式

$$Q = K_1\left(\sum W + \sqrt{A}\right) \tag{3-14}$$

式中　Q——进入环交的实用的总通行能力（pcu/h）

$\sum W$——所有引道基本宽度的总和（m）；

A——引道拓宽所增加的面积（m^2），$A = \sum a$；

K_1——系数，三路交叉 $K_1 = 80$（70）（pcu/h/m）；四路交叉 $K_1 = 60$（50）（pcu/h/m）；五路交叉 $K_1 = 55$（45）（pcu/h/m）。

设计通行能力 Q_p 应采用式（3-14）计算 Q 的 80%，计算图式如图 3-7。

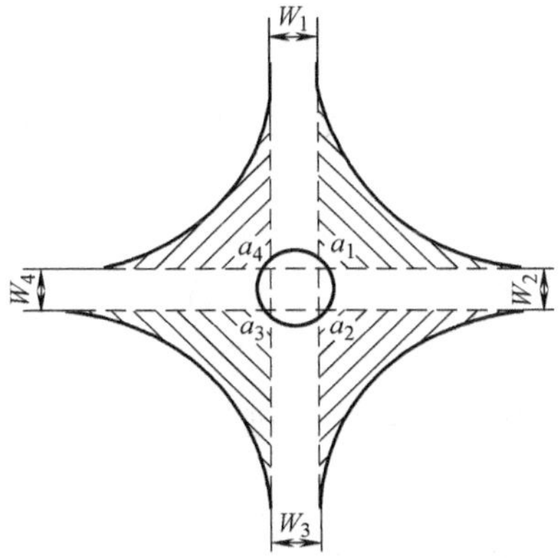

图 3-7　小型环形交叉口计算图

2）纽卡塞公式。纽卡塞根据英国运输研究所的公式作进一步简化，将 A、W 两参数均归纳为内接圆直径 D，然后根据道路条数取用 K_2 来进行调整，即

$$Q = K_2 D \tag{3-15}$$

式中　Q——实用总通行能力（pcu/h）；

D——内接圆直径（m），如交叉口为椭圆型中心岛，则取长轴与短轴的平均值；

K_2——系数，三路交叉口 $K_2 = 150$（pcu/h/m），四路交叉口 $K_2 = 140$（pcu/h/m）。

3. 信号交叉口的通行能力

交叉口信号是由红、黄、绿三色信号灯组成的，用以指挥车辆的通行、停止和左右转弯，随信号灯色的变换使车辆通行权由一个方向转移给另一个方向，根据信号周期长度及每个信号相所占时间的长短，可以计算出交叉口的通行能力。

（1）一条专用直行车道的通行能力

$$C_{直} = \frac{3600}{T_{周}} \times \frac{t_{绿} - t_{损}}{t_{间}} \tag{3-16}$$

式中　$T_{周}$——信号灯周期时间（s）；

$t_{绿}$——每一个周期内的绿灯时间（s），各方向的绿灯时间根据各自的流量大小确定；

$t_{间}$——前后两辆车通过停车线的平均间隔时间，小汽车平均为 2.5s，大型车平均为 3.5s，特大型车（如铰接车、半挂车）平均为 7.5s；对于不同混合比的车辆，$t_{间}$ 可按表 3-11 确定。

$t_{损}$—— 一个周期内的绿灯损失时间（s）这里只计算加速时间损失，不计算起步反应时间损失，可按式（3-17）计算。

$$t_{损} = t_{加} = \frac{V}{2a} \quad (3\text{-}17)$$

式中 V——直行车辆通过交叉口的车速，一般交叉口采用15m/s；

a——平均加速度（m/s^2）：小汽车 $a = 0.6 \sim 0.7$（m/s^2）；中型车 $a = 0.5 \sim 0.6$（m/s^2）；大型车 $a = 0.4 \sim 0.5$（m/s^2）。

表 3-11 混合车流中不同比例时对应的平均车头间隔 $t_{间}$

大型车:小型车	0:10	1:9	2:8	3:7	4:6	5:5	6:4	7:3	8:2	9:1	10:0
实测 $t_{间}$ 平均值/s	2.50	2.58	2.65	2.96	3.12	3.26	3.30	3.34	3.42	3.46	3.50

（2）一条右转专用车道的通行能力　原则上可按直行方法计算，将直行的通过时间换成右转的通过时间，一般采用下式

$$C_{右} = 3600/t_{右} \quad (3\text{-}18)$$

式中 $t_{右}$——前后两右转车辆连续驶过停车线断面的间隔时间，大小车各半时为4.5s，全为小车时为3～3.6s，一般一条右转弯车道流量为1000～1200veh/h，如果有行人过街、自行车影响应将行人过街、自行车影响的时间减去再用式（3-18）计算。

（3）设置左转信号时一条左转专用车道的通行能力

$$C_{左} = n \times \frac{3600}{T_{周}} \quad 其中, n = \frac{t_{绿左} - \frac{V_{左}}{2a}}{h_{t左}} \quad (3\text{-}19)$$

式中 n——在一个周期内允许左转弯的车辆数；

$t_{绿左}$—— 一个周期内专门用于通过左转车黄绿灯的时间（s）；

$V_{左}$——左转车辆的行驶速度（m/s）；

a ——左转车的平均加速度（m/s^2）；

$h_{t左}$——左转车通过停车线的车头时距（s）。

（4）不设专用左转信号时一条左转车道的通行能力　根据我国交通安全的法律规定，不设专用左转信号时实现左转有以下三种情况：

1）利用初绿时间通过。左转车超前驶过与对向直行车冲突的地点，其条件为左转车至冲突点处应比对向直行车到冲突点处为近，使左转车有可能超前通过该点而不致碰撞，如每周期内利用此时间通过 n_1 辆车，则每小时可通过左转车为 $3600n_1$/周期辆。

2）利用对向直行车的可插车间间隙通过。在对向直行车交通量不大的情况下，左转车利用其可插车间隙通过，其允许通过的车辆数视对向执行车可能提供的可插车间隙数。如每周期可通过 n_2 辆，则 n_2 按以下方法确定。

根据实测左转车穿越直行车所需的可插车间隙为7～8s左右。直行车头时距约为3.5～4s，故可插车的间隙约为直行车车头时距的2倍，则每个周期可能通过的左转车辆 n_2 最多等于一条直行车道一个周期的直行通行能力 $C_{直}$ 减去每个周期实际到达的直行车并除以2，n_2 单位为辆/周期，表达式为

$$n_2 = \frac{C_{直} - Q'_{直}}{2} \tag{3-20}$$

式（3-20）中

$$C_{直} = \frac{t_{绿} - \dfrac{V}{2a}}{h_{t直}} \tag{3-21}$$

式中　$t_{绿}$—— 一个周期内的绿灯时间（s）；

V——直行车辆的车速（m/s）；

a——直行车辆的平均加速度（m/s^2），取值同式（3-17）；

$h_{t直}$——直行车辆的车头时距（s）。

3）利用黄灯时间通过。左转车辆至冲突点前排队等候，待黄灯出现，左转车迅速起动，则每周期可能通过的左转车辆 n_3（辆/周期）为

$$n_3 = \frac{t_{黄} - t_{损}}{t_{左}} \tag{3-22}$$

式中　$t_{损}$——由于加速而损失的黄灯时间（s），$t_{损} = t_{加} = v/2a$；

v、a——左转车速（m/s）与加速度（m/s^2）。

合计可通过的左转车流量 $C_{左}$（veh/h）为

$$C_{左} = \frac{3600}{T_{周}}(n_1 + n_2 + n_3) \tag{3-23}$$

（5）直、左混合行驶时一条车道的通行能力　对于同一条车道上有直、左混行时，因去向各异相互干扰，甚至引起停车，因此应乘以适当的折减系数 J。同时，由于左转车通过时间往往大于直行车通过时间，一般约为直行车通过时间的 1.75 倍，故应将左转车的所占比例乘以 1.75 倍，设 $r_{左}$ 为左转车辆所占百分比，则直、左混行时车流量 $C_{直左}$（veh/h）为

$$C_{直左} = C_{直}\left(1 - \frac{3}{4}r_{左}\right)J \tag{3-24}$$

系数 J 取值一般为 0.7 ~ 0.9，也可通过观测确定。

（6）直、右混行时一条车道的通行能力　原理同前，但右转车所占时间一般为直行车的 1.5 倍（J = 1.5）。$r_{右}$ 表示右转车所占百分比，则直、右混行时车流量 $C_{直右}$（veh/h）为

$$C_{直右} = C_{直}\left(1 - \frac{r_{右}}{2}\right)J \tag{3-25}$$

整个信号交叉口的总通行能力为交叉口各个进口的直行、左转、右转各项通行能力之和。

3.4.3　常规公交线路的通行能力

公共汽车交通线路的通行能力受沿线各停靠站通行能力的制约，其中通行能力最小的停靠站，是控制线路通行能力的站点。停靠站的通行能力取决于车辆占用停靠站的时间长短。因此，公共汽车停靠站的通行能力 $C_{站}$ 为

$$C_{站} = 3600/t \tag{3-26}$$

式中　$C_{站}$——公共汽车停靠站的通行能力（veh/h）；

t——车辆占用停靠站的总时间（s）。

公共汽车在站停靠时间 t 与车辆性能、车辆结构、上下车乘客的多少，车站秩序等因素有关，一般可按下式估算

$$t = t_1 + t_2 + t_3 + t_4 \tag{3-27}$$

式中 t_1——车辆进站停车用时间（s）；

t_2——车辆开门和关门时间，一般取值为 3 ~ 4s；

t_3——乘客上下车占用时间（s）；

t_4——车辆起动和离开车站时间。

式（3-27）中 t_1 可表示为

$$t_1 = \sqrt{\frac{2l}{b}} \tag{3-28}$$

式中 l——车辆驶入停车站时车辆之间的最少间隔，取值等于车辆长度（m）；

b——进站时制动减速度，一般取 $b = 1.5\text{m/s}^2$。

式（3-27）中 t_3 可表示为

$$t_3 = \frac{\Omega k t_0}{n_d} \tag{3-29}$$

式中 Ω——公共汽车容量；

k——上下车乘客占车容量的比例，一般取值为 0.25 ~ 0.35；

t_0——每位乘客上车或下车所用时间（s），平均约为 2s；

n_d——乘客上下车用的车门数。

式（3-27）中 t_4 可表示为

$$t_4 = \sqrt{\frac{2l}{a}} \tag{3-30}$$

式中 a——车辆离开停靠站时的加速度，可取 $a = 1.0\text{m/s}^2$；

将式（3-27）~式（3-30）代入式（3-26），简化得到

$$C_{站} = \frac{3600}{t} = \frac{3600}{2.57\sqrt{l} + \dfrac{\Omega k t_0}{n_d} + 4} \tag{3-31}$$

按式（3-31）可计算公共汽车停靠站的通行能力。由此可以确定公共汽车交通线路的通行能力 $C_{线}$ 为

$$C_{线} = \min[C_{站}] \tag{3-32}$$

公共汽车交通线路的设计通行能力等于该计算值乘以 0.8。

3.4.4 城市轨道交通系统运输能力分析

1. 基本概念

运输能力是通过能力和输送能力的总称。为满足客运需求、完成运输任务，轨道交通必须具备一定的运输能力。运输能力的大小主要取决于固定设备、活动设备、技术设备的运用、行车组织方法和行车作业人员的数量、技能水平等。根据使用性质的不同，运输能力可分为设计能力和可用能力。

2. 设计能力

设计能力是指某线路上某一方向 1h 内通过某一点的旅客空间数量。设计能力相当于最

大能力、理论能力或理论最大能力，一般很难实现。影响设计能力的要素主要是两个，即线路能力和列车能力，则有

设计能力 = 线路能力 × 列车能力 = 线路能力 × 每列车辆数 × 每辆车定员数

每辆车定员数包括座位数和站立面积上所容纳的乘客数。站立面积为可用面积，要扣除座位面积、旅客腿部所占面积和设备所占面积。根据建标 104—2008《城市轨道交通工程项目建设标准》规定：

1）定员。每辆车的定员，由座席位和站席位的总和确定，为正常情况下载客能力的计算依据。

2）座席。车辆的座位数宜占总定员的 15% ~20%。当全程线路大于 35km，平均运距大于 12km 时，根据客流性质，宜适当降低车辆定员。

3）座席区。每位座席区面积计算范围包括座椅横截面宽度（0.45 ~0.5m）和座前区（0.20 ~0.25m），座席区横截面总宽按 0.7m 计。

4）站席。车内面积扣除座席区及相关设施的面积后，按 6 人/m^2 计。

5）超员。每辆车的超员，按座席不变，站席以 9 人/m^2 计，超员系数（超员与定员的比值）不宜小于 1.4，与车站客流的超高峰系数相适应，并应作为车辆构造强度和制动力计算的依据。

6）车辆客室的车门开启宽度不宜小于 1.3m，每侧车门数量应与定员相匹配。

车辆内乘客站立人员密度是舒适度标准，也是定员标准，以此评价满载率。经理论分析，并与日本和俄罗斯的标准对比，建标 104—2008《城市轨道交通工程项目建设标准》确定我国车内乘客站立人员密度评价标准宜符合表 3-12 所示的规定。

表 3-12　车内乘客站立人员密度评价标准

站席密度/(人/m^2)	乘客拥挤情况	评价标准		
		中国	日本	俄罗斯
3 以下	乘客可以自由流动，十分宽松	舒适	舒适	好
4	平均每位乘客占有 0.5m × 0.5m 的空间，有较大宽松度，乘客可以看书报	良好	正常	好
5	平均每位乘客占有 0.5m × 0.4m 的空间，有一定宽松度，部分乘客可以看书报	良好	正常	好
6 (AW_2)	平均每位乘客占有 0.5m × 0.33m 的空间，感到不宽松、不拥挤，稍可活动，是舒适度的临界状态	临界状态（定员标准）	中间状态	好
7	平均每位乘客占有 0.47m × 0.3m 的空间，感到有些拥挤，站席范围有些突破	有些拥挤	可接受	一般
8	平均每位乘客占有 0.42m × 0.3m 的空间，身体有接触，需错位排列，并突破站席范围，感到比较拥挤	比较拥挤	可接受	一般
9 (AW_3)	平均每人占有的空间非常拥挤，需突破站席范围，挤入座区，此情况偶有可能出现（车辆制造强度必须满足）	非常拥挤（超员标准）	非常拥挤	不好
10	需突破站席范围，挤入座区，极为拥挤，难以忍受，影响上下车行为和总时间，属极端情况	难以忍受	极为拥挤	不好

注：乘客占有面积是立席区分配的计算面积。

3. 可用能力

可用能力是指在允许旅客需求分散条件下，某一线路某一方向 1h 内所能输送的总旅客数。在城市交通网络上，运输能力计算还必须考虑旅客需求的变化。一般来说，高峰期能力利用系数在 0.75 ~ 0.95，其高限只有在纽约和墨西哥等少数系统才能达到，大多数系统的高峰期能力利用系数在 0.75 ~ 0.90。可用能力计算如下

$$可用能力 = 设计能力 \times 高峰分散系数$$

3.4.5 自行车道通行能力分析

1. 通行能力

根据 CJJ 37—2012《城市道路工程设计规范》建议：

不受平面交叉口影响的一条自行车道的路段设计通行能力，当有机非分隔设施时，应取 1600 ~ 1800veh/h；当无分隔时，应取 1400 ~ 1600veh/h。

受平面交叉口影响的一条自行车道的路段设计通行能力，当有机非分隔设施时，应取 1000 ~ 1200veh/h；当无分隔时，应取 800 ~ 1000veh/h。

信号交叉口进口道一条自行车道的设计通行能力可取为 800 ~ 1000veh/h。

2. 服务水平

路段自行车服务水平分级标准应符合表 3-13 所示的规定。

表 3-13 路段自行车服务水平

指标 \ 服务水平	一级（自由骑行）	二级（稳定骑行）	三级（骑行受限）	四级（间断骑行）
骑行速度/(km/h)	>20	20 ~ 15	15 ~ 10	10 ~ 5
占用道路面积/m^2	>7	7 ~ 5	5 ~ 3	<3
饱和荷度	<0.40	0.55 ~ 0.70	0.70 ~ 0.85	>0.85

注：数据来源于 CJJ 37—2012《城市道路工程设计规范》。

交叉口自行车服务水平分级标准应符合表 3-14 所示的规定。

表 3-14 交叉口自行车服务水平

指标 \ 服务水平	一级	二级	三级	四级
停车延误时间/s	<40	40 ~ 60	60 ~ 90	>90
通过交叉口骑行速度/(km/h)	>13	13 ~ 9	9 ~ 6	6 ~ 4
饱和荷度	<0.70	0.7 ~ 0.8	0.8 ~ 0.9	>0.9
路口停车率（%）	<30	30 ~ 40	40 ~ 50	>50
占用道路面积/m^2	8 ~ 6	6 ~ 4	4 ~ 2	<2

注：数据来源于 CJJ 37—2012《城市道路工程设计规范》。

3.4.6 行人交通设施通行能力分析

1. 通行能力

根据 CJJ 37—2012《城市道路工程设计规范》建议：人行设施的基本通行能力和设计通行能力应符合表 3-15 所示的规定。行人较多的重要区域设计通行能力宜采用低值，非重要区域宜采用高值。

表 3-15　人行设施基本通行能力和设计通行能力

人行设施类型	基本通行能力/［人/(h·m)］	设计通行能力/［人/(h·m)］
人行道	2400	1800～2100
人行横道	2700	2000～2400
人行天桥	2400	1800～2000
人行地道	2400	440～1640
车站码头的人行天桥、人行地道	1850	1400

2. 服务水平

人行道服务水平分级标准应符合表 3-16 所示的规定。

表 3-16　人行道服务水平

指标 \ 服务水平	一级	二级	三级	四级
人均占用面积/m^2	>2.0	1.2～2.0	0.5～1.2	<0.5
人均纵向间距/m	>2.5	1.8～2.5	1.4～1.8	<1.4
人均横向间距/m	>1.0	0.8～1.0	0.7～0.8	<0.7
步行速度/(m/s)	>1.1	1.0～1.1	0.8～1.0	<0.8
最大服务交通量/［人/(h·m)］	1580	2500	2940	3600

注：数据来源于 CJJ 37—2012《城市道路工程设计规范》。

3.5 停车调查与分析

3.5.1 停车调查概述

1. 停车调查的基本概念

为了描述车辆停放的各种数量特征，需对停车设施相关术语作出定义：

1）累积停车数指典型停放点和区域内在一定时刻实际停放车数量而延停车数，或指一定时间间隔，调查点或区域内累积停放次数（辆次）。

2）停车设施容量指给定停车区域或停车场有效面积上单位时间间隔（小时或日）可用于停放车辆的最大泊位数。

3）停车需求指给定停车区域内特定时间间隔的停放吸引量，一般用代表性日的高峰期间停放数表示。

4）停车供应指一定的停车设施区域内按规范提供的有效泊位数。

5）停车目的指出行活动中有目的的路边或路外停放，停车目的也是与上班、上学、购物、业务、娱乐、回家等出行目的相一致。

6）停放时间指车辆在停放设施实际停放时间，它是衡量停车处交通负荷与效率的基本指标之一，其分布与停放目的、停放点土地使用等因素有关。

7）停车密度是停车负荷的基本度量单位。它有两种定义：一是指停放吸引量（存放量）大小随时间段变化的程度，一般高峰时段停放密度最高；另一定义是指空间分布而言，表示在不同吸引点（场）停车吸引量的大小程度。

8）停放车指数（饱和度，占有率）指某一时刻（时段）实际累积停放量与停车设施供应量之比，它反映停车场地拥挤程度。高峰饱和度是指高峰时刻累积停放量与设施供应量之比。

9）停放周转率表示一定时间段内（一日或几个小时）每个停车车位平均停放车辆次数，即总停放累积次数（延停数）除以停车设施泊位容量的比值。

10）步行距离指停车存放后至出行目的地的实际步行距离。

2. 停车调查的目的

交通影响评价中，车辆停放调查的目的如下：

1）了解拟建项目周边车辆停放设施供应状况：包括路边和路外的各类停放场地及其车位容量、位置、设施、管理、收费情况。

2）了解周边各类停放场地上停放车辆的基本特征（停放数量的时间、空间分布，包括数量、车型、停放时间等）。

3）掌握类似项目的停车吸引与土地利用之间的关系。

3.5.2 停车设施供应调查

停车设施包括路内和路外停车场地的位置、容量和其他相应的特征资料。

1）容量是指停车车位数或面积。其中停车车位是指一个停车空间，其单位一般为标准小汽车的车位面积。

2）路边停车容量应指法定的车位容量，在我国是指公安交通管理部门画线或标志指定允许停车车位数。路外停车场（库）容量则指能实际使用的车位数。

3）地点与位置。路边停车场应注明道路的具体分段名（路段地名）、部位（车行道、人行道）和路侧（东、南、西、北、中）；路外设施应具体编号和用示意图表示停车车位的分布区域、数量。

4）停车设施的耐久程度、设备情况。

5）停车时间限制或营业时间。

6）管理经营，包括归属、管理情况。

7）收费标准。

3.5.3 车辆停放实况调查

车辆停放实况调查的方法主要有以下三种：

1. 连续式调查

连续式调查法指从开始存车到存车结束连续记录停车情况。为了了解按时间存放车辆数、最多存放车辆数、停车最长时间等情况，可用此方法。

连续式停车调查在设备条件允许的情况下，可采用仪器观测调查，调查结束后对录像带的画面进行处理，录像带包含了丰富的信息，包括与时间相关的停放特性。录像带可以反复播放，读取更完整的信息。同时，采用一起进行观测调查还排除了天气气候对调查工作的干扰因素，这些都是人工调查工作所不能做到的。

连续式调查有两种方法，一种是泊位连续调查法，一种是停车车辆连续调查法。

泊位连续调查法是针对一个泊位记录停车车辆及其相应的停车时间。这种调查方法对泊位数比较少但周转率高的情况比较适用。优点是统计每个泊位的停车数和周转率比较方便，这种调查方法对分析停车场泊位的利用情况有很大帮助，而且为特定停车场的规划设计提供丰富的参考信息。其采用的调查表格可参考表 3-17。

表 3-17　泊位连续调查表

调查地点：________________　调查日期：________________

调查时间：________________　调查人员：________________

泊 位 编 号		泊 位 编 号		…	泊 位 编 号	
车号	进泊位时间-出泊位时间	车号	进泊位时间-出泊位时间	…	车号	进泊位时间-出泊位时间

注：开始调查时记录所有已停车辆，其进泊位时间为开始调查时间。

停车车辆连续式调查法是对进入停车区域内的每辆车的进入停车区域的时间和离开停车区域的时间进行记录。其方法有牌照式和非牌照式两种，所谓牌照式是在调查中要记录车辆牌照，来区分停车车辆；而非牌照式则是调查时不记录停车车辆的牌照。由于非牌照式无法区分具体车辆的停车时间，因而较少采用。

牌照式车辆连续调查法比较容易统计停车场的平均利用率和平均周转率，还比较容易得出停车的高峰时段和实际停车数，这对分析整个停车场的停车时间分布特征很有帮助，需要的人力物力比泊位连续式调查法少。其采用的调查表格可参考表 3-18。

表 3-18　牌照式车辆连续调查表

调查地点：________________　调查日期：________________

调查时间：________________　调查人员：________________

车牌号	进停车场时间	出停车场时间

注：开始调查时记录所有已停车辆，其进场时间为开始调查时间。

2. 间歇式调查

间歇式调查法指调查人员每隔一定时间间隔（如 5min、10min、15min 等）记录调查范围内的停车情况，根据调查的目的，可分为车辆牌照式与非车辆牌照式两种，重点是了解停车场一天中停放需求（吸引）量与时段的变化。间歇式调查需要的人力物力较少。如果采用牌照式间歇式调查方法，还可以统计出部分车辆的近似停车时间。其采用的调查表格可参考表 3-19 和表 3-20。

表 3-19　间歇式停车实况调查表一

调查地点：________________　　调查日期：________________

调查时间：________________　　调查人员：________________

时间间隔	停车车牌号或停车辆数
7:00	
7:10	
7:20	
……	

表 3-20　间歇式停车实况调查表二

调查地点：________________　　调查日期：________________

调查时间：________________　　调查人员：________________

序号		1	2	3	4	5	6	7	8	9	10	11	12	13	14	15	16	17	18	…	观测次数合计
时间		7 点						8 点						9 点							
车型	牌照	0	10	20	30	40	50	0	10	20	30	40	50	0	10	20	30	40	50	…	

注：事先需要规定一个统一的车型、代码对照表，以方便填写。

3. 询问式调查

指发给调查员调查卡片，直接找驾驶员进行询问，向驾驶员了解车辆停放目的、停放点到目的地的距离、车辆的 OD、步行时间等。此种调查方法适用于该停车场停放行为的调查。

根据不同调查目的和内容而采取不同的调查方式，具体选择方法时应综合考虑以下因素：

1）调查目标要求。目标单一的可选择相应简单的方法；调查要求多、内容广时，宜采用多种方法的组合。

2）调查范围。项目影响范围。

3）调查时间。包括车辆停放高峰时段在内 8h 以上，或是由于调查目的的不同，仅调查高峰时段停车情况。

4）调查过程。人力、物力及设备条件，完成调查的时间要求。

5）调查对象。机动车、非机动车或者两者都做调查。

6）调查要求的精度。

总之，在对整个城市进行停车设施及停车实况调查时，可以先根据不同的调查目的，对需要调查的典型停车场进行分类，然后采取使用的方法。也可以组合这两种方法，比如在高峰平峰停车需求差异较大时，在高峰时段采用连续调查的方法，而在平峰时采用间歇式调查方法。总之，要根据调查所要达到的目标灵活加以应用，相应的表格设计也可灵活多样，以方便记录和统计为原则。

3.6　公共交通调查

3.6.1　公共交通调查概述

公交调查主要是了解和掌握拟建项目周边公交的线路及运营状况，其目的是要考察拟建项目本身的公交出行在目标年对周边公交系统的影响是否在可接受范围之内。

调查范围包括项目影响范围内距离拟建项目出入口 500m 以内的所有公交场站。

公交调查的时间主要依据拟建项目本身性质所确定的高峰时段。

公交调查主要分三部分：线路调查、公交客流调查和公交满意度调查。线路调查时要调查项目周边指定区域内的公交线路、场站及运营等基本情况。公交客流调查是对公交的乘降量进行调查。公交满意度调查是指对公交服务满意程度的调查。

线路调查由调查人员到所调查区域的公交场站进行问讯或站牌登记，记录在相应的表格上。公交满意度调查是由调查人员随车对乘客进行问卷调查。只有当拟建项目对公交影响较大时，才需要进行公交满意度调查，一般项目可以不进行该项调查。

3.6.2　公共交通调查表格

公共交通调查表格可参考表 3-21、表 3-22 和表 3-23。

表 3-21　公交线路调查表

调查日期：______年______月______日　星期：______天气：______调查员：______

线路序号	线路名称	起点	终点	调查站点名称	与本项目距离	备注
1						
2						
3						
4						
5						
…						

表 3-22　公交客流调查表

调查日期：______年______月______日　星期：______天气：______线路名称：__________

车牌号：__________首站发车时间：________到达终点时间：______观测员：______

站点序号	站　名	离站时间	上下客人数		异常情况及其原因
			下客	上客	
1					
2					
3					
4					
5					
…					
合计					

注：1. 请在上车前填写好线路号和所有站名。

2. 请在车上仔细填写车牌号、发车和终到时间、中间站的离站时间（如 9:02，14:25）。

3. 请在车上仔细填写每站的上、下客人数。

表 3-23　公交满意度调查表

调查日期：______年______月______日　星期：__________　天气：______

线路名称：________________________　调查员：__________

（请在您的选项前打“√”问题除特殊说明外为单选）

1. 您的年龄段是：

①6～14 岁　②15～19 岁　③20～49 岁　④50～59 岁　⑤59 岁以上

2. 您现在的住址在：______________（填写所在区域）

3. 如果您骑自行车出行，感到不方便的主要原因是（限选两项）：

①不安全　②存放不方便　③骑车太累

④自行车车道太窄　⑤太拥挤　⑥其他

4. 如果您乘坐公交上班（学），您从家里步行到公交车站大约要走：

①6min 以下　②6～10min　③11～15min　④16～20min　⑤20min 以上

5. 如果您乘坐公交上班（学），您在车站等候车时间大约为：

①6min 以下　②6～10min　③11～15min　④16～20min　⑤20min 以上

6. 如果您乘坐公交上班（学），从最后一公交站下车步行到单位（学校）大约需要的时间是：

①6min 以下　②6～10min　③11～15min　④16～20min　⑤20min 以上

7. 您从家到单位（学校）需换几次公交车：

①不用换车　②1 次　③2 次　④多于 2 次

8. 您认为目前您所乘坐的本路公共汽车存在的主要问题是（限选两项）：

①车内太挤　②行车不准时　③等车时间太长　④票价太高

⑤服务态度差　⑥不方便　⑦其他

9. 您对目前经过附近区域的公交车运行整体状况感到：

①很满意　②满意　③比较满意

④一般　⑤不满意　⑥很不满意

10. 您认为改善目前本区域客运状况应大力发展：

①公交　②出租车　③中巴　④其他

11. 请您为改善目前公交客运交通提出您的见解或方法：

____

____

谢谢您的参与和支持！

您的意见将成为我们工作的重要参考！

3.7　周边同类性质项目调查

为了掌握拟建项目的交通产生、吸引率以及机动车的停车特征，可以在同一区域相似建设项目进行用地出行率调查。通过调查获取调查对象的建筑物功能布局、出入口分布、人（车）流量高峰时段基本范围等数据，为后续调查制定时间和调查员配置方案提供基础数据；获取调查对象的建筑物土地利用强度、功能类型、人员规模等方面的具体数据，为比较不同类型吸引点客流吸引强度和时空分布提供基础数据。

本调查包含以下 4 个子项：

（1）建筑物（单位）基本情况调查

1）建筑物（单位）基本信息（建筑物名称、地址、联系方式等）。

2）用地类型和强度［建筑物（单位）用地类型、占地面积、建筑面积、容积率等］。

3）建筑物（单位）规模（职工数、学生数、床位数、座位数、户数、使用率等）。

4）建筑物（单位）客流吸引能力时间分布情况（最大容纳能力、高峰时段等）

5）交通工具和设施使用情况（拥有车辆数、停车位）。

（2）建筑物（单位）工作人员出行信息调查

单位内部工作人员的个人出行特征：（每次出行的出行目的、出行方式、出发时间、出发地点、到达时间、到达地点等）。

（3）建筑物（单位）来访者出行信息调查

1）来访者个人出行特征：每次出行的出行目的、出行方式、出发时间、出发地点、到达时间、到达地点、被访单位名称等。

2）停车信息和费用：停车地点、时间、费用，步行距离等。

（4）吸引点吸引客（车）流数量调查

1）客流吸引点人流量：时间段、到达人记数、离开人记数。

2）客流吸引点车流量和承载情况：时间段、到达车（乘车人员）记数、离开车（乘车人员）记数。

思　考　题

1. 开展交通影响评价工作需要开展哪些调查？
2. 交通影响评价调查日和调查时段如何确定？
3. 简述公交客流调查的意义及基本步骤。
4. 结合一个具体交通影响评价案例，计算开展交通调查时需要的人员数及调查表格数量。
5. 交通调查数据在处理时有哪些注意事项？

第 4 章

面向交通影响评价的交通需求预测

交通需求预测是交通影响评价工作的重要技术内容之一，它的结论直接影响交通影响程度评价结果的准确性与科学性。本章重点介绍背景交通量需求预测和建设项目交通量需求预测两个方面。

4.1 交通需求预测的内容与步骤

1. 交通需求预测的内容

交通需求预测的内容可分为背景交通需求预测和建设项目交通需求预测两部分，它们都是交通影响评价的关键。背景交通需求预测是指交通影响评价范围内除去被评价建设项目新生成的交通需求外的其他交通需求的预测，即在评价项目开发之前，周边道路网络上已经存在的交通量及其分布特性。背景交通一般分为以下两部分：一是通过式交通（through trips）也称为过境交通，特征是其出行起点和终点均不在用地开发项目交通影响评价范围之内；二是评价区内已建项目生成的交通、在建和待建项目将要生成的交通，特征是其出行起点或终点包含在影响区范围内。项目交通需求预测指由于项目的建设而带来的项目发生、吸引的出行总量及其特征，包括出行方式划分预测、出行分布与交通量分配。

2. 交通需求预测的步骤

建设项目交通需求预测的步骤普遍采用的是“四阶段模式”，即按照出行生成、出行分布、方式划分、交通分配四个步骤进行，其中出行方式预测也可在交通分配之前进行。

4.2 背景交通需求预测

背景交通量是指在建设项目开发之前，周边道路网络上已经存在的交通量及其分布特性。背景交通量预测又称为交通运输需求预测，是城市建设项目进行交通影响评价过程中的一个重要环节。

一定条件下，包括动态交通设施和静态交通设施在内的城市任何交通设施，其交通负荷的平均值和高峰值以及高峰值出现的时间是确定的。相对于建设项目新产生的交通负荷，将这一数值称为评价设施上的背景交通负荷。

（1）增量预测法　从现状背景交通量到目标年对既有交通设施的交通量预测，可以转化为对现状负荷的某一增量的预测。增量预测法所采用的方法是对已有的设施，通过调查取得设施的背景交通负荷的现状值，增量部分则使用预测方法求得。

设当前时期为 t_o，交通影响评价目标年为 t，目标年某交通设施上的日高峰小时背景交通量为 $BQ(t)$，则有

$$BQ(t)=BQ(t_o)+\Delta BQ(t-t_o) \tag{4-1}$$

式中　$BQ(t_o)$ ——项目交通影响评价调查时的日高峰小时背景交通量；

$\Delta BQ(t-t_o)$ ——目标年基于现状交通流量的日高峰小时背景交通量。

预测方法采用年增长率法。增长率法是通过分析影响交通量生成的社会经济和交通运输等各方面的主要因素，考虑这些主要因素对交通量增长的影响，分析预测这些指标未来的发展趋势，参照影响区域内有关的发展规划，借鉴相关地区的发展经验，通过数据分析、专家咨询等方法，最后综合确定建设项目交通影响范围内未来目标年的产生、吸引交通量增长速度，进而预测出目标年的产生、吸引交通量。

目标年路段背景交通量预测模型如下

$$Q_d=Q_o(1+k)^n \tag{4-2}$$

式中　Q_d——目标年背景交通量；

Q_o——基年背景交通量；

k——年增长率；

n——为目标年的基年的差值。

这种预测方法的关键问题是如何确定年增长率 k。

通过对大量调查资料和评价报告中实际交通量和预测交通量差异的分析，在对城市区域交通出行增长系数预测时，以往主要单纯依靠交通量的历史预测数据或地区经济发展速度来确定有一定的不足。所以在确定具体建设项目交通影响范围内路段产生、吸引交通量增长系数时，必须考虑区域交通量发展变化的内在规律性和外在影响因素。根据项目研究区域内宏观经济发展的特点和发展规划目标，采取了多因素分析的方法，综合考虑社会经济发展、汽车保有量、交通出行结构等，以及近年来相关区域交通量增长等情况确定未来交通量增长速度。

根据交通量产生的机理，从总体上来看，交通量的增长与人口、国民经济和机动车保有量的增长密切相关。由此模型可以表示

$$k=f[P(i)/P(0),T(i)/T(0),E(i)/E(0)] \tag{4-3}$$

式中　$P(i)/P(0)$——人口增长速度；

$T(i)/T(0)$——机动车保有量增长速度；

$E(i)/E(0)$——经济增长速度。

（2）趋势分析法　趋势分析法基于以下两个假设：第一，影响预测对象过去发展的因素，在很大程度上也将决定其未来的发展；第二，预测对象的发展过程不是突变，而是渐变过程。如果有连续多年的背景年均交通量（AADT）数据，则可利用趋势分析技术来建立背景交通量的趋势预测模型（见表 4-1）。

趋势分析法对项目当地的用地、交通条件的变化比较敏感。如果附近用地有突发性的规模开发，或周边道路系统出现了重大调整，则不宜采用这一方法。当预测年限超过 10 年以上时，还应考虑增长趋势是否会保持稳定的问题。

表 4-1 趋势分析模型

数学模型	图形模型	注释
线性增长 $V^F = V + nG$	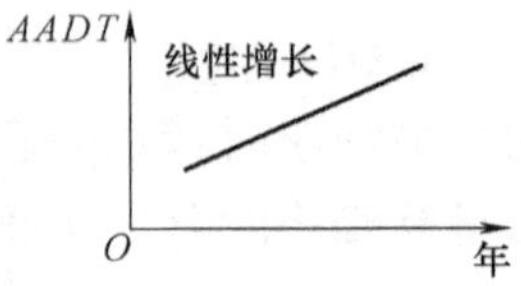	
几何增长 $V^F = V\ (1+g)^n$	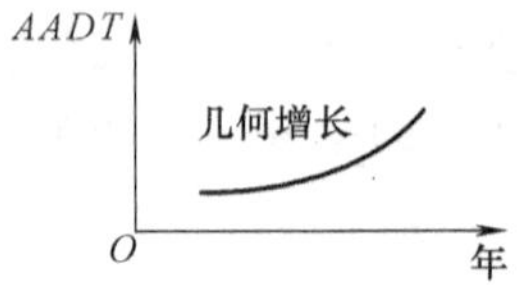	V^F = 预测流量； V = 基准年流量； G = 年均增长量； g = 年均增长率（%）； n = 预测年限
成长曲线 $V^F = V + \sum_{k=1}^{n} G/K$	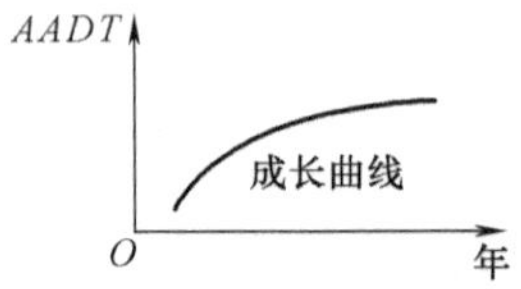	

（3）交通规划法（传统“四阶段法”）　直接使用规划数据和指标的方法，适用于已编制了综合交通规划的城市；可直接应用综合交通规划的部分数据和指标对评价设施的背景交通负荷进行预测。

在市区范围内，区域层次或次区域层次的交通规划一般会给出主要道路的交通预测数据。这些交通预测数据可以直接作为大型用地开发项目的未来背景交通。大型开发项目是指那些具有区域性的影响范围，分析预测年限超过 10 年以上的项目。应当指出，借用交通规划预测数据要特别注意这些数据是否符合项目当地的实际交通特征。也应注意，交通规划预测所用的道路网络是否满足用地项目交通影响评价的要求。

一般说来，由交通规划预测模型得到的交通预测结果是宏观的。交通规划模型只能提供主要道路的交通预测数据，而很少给出次要道路或支路的交通流量预测，因而这一方法不适用于小型用地项目的背景交通预测。在小型用地项目的交通影响评价中，次要道路和支路往往成为主要的分析对象。

（4）叠加法　如果评价区内存在有在建或待建项目，则这些项目势必也会产生新的交通出行。这些新增出行也应看做是背景交通的一部分，并应叠加到现有背景交通量之上。叠加的步骤是：第一步，收集分析区内在建和待建项目的基本资料；第二步，计算在建和待建项目的新增出行量和分布方向；第三步，预测现有背景交通量，并与第二步的结果叠加；第四步，分析检验计算结果的合理性。这一方法适用于预测年限小于 10 年，用地开发强度处于中等水平的情况。

（5）类比法　类比法采用类比的手段预测某一新开发项目的背景交通量。如果能够找到类似于新开发项目的现有物业设施——例如要开发一个麦当劳快餐店，若能找到一个现有的麦当劳快餐店，并且两者在周围用地模式和道路交通特性等方面也相类似，那么就可借用现有物业设施周围道路的背景交通增长率来预测新开发项目背景交通的增长。预测过程包括以下四个步骤：第一步，寻找2～3处具有相似用地与交通特性的同类现有物业设施；第二步，收集现有物业设施周边道路的历年交通数据；第三步，分析现有物业设施周边道路的年均交通增长率；第四步，选择一个“最佳”的增长率来预测新开发项目的背景交通增长。

对于新开发区或开发密度较低的区域，其周边道路网络现有交通量较小，并且往往缺乏历史交通资料数据，此时类比法不失为一种简单易行的背景交通预测方法。

（6）回归公式法　回归公式法假设背景交通的增长量与某些土地使用特性的增长直接相关，并随这些土地使用特性指标的增长而增长。下列土地使用特性可用作回归公式的自变量：人口、家庭收入、小汽车拥有量、工作岗位、评价区内可使用的建筑面积等。

4.3　建设项目交通需求预测

建设项目交通需求预测主要对由于项目建设而带来的项目发生、吸引的出行总量及其特征进行预测，即在确定研究年限的基础上，预测建设项目建成并投入使用后，由于建设项目的存在而导致的该区域交通发生、吸引流量的改变，把预测得到的交通增量重新分配到研究区域内的路网上，研究此时的交通流量和负荷状况。

4.3.1　交通生成

一般来说，交通影响评价是针对最为严峻的情况的，所以研究应选择交通量生成的最高点即交通高峰时段进行分析。

（1）高峰发生时段　可通过调查处于同级区位的已建同类型项目高峰发生的时段来确定建设项目高峰发生的时段。

需要注意的是，当进行交通影响评价的建设项目为功能结构复杂的混合设施时，因其每种功能有其特定的运行时间范围，各种不同功能的单元所生成的出行高峰可能与周边道路的交通高峰之间出现错时现象，所以当出现这样的情况时，应分别按不同的高峰时段来评估周边道路交通系统的影响。

（2）项目交通生成预测方法　交通生成量的预测方法一般有回归分析法和类别生成率法。回归分析法把人口、收入、车辆拥有量或各种土地利用指标等作自变量，把出行发生量或吸引量作为因变量进行线性回归，是根据历史资料，以过去的趋势预测未来交通生成量。而我国目前尚缺乏支持分析不同用地的交通发生特性的数据库，故考虑实际使用该方法的难易程度，数据利用的可能性、费用等因素，提出采用类别生成率法进行项目的交通生成预测。

类别生成率法是利用相似点来类比分析，以相似的建设项目作为参照物进行类比。类别生成模型如下

$$Q = RX \tag{4-4}$$

式中　Q——拟建项目的出行量；

R——同类型建设项目的出行生成率；

X——拟建城市建设项目与出行相关的变量。

其中，R 可通过调查与建设项目的类型、规模、区位条件相似的建设项目的交通生成率

得到。对于 X 的选取，研究表明，出行发生与建筑面积、工作岗位数和停车车位数等独立变量有较高的相关度，但由于在项目报批前工作岗位数无法确定，而停车车位数则是基于总建筑面积，因此 X 选用建筑面积较好。

用该模型来预测项目的交通生成量较为简便、实用而有效，对功能结构单一的项目和混合设施都适用。但需要注意的是，混合设施的功能结构复杂，其项目本身存在着较高比例的内部出行，应在确定其交通发生率时加以扣除，因此有必要在项目出行量中确定内部出行及外部出行的比例。

1）内部出行。内部出行是指由于建设项目的业态和功能多样性，有一部分出行可能会在用地内部完成。内部出行只在用地内部发生，其出行起点和终点均在用地范围之内，对用地的出入口交通和周边的道路交通不产生任何影响。不同的功能组合会有不同的内部出行百分比。一般情况下居住性和非居住性设施的组合可能产生较高的内部出行百分比，通常为20%～25%，而由非居住性设施组合的用地设施，内部出行百分比则较低，通常为5%～10%。

2）顺便出行。顺便出行是指出行者在完成其他出行目的的出行后，途经某一场所而临时决定顺便光顾该场所的出行。这种出行所形成的交通量不是新增的，而是原来存在于现有道路网上的交通量。它们对道路网络的影响较小，但对开发项目的出入口和内部停车设施及循环交通通道有一定的影响。

顺便出行还可以分为顺道出行和绕道出行。顺道和绕道出行的数量主要与周边道路上交通流量的组成有关。一般情况下，顺道或绕道出行不应超过周边街道交通量的10%，也不应超过建设项目总出行量的25%。此外，绕道出行量不应超过顺道出行量。

3）新增出行。项目新增出行是指由于项目建成产生了新的出行，因而周边道路网络上出现了新增交通量，因此新增出行量是分析项目对周边道路交通系统产生影响的最主要依据，是分析建设项目对周边道路交通系统产生影响的重要参数。当建设项目所生成的出行总量、内部出行量、顺道和绕道出行量均为已知时，新增出行量可按下式计算

$$\Delta Q=(1-\beta)Q-(N_s+N_r) \tag{4-5}$$

式中 ΔQ——新增出行产生量或吸引量；

β——内部出行百分比；

N_s、N_r——离去或到达的顺道和绕道出行量。

4.3.2 交通分布

交通影响评价采用的所有出行分布方法都是基于这样一个基本假设：用地项目建成后将形成一个影响区域。这一影响区域就是交通影响评价的研究范围，或称为评价区。有些出行分布方法进一步把分析区划分为交通分区。出行分布的目的就是要计算用地项目与每一分区之间的出行分布量。出行分布预测方法有：类比分析法、OD 调查法、市场分析法及重力模型法。

（1）类比分析法　新开发项目的出行分布模式有可能与现有物业设施的出行分布模式相似。类比分析法就是基于这一假设，借用现有同类物业设施的出行分布数据来估计新开发项目的出行分布。类比分析法的局限在于，要能在附近找到相近规模的同类物业设施，并能够收集或通过适当方式调查到该同类物业设施的出行分布数据。比如在北美国家，可通过顾

客购物的信用卡记录来分析现有商店的顾客出行分布数据。

（2）OD 调查法　在类比分析法中，附近同类物业设施的出行分布数据还可以通过 OD 抽样调查法获得。例如对商业服务设施，可以根据某种抽样原则来调查顾客的 OD 数据。此法的关键是要选择一个适当的同类物业设施展开调查，并且调查的样本要具有广泛的代表性。调查要在高峰时段进行。

（3）市场分析法　市场分析法首先要确定用地项目的分析区。分析区的界定通常考虑两个因素，即出行时间和附近已经存在的且与开发项目形成竞争的同类物业设施的位置。当划定了分析区之后，市场分析法的出行分布计算可按以下步骤进行：第一步，把分析区划分为交通分区；第二步，收集统计每一交通分区的某种用地强度；第三步，计算每一交通分区用地强度百分比；第四步，按第三步计算的比例来分配出行发生量。交通分区的用地强度一般用人口数来表示。

（4）重力模型法　对于大型用地开发项目，其与各交通分区之间的出行分布还可用重力模型进行计算。重力模型的基本假定是：交通区 i 到交通区 j 的出行分布与交通区 i 的出行产生量、交通区 j 的出行吸引量成正比，与交通区 i 和 j 之间的交通阻抗参数，如两区重心间交通的距离、时间或费用等成反比。

根据对约束条件的满足情况，重力模型可分为无约束重力模型、单约束重力模型和双约束重力模型，其中使用比较广泛的是单约束重力模型法。其主要优点在于：考虑的因素较全面，对交通阻抗参数的变化能敏感地反应，在没有完整的现状 OD 调查资料时也能使用。其缺点在于：当交通阻抗趋近于零时，出行分布量会趋近于无穷大，因此这种方法不适用于短距离的出行分布计算。由于重力模型的计算工作量较大，现在一般均借助于计算机进行计算。单约束重力模型形式为

$$X_{ij} = T_i \frac{U_j f(t_{ij})}{\sum_j U_j f(t_{ij})} \tag{4-6}$$

式中　X_{ij}——交通区 i 到交通区 j 的出行分布量；

T_i——交通区 i 的出行产生量；

U_j——交通区 j 的出行吸引量；

$f(t_{ij})$——交通阻抗参数，包括 $t_{ij}^{-\alpha}$、$e^{-\beta \cdot t_{ij}}$等形式，其中 $t_{ij}^{-\alpha}$为最常用的形式，其中 α、β 为待定系数，根据现状 OD 调查资料拟合确定。

4.3.3　交通方式划分

交通方式划分即交通工具的分配与选择。国内城市目前的各种出行方式中，以步行、自行车、公交车、出租车和小汽车为主。

在传统的四阶段交通规划过程中，交通方式划分可在交通生成之前、之后或交通分布之后进行，而在城市建设项目的交通影响评价中，交通方式划分工作一般应尽可能提前。同时，建设项目交通影响评价的出行方式构成的预测不同于交通规划出行方式构成的预测，建设项目的出行方式主要由项目的性质、类型、业态组成和所处的交通区位所决定，如建设项目若处于区位较好的地铁站点或公交枢纽站旁，与其他项目相比，其公共交通出行比例将明显增加。

（1）出行方式选择的影响因素　出行方式选择的影响因素可分为外在因素和内在因素两类。外在因素主要指各项交通政策情况与社会经济的发展水平等方面的影响因素；内在因素主要指出行目的、出行距离、出行时间、车辆拥有量、出行费用、出行舒适性与安全性等方面的影响。

1）出行目的。如上下班注重准时、快速，旅游则着重考虑舒适、安全。

2）出行时间。出行者通常倾向于选择省时、方便的交通方式。

3）出行费用。出行者对出行费用的看重程度影响出行方式的选择。

4）安全性。交通事故的偶然、随机特性使得确定安全性的准确量度比较困难。

5）舒适性。如拥挤程度、交通工具的制造标准、交通工具的行驶状况、乘坐舒适度等。

（2）出行方式预测方法与模型　在交通规划中，出行方式预测方法有多种，常用的有转移曲线法、概率模型法、重力模型的转化模型法、回归模型法等。各种方法有其特点和适用范围，针对不同特点的不同的交通方式应采用不同的预测方法。

1）转移曲线法。转移曲线法是根据大量的调查统计资料绘出的各种出行方式的分担率与其影响因素的关系曲线，利用转移曲线可直接查出各出行方式的分担率。转移曲线法是目前国外广泛使用的出行方式预测方法，它使用简单、方便，但要绘出这些曲线却并非易事，需要大量的调查资料，进行大量的统计分析。同时由于它是根据现状调查资料绘出的，只能反映相关因素变化相对较小的情况，即不能超过现状调查能反映的范围过多。在我国这种交通方式众多、景况因素复杂的情况下，绘出全面反映各出行方式之间转移关系的转移曲线，需要拥有大量的资料，进行大量的调查，工作量巨大，可行性较小。

2）概率模型法。概率出行方式预测模型假定出行方式选择是以各种出行方式所需的时间、费用等阻抗参数构成的各种出行方式的阻抗大小为基础，以一定的概率关系进行的。

概率方式模型通常采用 Logit 型的概率出行方式预测模型，它是根据 Logit 概率分布假定建立的，其函数形式为

$$P_{ijm} = \frac{e^{-\theta r_{ijm}}}{\sum_{k} e^{-\theta r_{ijk}}} \tag{4-7}$$

式中　P_{ijm}——交通区 i 到交通区 j，出行方式 m 的分担率；

θ——待定系数，是根据现状调查资料，采用试算等解法进行拟合确定；

r_{ijm}——交通区 i 到交通区 j，出行方式 m 的交通阻抗；

r_{ijk}——交通区 i 到交通区 j，出行方式 k 的交通阻抗。

由于概率模型中的待定系数以及阻抗函数的待定系数不易确定，因此概率模型应用并不十分广泛。

3）重力模型的转化模型法。如果将重力模型中表示各交通区间交通便利程度的交通阻抗转变为表示各交通区间各种方式便利程度的出行方式阻抗，则可得出如下形式的出行分布与方式组合重力模型

$$T_{ijm} = P_i \frac{A_j I_{ijm}^{-b}}{\sum_{j} \sum_{m} (A_j I_{jim}^{-b})} \tag{4-8}$$

式中　T_{ijm}——从交通区 i 到交通区 j，第 m 种出行方式的交通量；

P_i——交通区 i 的交通产生量；

A_j——交通区 j 的交通吸引量；

I_{ijm}——从交通区 i 到交通区 j，第 m 种出行方式的阻抗；

b——待定系数。

4）回归模型法。回归模型是通过建立出行方式分担率与其各相关因素之间的回归公式，作为预测出行方式模型，显然这种模型较为粗略，同时也同样需要大量的现状调查资料才能建立，并且模型的适用范围有限。

以上几种方法是在交通规划中常用的出行方式预测的方法，但建设项目交通影响评价中出行方式预测与交通规划中出行方式预测还有很大不同，前者是单个项目的出行方式预测，后者是整个城市居民的出行方式预测，因而在交通影响评价中出行方式预测上述方法运用的可能性较小。由于单个建设项目出行方式选择会有很大差异，比如居住项目和办公类项目，两者的出行方式就有很大的差异，同时项目的出行方式还受项目所在地交通设施的影响，如靠近地铁或大型公交枢纽站的项目，与其他用地项目相比其公交出行的比例会明显增加，因此在交通影响评价中出行方式预测上通常用类比法和经验值法。

5）类比法。确定建设项目出行方式构成的主要依据是观测到的交通方式划分、居民出行特征和各种交通方式的运行特征。在综合考虑建设项目的业态、城市交通区位等情况下，采用类比法作为建设项目出行结构预测方法，即对相同区位的2～3个类似项目进行调查，将结果进行汇总分析，将本项目与调查项目进行类比分析，从而确定本项目的出行方式构成。这是在实际工作中应用较多的一种方法，很容易获得大家的认可。

6）经验值法。当无类似项目时，项目出行方式结构往往结合城市综合交通规划和专项交通规划的成果来确定，根据整个城市居民的出行结构，考虑项目出行的特点，通过对城市居民出行结构进行修正，作为项目的出行方式预测结果。

4.3.4　交通分配

交通分配是将用地开发项目所生成的出行量分配到周边道路网络的每一路段上，从而给出每一路段的新增交通量和每一交叉口的转向流量变化。在用地开发项目的交通影响评价中，有三种出行量需要进行分配，即顺道出行量、绕道出行量和新增出行量。

（1）顺道和绕道出行分配　顺道和绕道出行已经存在于周边路网上，不需要再进行分配。然而它们对于用地开发项目的出入口通道则是新生交通量，因此需要将它们合理地分配在不同的出入口通道上。图4-1给出了顺道和绕道出行量在用地项目不同出入口之间的分配原则。

对于绕道出行的情况，绕道出行量还应叠加在所绕行的路段和交叉口上。如果往返绕行采用不同的路线，则应将绕道出行量加在实际所经过的绕行路段和交叉口上。

（2）新增出行分配　对于新增出行量，在进行出行分配时，要合理地选择分配路径。一般有两种方法：一种是方向分布法，即最短路径交通分配法；另一种是多路径交通分配法。

1）方法分布法。简单地说，方向分布法就是将出行分布给出的任一交通分区与用地开发项目之间的出行分布量直接加载到联系该交通分区和用地项目之间的最短路径上。这是一种简化的出行分布和交通分配的组合程序，基本上属于无通行能力限制的最短路径分配法。

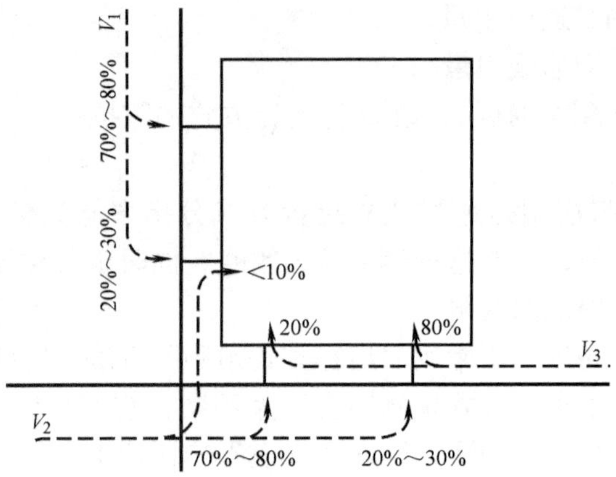

图 4-1　顺道和绕道出行分配

这样，出行分布预测给出的结果也可看成是交通分配量。图 4-2 是方向分布法的一个简单示意图。实际上，大部分的交通影响评价都是采用这种简单的分配方法，计算相当简便，但这种方法的缺点是出行量分布不均匀，出行量全部集中在最短路上。

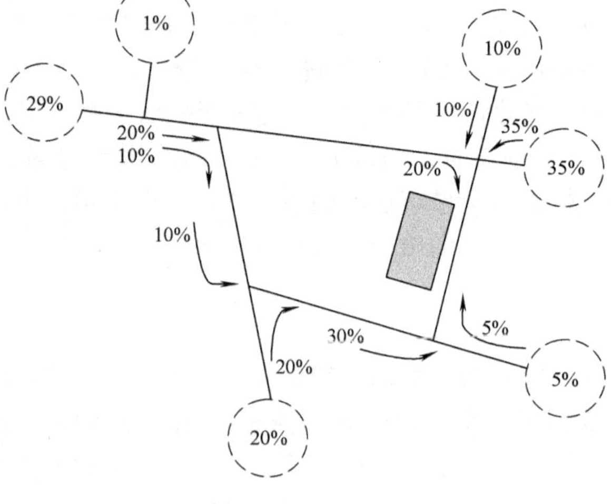

图 4-2　方向分布法

2）多路径交通分配法。Dial 于 1971 年提出了初始的多路径概率分配模型，反映了出行路线被选用的概率随着该路线长度的增加而减小的规律。Florian 及 Fox 于 1976 年对 Dial 模型进行了修正，认为出行者从连接两交通区路线的可行子系统中选用路线 k 的概率为

$$P(k) = \exp(-\sigma T_k) / \sum_i \exp(-\sigma T_i) \tag{4-9}$$

式中　$P(k)$——选用路线 k 的概率；

T_k——路线 k 上的行程时间；

σ——交通转换参数。

由出行者的路径选择特性可知，出行者总是希望选择最合适（最短、最快、最方便等）的路线出行，称之为最短路因素，但由于交通网络的复杂性及交通状况的随机性，出行者在

选择出行路线时往往带有不确定性，称之为随机因素。这两种因素存在于出行者的整个出行过程中，两因素所处的主次地位取决于可供选择的出行路线的路权差（行驶时间差或费用差等）。因此各出行路线被选用的概率可采用 Logit 型的路径选择模型计算，它是一种改进型的多路径分配模型。

$$P(r,s,k) = \exp[-\sigma t(k)/\bar{t}] \Big/ \sum_{i=1}^{m} \exp[-\sigma t(i)/\bar{t}] \tag{4-10}$$

式中 $P(r, s, k)$ ——OD 量 $T(r, s)$ 在第 k 条出行路线上的分配率；

$t(k)$ ——第 k 条出行路线的路权（行驶时间）；

$\bar{t}$——各出行路线的平均路权（行驶时间）；

σ——分配参数；

m——有效出行路线条数。

该模型能较好地反映路径选择过程中的最短路因素及随机因素。实际上若出行路线、路权相同，则该模型成为随机分配模型，各路线被选用的概率相同。若某一路线的路权远远小于其他路线，则该模型成为最短路分配模型。与单路径（最短路）分配方法相比，多路径分配方法的优点是克服了单路径分配中流量全部集中于最短路上这一不合理现象，使各条可能的出行路线均分配到交通量。但该方法由于较复杂，需要的数据和参数较多，在实际应用中使用的并不是很多。

4.3.5 停车需求预测

1. 停车需求的影响因素

（1）土地利用和开发强度　不同的土地利用情况，其建设规模、经济繁荣程度等都不相同，人们对交通条件的要求、城市居民的出行数量、结构都不同，由此产生的停车需求也不同。同理，相同性质的用地在停车需求方面有着相近的特征，可以取其共性来研究。一般来说，土地开发利用强度越高，经济越繁荣，其停车需求就越大。

（2）汽车保有量　汽车保有量的增长是导致停车需求增长的一个重要因素。通过大量的调查资料分析得知，每增加一辆车，需要 1.2 ~ 1.5 个停车泊位。

（3）车辆的出行水平（即出行量）直接决定停车需求的大小，车辆出行水平越高，停车需求越大。

（4）交通政策　交通管理政策对停车需求是有干预作用的，如鼓励公共交通政策，其本质在于限制个体交通，提高有限道路资源的利用效率的同时，还减少了停车需求。控制停车泊位供给、严格收费政策都会对停车需求有影响。

2. 停车需求预测方法

从不同视角来看，停车需求有微观停车需求和宏观停车需求之分，在这两者之间，并没有严格的界线。通常，微观停车需求是以某一个或者几个停车场为对象，讨论它的停车需求。微观停车需求的预测方法有如下几种。

（1）微观停车需求预测

1）回归预测法。回归预测法是根据停车需求量和影响因素之间的相关关系，利用回归的方法，建立停车需求与影响因素之间的函数关系的方法。最简单的回归模型的形式为线性回归，其具体形式如下

$$y=\alpha_0+\alpha_1X_1+\cdots+\alpha_nX_n \tag{4-11}$$

式中　y——停车需求量；

α_i——回归系数；

X_i——影响因素（如：人口、建筑规模等）。

除了线性回归之外，常见的有如下几种函数形式：

① Logistic 曲线

$$y=\frac{1}{1+me^{-\alpha x}} \tag{4-12}$$

式中　m、α——系数；

x——影响变量。

② 修正指数回归曲线

$$y=k-ab^x \tag{4-13}$$

式中　k、a、b——系数。

③ 弹性分析

$$\left.\begin{aligned} y&=cx^\alpha \\ \alpha&=\frac{\mathrm{d}y/y}{\mathrm{d}x/x} \end{aligned}\right\} \tag{4-14}$$

式中　c——常数。

2）停车生成率法。停车生成率法的基本原理是根据用地性质建立单位建筑面积的停车需求比率，用该比率计算停车需求。

$$y_i=\sum_{k=1}^{K}\alpha_i^kX^k \tag{4-15}$$

式中　y_i——第 i 种车辆（机动车、自行车）的停车需求量（辆）；

α_i^k——第 k 种建筑物的第 i 种车辆的停车需求生成率；

X^k——第 k 种建筑物的建筑（营业）规模。

通常，停车需求通过率需求通过调查、分析研究才能获得，有时也根据建筑物的配建指标作为参考。应当指出，建筑物配建指标通常被用来检查建筑物的规划停车场容量的标准，因此，不应理解为等同于停车需求预测阶段的停车需求生成率。

（2）宏观停车需求预测　与微观停车需求相比，宏观停车需求用于预测更广大的区域的停车需求时使用。研究人员从不同角度开发了许多宏观停车需求预测模型。以下简要介绍各种方法的具体模型。

1）停车生成率模型。该方法和微观需求模型中的停车生成率模型基本思路相同。该类模型基于一个最基本的假设，即停车供需与土地利用之间存在某种关系。该模型是将各种具有不同土地利用性质的用地看做是停车发生源、吸引源，通过确定规划区域内不同土地利用性质的单位指标所吸引的停车需求量指标，然后将该区域内的总停车需求量看做各单个地块的停车需求量总和，其模型可以用下式表示

$$y_i=\sum_{j=1}^{N}\alpha_{ij}R_{ij}(i=1,2,\cdots,n) \tag{4-16}$$

式中　y_i——i 区高峰时间停车需求量；

α_{ij}——i 区 j 类性质单位用地面积（或单位雇员数）停车需求数量；

R_{ij}——i 区 j 类性质用地面积（或单位雇员数的数量）。

停车生成率模型，方法简单实用，但是，模型需要的 α_{ij} 必须依靠广泛的调查资料才能确定。同时，由于将各地块看做简单的单一用地性质，并将总停车需求看做各地块停车需求的简单相加，不能考虑各区域之间的差异。

2）用地与交通影响分析模型。该模型主要是从机动车保有量和土地利用等因素的现状及其变化趋势入手，确定它们与停车需求之间的关系，从而分析现状的停车需求及未来的停车需求。其基本预测步骤如图 4-3 所示，模型的形式如下

$$P(t)=f(x_i)g(\gamma_q) \tag{4-17}$$

式中　$P(t)$——规划区域内 t 年度的停车需求；

$f(x_i)$——停车需求的区域特征函数；

x_i——第 i 种类型土地利用的规模，可用相应类型用地的建筑面积表示；

$g(\gamma_q)$——停车需求的交通影响函数；

γ_q——区域内交通量的年均增长率。

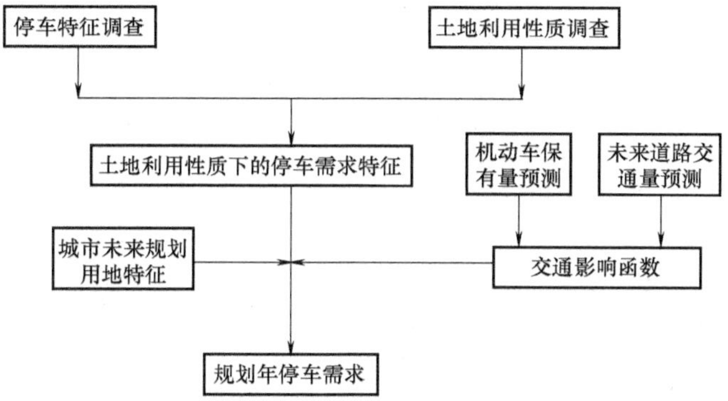

图 4-3　用地与交通影响分析模型预测步骤

用地与交通影响分析模型是停车生成率模型的扩展，虽然较好地兼顾了停车土地利用、交通发展之间的关系，分析与预测的结果要比停车生成率模型更为合理，但是存在与停车生成率模型类似的一些缺陷，因此在使用上也有一定的局限性。

3）土地利用模型。该模型主要是基于停车需求与用地性质、雇员数量之间的关系来进行未来规划年的停车需求预测。最基本的假设是：一个以商业为主地区的长时间停车需求是由雇员上班引起的，而短时间停车需求是由在该地区进行的商业活动引起的。该模型 1987 年由美国的 H. S. Levinson 提出，并在 New Haven 城区的总体交通规划研究中的停车需求预测进行了应用，具体预测时可用如下数学公式表示该模型

$$d_i = A_1(e_i/\sum_i e_i) + A_s(F_i/\sum_i F_i) \tag{4-18}$$

式中　d_i——第 i 区的停车需求；

A_1——长时间停车的停车数；

A_s——短时间停车的停车数；

e_i——第 i 区雇员数；

F_i——第 i 区零售与服务业的建筑面积。

土地利用模型对数据要求简单，预测成本较低，但是，模型所需的建筑面积和雇员数的准确性对模型精度的影响较大。通过模型的假设以及模型的公式可以看出，该模型比较适合用地比较单一、以商业服务为主的城区，对用地十分复杂的大城区的停车需求分析精度较差。

思 考 题

1. 开展交通影响评价需要开展哪些交通预测工作？
2. 背景交通需求预测常用的方法有哪些？各自的适用范围是什么？
3. 简述停车需求预测的作用及方法。
4. 影响停车需求的因素有哪些？
5. 简述“四阶段法”的优缺点及其适用范围。
6. 常用的方式划分预测方法有哪些？具体预测时需要哪些已知数据？

第 5 章

交通影响程度评价

建设项目对周边地区的交通影响是不是符合相关标准，或者是采取一定的交通改善措施后能否确保建设项目周边的道路交通服务水平维持在一定的标准，这些都是交通影响评价工作需要得到的答案。

交通影响程度评价是 TIA 的关键环节。通过分别计算并比较评价年限评价范围内背景交通需求下与项目新生产交通加入后的交通系统运行指标，确定建设项目建成前后交通系统服务水平的变化程度，以此来评价项目交通增加对于原有交通系统的影响是否显著。

5.1 概述

5.1.1 评价对象

交通影响评价的对象是与项目新生成交通相关的评价范围内的交通系统。交通系统包括各类交通设施以及其上的交通运行组织。按照交通设施的使用主体，将交通影响程度评价的对象分为机动车交通、公共交通、慢行交通和停车四大类。其中机动车交通设施包括交叉口、项目机动车出入口、高速公路与快速路的长路段、交织区和匝道；公共交通设施包括线路与车站；慢行交通设施包括自行车交通设施和行人交通设施；停车交通设施主要指项目内部机动车停车场（库）设施。

5.1.2 评价指标与评价方法

不同交通设施由于其使用主体、运行规则和评价重点有所区别，因此，其交通影响程度的评价指标也有所区别。机动车交通设施的评价重点是考虑其运行效率，公共交通设施的评价重点是考虑车内拥挤程度，慢行交通设施的评价重点是考虑自行车、行人的运行安全及效率，停车设施的评价重点是考虑项目停车的供给水平。不同设施的评价方法也有所区别，有明确服务水平的设施可以通过项目新生成交通加入前后的服务水平变化进行评价，没有明确服务水平的设施则通过考察设施是否达到需要改扩建、新建的要求进行评价。

将需要进行交通影响程度评价的各类评价对象的评价指标和评价方法归纳如表 5-1 所示。

表 5-1　各类评价对象的交通影响程度评价指标和评价方法

<table>
<tr><th colspan="3">评价对象</th><th>评价指标</th><th>评价方法</th></tr>
<tr><td rowspan="11">路口和路段</td><td rowspan="3">交叉口</td><td>信号控制交叉口</td><td rowspan="2">进口道饱和度或者进口道延误</td><td rowspan="2">根据指标判断建设项目新生成交通量加入前后设施服务水平的变化，判断交通影响是否显著</td></tr>
<tr><td>信号控制环形交叉口</td></tr>
<tr><td>无信号控制交叉口</td><td>主要道路双向高峰小时流量、流量较大的次要道路单向高峰小时流量、行人过街双向高峰小时流量</td><td>根据指标判断是否需要增加标志、标线、信号灯，判断交通影响是否显著</td></tr>
<tr><td></td><td>无信号控制单环道环形交叉口</td><td>进口道饱和度</td><td rowspan="8">根据指标判断建设项目交通量加入前后设施服务水平的变化，判断交通影响是否显著</td></tr>
<tr><td></td><td>无信号控制多环道环形交叉口</td><td>交织区饱和度</td></tr>
<tr><td>出入口</td><td colspan="2">按照交叉口评价，指标同相应交叉口</td></tr>
<tr><td rowspan="3">长路段</td><td>高速公路和快速路基本路段</td><td rowspan="2">交通流密度值</td></tr>
<tr><td>一级公路路段</td></tr>
<tr><td>二、三、四级公路路段</td><td>延误率</td></tr>
<tr><td colspan="2">高速公路交织区</td><td>最小平均交织速度、最小平均非交织速度</td></tr>
<tr><td colspan="2">匝道</td><td>汇合交通量、分离交通量、主线单向交通量</td></tr>
<tr><td rowspan="2">公共交通</td><td colspan="2">公共交通线路</td><td>公共交通线路剩余载客量</td><td rowspan="7">根据指标确定是否需要改扩建、新建设施，从而判断交通影响是否显著</td></tr>
<tr><td colspan="2">公共交通站点</td><td>站点公交车辆通行能力</td></tr>
<tr><td rowspan="5">慢行交通</td><td rowspan="2">自行车交通</td><td>自行车专用道</td><td>路段自行车日流量、机动车单向日流量</td></tr>
<tr><td>自行车出入口</td><td>项目生产的自行车高峰小时流量</td></tr>
<tr><td rowspan="3">行人交通</td><td>行人交叉口过街设施</td><td>进入交叉口总人流量或交叉口一个进口横过路的人流量、一个进口双向当量小汽车交通量、进入环形交叉口的当量小汽车交通量</td></tr>
<tr><td>行人路段过街设施</td><td>行人过街绕行距离</td></tr>
<tr><td>行人出入口设施</td><td>项目高峰小时行人量</td></tr>
<tr><td>停车交通</td><td colspan="2">项目内部停车</td><td>项目新生成停车需求</td><td></td></tr>
</table>

5.1.3 评价流程

交通影响程度评价虽然针对不同交通子系统有不同的评价指标和评价方法，但核心是比较建设项目新生成交通量加入前后的交通设施运行服务水平的变化，其总体流程基本相同：根据不同评价对象，分别计算背景交通需求与项目新生产交通需求加入后的评价指标，以及在交通改善后的评价指标。

交通影响程度评价遵循以下总体流程：

第一步，根据评价对象，按照交通影响评价技术标准中的相关规定，选择相应的评价指标。

第二步，分别计算背景交通和项目新生成交通加入后的评价指标。

第三步，根据交通影响评价技术标准中对于交通影响评价程度判断的标准，进行显著性判断。

第四步，对于影响不显著的评价对象，评价结束，结论为建设项目的交通影响可接受。对于影响显著的评价对象，进行交通改善（参见本书第 6 章），之后按照上述两步内容，对改善后的交通设施运行状况再重新进行评价。对于进行交通改善后，交通影响变为不显著者，最终交通影响评价结论为交通影响可以接受；如果进行多方面、多轮交通改善后，交通影响仍旧为显著，最终交通影响评价结论为交通影响不可接受，并结束评价程序。

5.2 交通影响程度总体评价

5.2.1 机动车交通影响程度评价

根据表 5-1，交叉口、项目出入口、长路段、交织区和匝道等设施的机动车交通影响程度评价的总体方法如下：

1）根据不同评价对象，选取评价指标。

2）用背景交通需求的数据进行计算，确定所评价设施背景交通需求下的服务水平等级。

3）用项目新生成交通需求加入后的数据，再次计算被评价设施的评价指标，并确定所评价设施在项目新生成交通需求加入后的服务水平等级。

4）据项目新生成交通需求加入前后的评价对象服务水平等级的变化，确定交通影响程度是否显著。根据评价结果，考虑是否需要进行交通改善措施并按照上述步骤再次评价，或结束评价。

5.2.2 公共交通影响程度评价

公共交通影响程度评价的对象包括公共交通线路和公共交通站点。

公共交通影响程度评价流程规定了项目附近公共交通站点和公共交通线路的交通影响评价内容，其总体流程如下：

1）用背景交通需求下的数据，计算项目出入口步行范围内背景交通需求下的公交线路剩余载客总容量。

2）用项目新生成交通需求加入后的数据，计算项目新生成交通加入后的公交线路剩余载客总容量。

3）计算评价年限评价范围内公交站点公交车辆通行能力和项目新生成交通需求加入后的公交车辆停靠需求量。

4）据建设项目交通影响评价技术标准中的相关规定，确定交通影响程度是否显著。根据评价结果，考虑是否需要进行交通改善或结束评价。

公共交通影响程度评价包括公共交通线路和站点两部分，取两者中影响程度最严重者作为最终评价结果。

5.2.3 慢行交通影响程度评价

慢行交通设施评价对象包括步行范围内自行车交通设施和行人交通设施。其总体评价方法如下：

1）计算慢行交通背景交通量、项目生成慢行交通量（对于改扩建项目，还需要计算整体项目的全部慢行交通生成，用于出入口评价）以及项目新生成交通加入后的慢行交通流量。

2）对于建设项目步行范围内已有自行车专用道和（或）人行过街设施的情况，判断是否需要改建、扩建慢行交通设施。

3）对于建设项目步行范围内没有自行车专用道和（或）人行过街设施的情况，判断是否需要新建慢行交通设施。

4）对于已有自行车和（或）行人专用出入口的建设项目，判断是否需要改建、扩建自行车和（或）行人专用出入口。

5）没有自行车和（或）行人专用出入口的建设项目，判断是否需要新建自行车和（或）行人专用出入口。

6）据建设项目交通影响评价技术标准中的相关规定，判断交通影响程度是否显著。根据评价结果，考虑是否需要进行交通改善并再次评价，或结束评价。

5.2.4 停车设施交通影响程度评价

停车设施指建设项目配建的停车场、库，若其容量小于评价年限高峰时段建设项目新生成的停车需求，会造成多余车辆影响周边道路通行能力和违章停车现象。停车设施交通影响评价的指标包括停车设施本身车位数和评价年限停车高峰期车位需求。若设施本身车位数小于高峰期车位需求，则认为该停车设施对交通系统影响显著。停车设施车位数根据建设项目规划方案资料得到，评价年限停车高峰车位需求通过交通预测获得。

停车设施交通影响评价方法如下：

1）收集项目方案确定的配建停车设施的车位供给容量。

2）确定项目停车需求量。

3）确定交通影响程度是否显著。根据评价结果，考虑是否需要进行交通改善并再次评价，或结束评价。

5.3　交通影响程度评价标准

1）根据建设项目新生成交通加入前后道路上机动车服务水平的变化确定机动车交通显著影响判定标准。当建设项目新生成交通使评价范围内机动车交通量增加，导致项目出入口、道路交叉口任一进口道服务水平发生变化，背景交通服务水平和项目新生成交通加入后的服务水平符合下列任一款的规定时，应判定建设项目对评价范围内交通系统有显著影响。各类交叉口机动车服务水平分级见本书附录 B。

① 信号交叉口、信号环形交叉口以及无信号单环道环形交叉口，其机动车交通显著影响判定标准应符合表 5-2 的规定。

表 5-2　信号交叉口机动车交通显著影响判定标准

背景交通服务水平	项目新生成交通加入后的服务水平
A	D、E、F
B	
C	
D	E、F
E	F
F	F

② 除无信号环形交叉口以外的无信号交叉口，其机动车交通显著影响判定标准应符合表 5-3 的规定。

表 5-3　无信号交叉口机动车交通显著影响判定标准

背景交通服务水平	项目新生成交通加入后的服务水平
一级	二级、三级
二级	三级

③ 背景交通服务水平为三级的无信号交叉口，应首先进行信号灯设计，并按照信号灯交叉口交通影响判定标准重新计算后判定。

④ 无信号多环道环形交叉口，应根据环道交织区服务水平变化判断其机动车交通影响，显著影响判定标准应符合表 5-4 的规定。

表 5-4　机动车交织区、长路段、匝道交通显著影响判定标准

背景交通服务水平	项目新生成交通加入后的服务水平
一级	四级
二级	
三级	
四级	

2）当建设项目机动车交通对评价范围内的长路段、高速公路交织区、匝道的交通影响程度符合表5-4的规定时，应判定建设项目对评价范围内交通系统有显著影响。各类长路段、高速公路交织区、匝道机动车服务水平分级见本书附录B。

3）当建设项目出入口步行范围内的所有公共交通站点，在评价时段，停靠线路背景交通剩余载客容量为负值或建设项目新生成公共交通出行量超过背景公共交通线路剩余载客容量时，应判定建设项目对评价范围内交通系统有显著影响。

4）步行范围应根据实际情况在200～500m取值，对于城市中心区等公共交通覆盖率较高的区域，宜取步行范围的下限；对于城市外围区，宜取步行范围的上限。

5）公共交通线路剩余载客容量 P_r 应按下式确定

$$P_r = \sum_i [(S_i - O_i) \times 60/f_i \times C_i] \tag{5-1}$$

式中 S_i——线路 i 为可接受服务水平时的载客率（%），应取额定载客量的70%；

f_i——线路 i 评价时段发车间隔（min）；

C_i——线路 i 单车载客量（人）；

O_i——线路 i 在项目最近公共交通站点的评价时段载客率（%）。

6）当建设项目新生成停车需求超过其配建停车设施能力时，应判定建设项目对评价范围内交通系统有显著影响。

7）当建设项目新生成交通需求导致评价范围内公共交通、自行车或步行等交通设施需要改、扩建或新建时，应判定建设项目对评价范围内交通系统有显著影响。

8）位于历史文化保护区、风景名胜区等特殊地区以及评价年限内交通设施和交通政策有重大改变地区的建设项目，以及重大项目选址阶段的交通影响评价，交通影响程度评价指标可由当地另行确定。

9）当提出的交通改善措施可行且评价范围内改善后的交通系统运行指标均符合下列规定时，应判定建设项目交通影响为可接受：

① 机动车交通系统的评价指标低于表5-2、表5-3和表5-4规定的显著影响指标；当背景交通服务水平为F或四级时，经过改善后的交通运行指标不降低。

② 建设项目出入口步行范围内的所有公共交通站点停靠线路背景交通剩余载客总容量大于或等于建设项目新生成公共交通出行量；当背景公共交通线路剩余载客总容量是负数时，改善后剩余载客总容量不降低。

③ 建设项目新生成的停车需求能在项目内部平衡或解决方案可行，不会对评价范围内其他建筑的停车造成影响。

④ 交通系统改善后能满足公共交通、步行和自行车交通的运行要求。

10）当无法通过可行的交通改善措施使得评价范围内改善后的交通系统运行指标均符合我国CJJ/T 141—2010《建设项目交通影响评价技术标准》的相关规定时，应判定其交通影响为不可接受。对交通影响不可接受的建设项目，应对其选址或建设项目报审方案提出调整建议。

思 考 题

1. 开展交通影响评价工作有哪些注意事项？
2. 交通影响程度评价指标有哪些？
3. 确定交通影响程度评价标准时需要考虑哪些因素？
4. 交通影响程度评价的依据有哪些？
5. 综合评价法在交通影响程度评价时有哪些优缺点？

第 6 章

交通改善措施

交通影响评价总体主要包括三部分：预测、评估和改善，这三个部分缺一不可。预测主要是指交通需求预测，包括项目的交通需求预测、周边用地的交通需求预测以及各种交通方式的需求预测等内容；评估是指针对预测的结果评估项目对外在交通环境所带来的压力，从而评价其交通影响是否在可接受的范围之内，主要包括评估项目产生的交通需求对自身内部道路及其外部市政道路所带来的压力，评估项目周边路网所承受的机动车、公交车、自行车等交通压力，以及评估由项目交通需求产生的交通安全问题等内容；改善，顾名思义，即针对项目所产生的一系列交通影响，采取多种合理有效的交通改善措施，最大限度地减小甚至消除这些影响。

预测和评估是为了深挖项目所隐含的各种潜在交通问题，改善作为交通影响评价的最后一个关键环节，决定着项目的改进方向和具体方案，决定着项目的可行性和通过行政部门审批的可能性，可以说，一定程度上决定着项目的“生死”。因此，针对项目存在的交通影响，运用交通工程技术采取合理有效的交通改善措施，最大限度地减小甚至消除项目所产生的交通影响就显得尤为重要。

交通改善按其粗略程度可分为宏观、中观与微观。宏观交通改善通常指的是从城市（或城区）规划的角度控制（或调节）交通产生的源头、协调交通方式结构等交通需求管理方法；中观交通改善指的是采用科学的交通管控技术和手段提高交通设施的服务能力；微观交通改善通常包括两方面，一是项目周边路网的关键节点从几何构造、时空资源分配等方面进行改善以提高其服务能力，二是针对项目的具体规划总平面方案，从布局、技术参数等方面进行改善，以提高项目出入口、内部交通的顺畅性与安全性。

交通改善按其对象可以分为项目周边交通系统改善与项目具体规划总平面方案交通改善。项目周边交通系统交通改善具体包括路段交通改善、交叉口交通改善、公共交通交通改善、停车设施交通改善、交通安全改善及其他交通改善等。

交通改善按主管部门的验收要求可分为强制性（或必要性）改善与建议性改善，其中强制性（或必要性）改善措施指的是针对项目具体规划总平面方案中不满足有关规范、规定的方面提出的改善措施；建议性改善措施通常指的是项目具体规划总平面方案在满足相关规范、规定的基础上，所提出的优化改善措施，包括项目规划总平面方案改善措施与项目周边交通设施改善措施。

6.1 项目总平面规划方案交通改善

为了减少项目对外交通影响、保障内外交通组织安全顺畅、平衡停车供需，项目具体的总平面规划方案，需满足相关建筑设计规范外，还需对项目开发强度、总平面布局、基地出入口、机动车停车库（场）、非机动车停车库（场）等方面进行交通改善。

6.1.1 项目开发强度改善

由交通与土地利用的关系可知，项目的开发强度决定其对周边路网的交通影响程度，故降低项目开发强度是从根本上减少交通影响的改善措施。

项目开发强度改善指的是从项目交通生成总量上进行限制。不同的土地利用性质具有不同的交通生成率，因此项目开发强度改善包括基地总计容建筑面积的减少与不改变总计容建筑面积进行各种土地利用性质的优化组合两种方法。

土地开发过程中，通常会对其用地性质进行分类界定，如住宅、商业、办公、餐饮、娱乐、酒店等。针对用地性质比较单一的开发项目，降低其总计容建筑面积就直接减少了其交通生成总量，针对包含多种用地性质的综合体项目，可同时采用上述两种方法进行改善。

如 J10716—2006《上海市工程建设规范——建筑工程交通设计及停车库（场）设置标准》的附录 A 中明确规定：建设项目在立项阶段与规划方案阶段的交通影响报告中，均需对项目的建设性质与规模提出建议，并以此为依据，估算其交通影响费。

6.1.2 建筑物退让与内部道路交通改善

建筑物退让指的是建筑物后退道路红线的距离。通常在城市规划管理技术规定中对主要道路两侧建筑退让道路红线的距离有明确规定，包括建筑退让规划道路红线与小区内部道路边缘线的距离。此规定从交通的角度主要是为人流、车流、消防的紧急疏散提供空间。若在建筑退让区布设机动车临时停车位，需谨慎考虑建筑退让距离，以满足临时停车的交通组织。

项目位于交叉口附近，除按规划要求后退道路红线外，在其 1.2 ~ 5.0m 高的范围内还必须满足视距三角形的要求。为留出足够的开放空间，合理组织和渠化交通，交叉口四周的建筑控制线必须严格遵守相应的技术标准和规定。

影剧院、体育馆、博物馆、大型商场以及重要的交通枢纽等有大量人流、车流集散的各类建筑，应在建筑红线内增设集散广场，集散广场的大小由城市规划行政主管部门根据建筑对道路交通的影响核准确定。

项目规划总平面应保证基地内有车辆环通道路或回转场地，并符合机动车流与上下客及停车库（场）之间交通组织的要求。内部道路常根据地面停车规模及停车库（场）出入口的布局进行合理组织。常用组织原则有：内部主要道路应设双车道，其宽度需满足准行车辆的通行要求；地库出入口离基地出入口不宜过远，以减少地面人车冲突。

6.1.3 基地出入口交通改善

项目规划方案基地对外出入口包括机动车、非机动车、消防车及人行出入口，基地出入口通常指的是项目机动车出入口。为减少项目对周边路网的交通影响，项目基地出入口布局与数量需斟酌进行，下面以 J10716—2006《上海市工程建设规范——建筑工程交通设计及停车库（场）设置标准》为例，对基地出入口布局改善提供依据，具体相关参数以当地相关规定为准。

1. 基地出入口布局

基地位于城市主干路与次干路、支路相交的位置旁边，出入口不应设置在主干路上；基地位于次干路和支路相交的位置旁边，出入口不应设置在次干路上。确需在主干路上设置时，距离交叉口不应小于 80m 或在基地最远端。在次干路上设置出入口，距离交叉口不应小于 50m 或在基地最远端。在支路上设置出入口，距离与主干路相交的交叉口不宜小于 50m，距离与次干路相交的交叉口不应小于 30m，距离与支路相交的交叉口不应小于 20m。

基地出入口距交叉口的距离，应从交叉口转角路缘石曲线的端点起到基地出入口道路边线计算。

基地出入口距地铁人行出入口、人行横道线、人行过街天桥、人行地道应保持不小于 30m 的距离；距铁路道口应保持不小于 50m 的距离；距桥梁、隧道引道端点等，当桥梁、隧道坡度大于等于 2% 时，出入口应保持不小于 50m 的距离；当大于 1% 且小于 2% 时，在桥梁、隧道坡度范围内不宜设置出入口；距公交车站应保持不小于 15m 的距离。

基地出入口与城市道路相交的角度应为 75° ~ 90°，具有良好的通视条件，并在距出入口边线 2m 处作为视点的 120°范围内至边线外 7.5m 不应该有遮挡视线障碍物。

在城市道路上设置的机动车双向行驶的出入口车行道宽度宜为 7 ~ 11m；单向行驶的出入口车行道宽度宜为 5 ~ 7m。有机非隔离带的道路，机非隔离开口宽度可在原基础上增加 5 ~ 8m。

2. 基地出入口数量

基地出入口数量须满足相关建筑设计规范，为减少项目对外交通影响与保证内外交通的通畅性，基地出入口的数量需考虑到项目内部的停车规模。

1）当机动车停车数小于等于 100 辆时，如必须在主干路上设置出入口的，则基地出入口总数不应超过 1 个；出入口均设在次干路上和支干路上的，则基地出入口总数不应超过 2 个。

2）当机动车停车数大于 100 辆且小于等于 300 辆时，如必须在主干路上设置出入口的，则基地出入口总数不应超过 2 个；出入口均设在次干路和支干路上的，则基地出入口总数不应超过 3 个。

3）当机动车停车数大于 300 辆时，且基地位于主干路与次干路，或与支路相交的道路上，主干路上不应设置车辆出入口，且出入口总数不应超过 3 个，并应分别布置在主干路以外的不同城市道路上。主干路上必须设置出入口的，出入口总数不应超过 2 个。

4）非机动车不宜在道路上单独设置出入口。

5）有弯道设置超高的道路上，不应设置车辆出入口。

6）出入口之间的净距不应小于 20m。

7）相邻两块基地在用地分界线两侧分别设置出入口时，两个出入口宜合并为 1 个。

8）可在道路上另设置备用出入口，但备用出入口不应设置在城市主干路上，在城市道路上不得设置进口坡道，机非隔离带不得开口。

6.1.4　配建停车设施交通改善

此处的停车设施交通改善指的是配建停车设施交通改善，主要包括配建停车设施规模供需平衡及布局改善、停车场（库）出入口改善与停车场（库）内部关键参数改善等。

1. 配建停车设施规模供需平衡及布局改善

（1）停车需求计算与供应复核　停车需求计算通常以项目规划设计要点、城市管理技术规定等相关规定为依据进行计算。停车供应复核包括停车位数量复核、停车位有效性复核等。

（2）平衡分析　当规划停车设施规模供大于需求规模的情况，对建设项目交通区位进行综合分析，若周边交通设施综合服务水平较高或者位于城市外围区，可以不必减少规划停车设施规模；若项目周边交通设施综合服务水平较低或者位于城市中心城区，可根据交通需求管理原理，建议适当减少停车设施规模。

当停车设施规模供小于需求规模的情况，通常需增加规划停车设施规模，以达到供需平衡。若项目确实无法增加规划停车设施规模时，可采用降低项目开发强度或优化土地开发性质组合等措施来适度降低其停车需求规模；若项目是综合体项目，可分析其是否实现共享式停车，以缓解供需矛盾；若项目位于中心城区且交通拥堵严重，可根据交通需求管理原理，适当降低配建指标。

（3）布局改善　配建停车设施布局改善，应根据各类用地实际停车需求，尽量布局合理，以达到停车方便与减少人车相互干扰，保障交通安全的目的。

通常不同的土地利用性质决定停车布局方式，如住宅性质项目地面停车位不宜超过停车规模的10%；商业性质项目停车位地面停车位不宜低于停车规模的20%等。

2. 停车场出入口交通改善

建设项目配建机动车停车库（场）出入口宽度以JGJ 100—1998《汽车库建筑设计规范》为依据，出入口宽度双向行驶时不宜小于7m，单向行驶时不宜小于5m；出入口纵向坡度直线段不宜大于12%，曲线段不宜大于9%。机动车停车库（场）出入口的位置及数量以J10716—2006《上海市工程建设规范——建筑工程交通设计及停车库（场）设置标准》为例进行简单介绍，具体参见其标准本身。

1）机动车停车库的出入口位置，应遵守下列规定：

① 基地内配建的机动车停车库（场）不应将其出入口直接设置在城市道路上，其出入口应设在基地内部道路上，并应符合内部交通组织的需要。

② 机动车停车库出入口的坡道终点面向城市道路时，其与城市道路红线的距离不应小于7.5m，平行城市道路或与城市道路斜交角度小于75°时应后退基地的出入口不小于5.0m。

③ 机动车停车库出入口之间的净距不宜小于5.0m。

④ 机动车与非机动车停车库出入口宜分开设置，出入口净距不宜小于5.0m。设置在一起时，应采用物理分隔。

2）机动车停车库的出入口数量，应遵守下列规定：

① 当停车数小于25辆时，宜设置双车道，也可设置1个单车道的出入口，但必须完善交通信号和安全设施，出入口外应设置不少于2个等候车位。

② 当停车数多于25辆小于100辆时，出入口设置不少于1个双车道或2个单车道的出

入口。

③ 停车数大于等于100辆且小于200辆时，应设置不少于2个单车道的出入口。

④ 停车数大于等于200辆且小于700辆时，应设置不少于两条车道进、两条车道出的出入口。

⑤ 停车数大于等于700辆时，应设置不少于3个双车道的出入口，并应进行服务水平评价，确定出入口数量。

3. 机动车、非机动车停车库（场）设计改善

项目停车规模需满足配建标准或规划要求，其车位尺寸、通道宽度、转弯半径、纵坡设置等方面需符合JGJ 100—1998《汽车库建筑设计规范》等相关规范的规定。以下以J10716—2006《上海市工程建设规范——建筑工程交通设计及停车库（场）设置标准》为例进行简要介绍。

1）机动车车位尺寸应根据车辆类型、停车方式以及车辆进出所需的纵向与横向净距的要求确定，具体尺寸见表6-1。

表6-1 机动车车位尺寸

车辆类型	停车方式	垂直通道方向的停车带宽/m	平行通道方向的停车带长/m	通道宽/m
微型汽车	平行式	2.2	5.7	3
	斜列式30°	3	4.4	3
	45°前进、	3.8	3.1	3
	60°前进、后退	4.3	2.6	4.0/3.6
	垂直式前进、后退	4	2.2	7.0/4.5
小型汽车	平行式	2.4	6	3.8
	斜列式30°	3.6	4.8	3.8
	45°前进、	4.4	3.1	3.8
	60°前进、后退	5	2.6	4.5/4.2
	垂直式前进、后退	5.3	2.2	9.0/5.5
轻型汽车	平行式	3	8.2	4.1
	斜列式30°	5	5.8	4.1
	45°前进、	6.2	4.1	4.6
	60°前进、后退	7.1	3.4	7.0/5.5
	垂直式前进、后退	7.7	2.9	13.5/8.0
中型汽车	平行式	3.5	11.4	4.5
	斜列式30°	6.2	7	4.5
	45°前进、	7.8	5	5.6
	60°前进、后退	9.1	4	8.5/6.3
	垂直式前进、后退	9.4	3.5	15.0/9.0
大货车	平行式	3.5	12.4	5
	斜列式30°	6.7	7	5
	45°前进、	8.5	5	6.6
	60°前进、后退	9.9	4	10.0/7.3
	垂直式前进、后退	10.4	3.5	17.0/10.0
大客车	平行式	3.5	14.4	5
	斜列式30°	7.7	7	5
	45°前进、	9.9	5	8
	60°前进、后退	12	4	12.0/8.2
	垂直式前进、后退	12.4	3.5	19.0/11.0

注：停车场的设计参数按上述数值增加0.4m。

2）机动车通道宽度应遵守下列规定：

① 微型车、小型车停车库（场）车辆双向行驶的，通道宽度不应小于5.5m，单向行驶的不应小于3.0m；弯道处，当转弯半径（内径）小于15.0m时，双向行驶的通道宽度不应小于7.0m，单向行驶的不应小于4.0m。

② 中型车、大型车停车库（场）车辆双向行驶的，通道宽度不应小于6.5m，单向行驶的不应小于3.5m；弯道处，当转弯半径（内径）小于20.0m时，双向行驶的通道宽度不应小于8.0m，单向行驶的不应小于5.0m。

3）机动车转弯半径（内径）不应小于以下规定，具体见表6-2。

表6-2　机动车转弯半径（内径）

车辆类型	微型汽车	小型汽车	轻型汽车	中型汽车	大型汽车
最小转弯半径/m	3	3	5	7	10

4）机动车坡道最大纵坡应符合以下规定，具体见表6-3。

表6-3　机动车坡道最大纵坡

车辆类型	微型汽车	小型汽车	轻型汽车	中型汽车	大型汽车
最大直线纵坡（%）	16	16	13.3	12	10
最大曲线纵坡（%）	12	12	10	10	8

注：当纵坡大于10%，坡道的上下两端应增设竖曲线，竖曲线的半径不应小于22.0m，或用长度不小于3.5m的1/2纵坡连接。

5）非机动车停车库（场）应以出入方便为原则，主要停车方式有垂直式和斜列式两种，并应符合以下规定，具体见表6-4。

表6-4　非机动车停车库设计参数

停车方式		停车带宽度/m		停车车辆间距个/m	通道宽度/m		单位停车面积/(m^2/veh)	
		单排停车	双排停车		一侧停车	两侧停车	双排一侧停车	双排两侧停车
斜列式	30°	1	1.6	0.5	1.2	2	2	1.8
	45°	1.4	2.26	0.5	1.2	2	1.65	1.51
	60°	1.7	2.77	0.5	1.5	2.6	1.67	1.55
垂直式		2	3.2	0.5	1.5	2.6	1.86	1.74

本节针对项目总平面规划方案交通改善进行了简单介绍，具体在实践操作过程中需要举一反三，具体问题具体分析，灵活运用。

通常随着项目的开发，项目周边交通系统的负荷势必增大，为维持其服务水平在可接受的范围，就须对项目周边交通系统进行综合交通改善，具体包括路段、交叉口、公共交通、交通安全等其他交通改善措施。

6.2　路段交通改善措施

随着项目的开发建设，周边路段交通需求增加，除降低项目开发强度的改善措施外，还可以通过提高路段的通行能力使周边路段的服务水平维持在可接受的范围之内。

提高路段通行能力的改善措施主要包括优化路幅、优化交通标志标线、隔离、优化管控等交通改善措施。

6.2.1 优化路幅

根据规划资料，结合实际状况，对路段路幅进行综合分析。若有条件，则加宽路幅；若不能加宽路幅，则分析是否可以通过压缩绿化带拓宽车道或增加车道数，以提高通行能力。

6.2.2 优化交通标志标线

清楚的交通标志标线可减轻驾驶员交通心理压力，起到疏导交通流量、提供道路信息、执法依据及警示驾驶员，禁止某些交通行为的作用。实践证明，合理、正确地设置道路交通标线能合理利用道路有效面积，提高道路通行能力，减少交通事故，防止交通阻塞。

交通标志标线优化原则有：严格按照相关国家标准进行标志标线优化；根据道路实际交通需求，结合具体交通状况，合理优化交通标志标线；加强对道路交通标志标线的维护与保养；保证交通标志标线设置的连续性与一致性。

交通标志标线优化措施有：

1）交通标志标线的字符尺寸、粗细、设置距离等要符合相关规范要求。

2）交通标志标线的设置在符合规范要求的基础上，尽量与道路使用者的习惯一致。

3）发现缺损、淡化的标志标线，及时维护和修补。

4）交通标志标线所表示的交通管理信息要保持协调、连贯、一致。

6.2.3 隔离

采用隔离可实现机动车、非机动车、行人在平面或立面上的分离，以减少交通冲突和干扰来提高路段通行能力。主要隔离形式有：

1）采用机动车与非机动车分隔栏隔离机动车与非机动车，减少机动车与非机动车之间的干扰，可提高路段通行能力。

2）适当减少地面人行过街斑马线，增加地下过街通道和人行天桥，立面上实现人车空间分离，以减少行人与机动车之间的干扰。

3）机动车道划分快车道与慢车道，实现快慢车之间的分离，以提高道路内侧车道通行能力。

6.2.4 优化管控

管控是指通过增设或优化路段交通管理与控制手段来提高路段通行能力。具体措施有：

1）设置人行信号灯，减少行人对机动车干扰的随意性，明确行人穿越机动车道的时间，以提高路段机动车通行能力。

2）设置可变车道（即潮汐流管理）。随着城市的发展，城市交通早晚高峰交通流方向越来越表现为早高峰进城多、晚高峰出城多，则在高峰时间增加流量较大一侧的车道数，减少流量较小一侧的车道数，也可提高路段通行能力。

3）在路网密集、支路发达区可利用单行道提高交通效率，进而提高其通行能力。

4）在城市主干道采取线控方案（“绿波”交通信号控制），使主干道上交通能连续通过各个交叉口，提高主干道通行能力。

6.2.5 其他

路段开口限制、掉头位置的选择对路段通行能力有直接影响。

整合并减少沿线出入口数量，修改其尺寸和位置，实行右进右出交通组织，可减少对路段的交通的影响，以提高路段通行能力。

掉头位置的选择应与交叉口渠化相结合，如确需在路段单独设置的，须综合考虑对向交通流量大小，并尽可能拓宽掉头车道，以减少对路段交通的影响，提高路段通行能力。

6.3 交叉口交通改善措施

城市道路平面交叉口在城市道路网中居于核心地位。尤其在城市中心城区，交叉口拥堵是交通矛盾最明显的表现，是综合种种交通矛盾的“聚集爆发”，是一个复杂的交通问题。宏观上，交叉口拥堵涉及交通供需的不平衡、土地利用的不合理；中观上，交叉口拥堵常与路网布局、交通组织管理欠佳以及周边环境不良有关；微观上，交叉口的不合理渠化、机动车与非机动车之间的混行干扰使得交叉口通行能力低。

在建设项目交通影响评价过程中，对关键交叉口的改善主要指的是中观与微观层面上的改善，即对交叉口周边交通环境、交通特征进行综合分析，从交叉口的几何构造、渠化、交通控制、行人过街等方面进行交叉口改善。

6.3.1 交叉口几何构造改善

在城市化进程中，老城区由于早期缺少相关规划，异形交叉口比较常见，这是主要的交通瓶颈，也是交通事故多发地。因此针对老城区的建设项目交通影响评价，必须处理好异形交叉口的改善。

异形交叉口，也称畸形交叉口，其常见的形式有*X*形、*Y*形、多路交叉等。

针对异形交叉口的交通改善通常有两类方法：其一是补充型改善，即根据具体情况，进行交通标志标线的改变，该类方法通常是城市改造过渡时期的改善方法；其二是交叉口的几何构造改善，即改变交叉口对应道路线形，这就与周边的土地利用情况发生冲突，实施起来存在较大的难度，通常是伴随着城市改造进行。

*X*形、*Y*形交叉口的几何构造改善通常包括对进入交叉口之前的道路线形进行改造、用地与红线调整、路缘石半径调整、增设人行过街天桥或修建地下人行通道等。

多路交叉口指的是5路以及5路以上的交叉口，其往往是路网中重要的交通转换节点，交通聚集程度高，情况复杂，对城市道路交通影响较大，出现的问题也较多，所以在改善时需要考虑的因素较多，常用的改善方法有：

（1）调整交叉口形式　根据实际情况调整交叉口形式。相交道路等级较低，或者交通量不是很大的情况下可采用环形交叉口形式，当然需要满足中心岛半径及交织段的长度要求，通常环形交叉口占地较大，一般适用于市郊次要道路之间形成的交叉口。对于由城市主要道路形成的多路交叉口，具体可通过设置分离式立交或者形成组合交叉口等措施来解决。

1）设置分离式立交。采用上跨或者下穿的形式分离主要流向交通。实践中因受建设资金等限制，通常采用近期、远期结合的方式进行规划设计。

2）形成组合交叉口。对相交道路交通功能性进行分析并定位，把多路交叉改变为主要道路的十字交叉加丁字交叉（次要道路与主要道路相交）的组合形式。当然需要配套的交通管控措施以及保障组合交叉口的顺利运行。

（2）优化交通组织　在不减少相交道路数量的情况下，满足主要道路的通行要求，减少或限制次要道路部分流向，如禁止左转、禁止右转甚至禁止直行等。具体措施应视相交道路的等级、交通组织等情况确定。

相应的优化交通组织措施有：交叉口进口渠化；合理布置交叉口进口车道，特别是左转交通的组织优化；优化布置行车轨迹（如相同相位车辆轨迹不冲突，尽量增加转弯半径）；设置安全岛，导流机动车交通，为行人、非机动车过街提供等候空间；通过设置公交专用道、专用相位等实现公交优先，减轻公交车对交叉口的影响等。

6.3.2　渠化改善

交叉口渠化就是在交叉口使用交通标志、标线或用各种岛状构造物，或利用护栏、分隔带、安全岛等其他设施和方法，对行人与各种不同车型、不同方向、不同速度及不同运动状态的交通流进行引导、隔离和管制，使交通实体像渠内水流一样顺着一定的方向和线路，互不干扰安全有序地运行，以达到分离和控制交通流的目的。渠化设计的作用主要体现在两方面：一是规范车辆行驶、减少车流冲突，有效组织车流有序地经过交叉口，最大限度地发挥道路资源的利用率；二是能够有效地保证行人和自行车的安全，减少车流的冲突。

交叉口渠化改善措施有：

（1）合理拓宽进口道车道　对于左转或右转交通流量较大的交叉口，采用局部展宽交叉口或缩进进口道每条车道宽度来增加车道，布设专用左、右转弯车道，提高交叉口的通行能力。在设置左转弯专用车道时，左转弯专用车道可以与专用相位配合使用，如果没有左转弯专用相位，左转车也可以利用左转弯专用车道等待穿越空档。左转弯专用车道可以通过利用中央分隔带等拓宽进口道的方式获得，也可以在多车道进口直接通过车道功能划分获得。设置左转弯专用车道时，要防止直行交通误入左转弯专用车道，因此，应当采用线形、标线加以限制。

左转或右转交通量较小时，可考虑采用直左或直右车道，以提高进口道的利用率。另外有的交叉口左转或右转机动车流量很少，却又占着一个车道，浪费了资源，如果交叉口前有小路允许左转或右转弯车辆提前转向，然后绕出去，不增加行车路程，这样就可以将交叉口的转向车道改成直行车道，充分利用交叉口车道资源，大大增加交叉口机动车通行量。

（2）优化交叉口标志标线　对标志进行定期检查和更新；消除绿化、广告牌等对信号灯、交通指示牌的影响；增加机动车导流线；完善各种指路标志和道路划线，调整人行横道线和停车线位置。

目前，为解决非机动车和机动车在交叉口发生冲突这一全国都面临的问题，人们提出了一个新的理念，即非机动车停车线适度前移，这一理论的提出带来了很好的效果。首先，停车线往前移，非机动车等候区域增大，等候通过的非机动车不会排长队，大大提高了非机动车的通行能力，也减少了非机动车越线现象。其次，右转弯机动车和直行非机动车冲突减小。自行车停车线前移后，自行车等在前面，机动车等在后面，绿灯一亮，自行车先行启动，迅速通过交叉口，机动车随后通过，相互干扰少了。再次，人行横道线前移后，由人行横线组成的方框缩小，边长也短了，行人过交叉口距离随之缩短。而且机动车停车线与人行横道线之间距离拉大，行人过交叉口更安全。

(3) 优化交叉口安全岛设置　安全岛的布置需考虑实际的交通量、道路功能、地形地物等条件，合理布置。目前国内大多数城市推崇交叉口全面设置安全岛，即在交叉口面积可行的基础上，不但在有中央隔离带的交叉口设置行人安全岛，而且在每个转角处设置安全岛，因为这些转角都是机动车和非机动车不会行驶到的死角，岛上除了供行人行走的人行道外，还可兼顾景观绿化。

6.3.3　交通控制改善

对于路网密度大，街道狭窄，车道数为奇数的道路，可采用单向交通组织，并对连续交叉口采取线控方案，这样可大量减少交叉口冲突点，减少交叉口延误时间，提高道路通行能力和车辆的行驶速度。

对于低饱和状况下平面交叉口采用感应控制进行信号管控。感应控制是指在距停车线适当位置处，埋设地磁线圈，每当有车辆通过时就将感应信号传给交叉口的传感器，然后再通过线路将其传输到控制中心；控制中心在收到各交叉口的数据时，进行分析并得到最终的通行时间，即绿灯的时间，从而达到信号灯的智能配时，使交叉口各个方向的信号显示时间适应于交通需求。

对于高饱和状况下平面交叉口采用定时控制进行信号管控，并每隔一段时间进行一次信号配时优化改善。定时控制是指根据以往的交通状况，预先设定信号周期和绿灯时间的信号控制方式。定时控制不但稳定可靠、适用于车流量规律变化的情况，而且在交叉口车流量较大、处于饱和状态时的控制效果明显优于感应控制。

6.3.4　行人过街安全设施改善

行人过街安全设施主要包括人行横道线、安全岛、人行天桥、地下人行通道等。合理设置人行过街安全设施，不仅可保证行人的安全，同时可有效减少行人对交叉口车流的干扰，减小车辆在交叉口的延误，提高交叉口通行能力。

行人过街安全设施改善有：

1）建立行人过街立体设施。在路幅较宽、行人较多的交叉口设置立体人行过街天桥或地下人行通道，实现人车分流，消除大部分的人车冲突，从而保证步行者及自行车的安全，间接地减少车辆的不必要延误，增加通行能力。

2）在人行横道以外的人行道边设置防护栏，防止行人随意穿越交叉口。

3）在设有行人通道的交叉口，合理地设置导流岛、中央隔离带或行人安全岛，不仅能渠化交通，而且对行人的安全起到很好的作用。

4）对左右转交通较大的交叉口，应设行人过街专用相位，以完全避免与机动车流冲突，确保行人过街安全。

6.4　公共交通改善措施

城市公共交通是由公共汽车、电车、轨道交通、出租汽车、公共自行车等交通方式组成的公共客运交通系统，是重要的城市基础设施，是关系国计民生的社会公益事业。随着经济的发展和城市的扩大，一些城市交通拥堵、出行不便等问题日益突出，治理此类由供需矛盾造成的交通问题，大力发展公共交通是强有力的措施。

总体而言，在建设项目交通影响评价中，公共交通改善包括宏观、中观与微观三个层次。宏观上包括大力发展大运力快捷公交方式、设置公交专用道、提供公交出行信息服务等；中观上通常是指公交线路运力与运量的平衡改善、公交线路布局优化改善；微观上是指项目紧临公交站场与站点的布设形式改善。

6.4.1　发展大运力快捷公交方式

大运力快捷公交方式有 BRT、轻轨和地铁等，通常在综合交通规划修编与专项规划中进行规划。

在建设项目交通影响评价中，根据对周边公共交通的调查分析，若常规公交通过综合优化较难满足公交需求时，可建议发展大运力快捷公交方式。

6.4.2　公交智能信息系统

发展公共交通智能信息系统，应是我国城市公共交通改革的重要内容，应积极利用 IT 技术对传统的公共交通运营系统进行改造，全面整合信息资源，以信息化为基础，推动智能公共交通系统建设，充分收集公交信息，通过 GPS 实现系统之间的动态管理，促进建立有效、科学的服务系统。

6.4.3　公交专用道与专用相位

设置公交专用道与专用相位是公交优先的强有力措施，可以充分提高公交运能，通常在路段设置公交专用道，在交叉口设置与之对应的公交车专用相位，从而在空间上、时间上优先公交的通行权。

在建设项目交通影响评价中，根据对周边路网的公共交通的调查分析，可建议设置公交专用道与专用相位来提高周边路网的服务水平。

6.4.4　公交站选型

常规公交系统中公交站分为港湾式与非港湾式公交站，其中港湾式公交站对路段的通行能力影响明显小于非港湾式。

在建设项目交通影响评价中，根据对周边路网的公共交通的调查分析，若路幅条件允许，建议适当区段公交站采用港湾式。

6.5 停车设施改善措施

停车设施包括机动车、非机动车、装卸车、出租车、急救车、巴士车等车型的停车设施，通常情况指的是机动车停车设施。

停车设施按其管理权归属可分为配建停车设施与公共停车设施，其中配建停车设施通常是由业主委托物业公司进行运营管理，而公共停车设施是由交通管理部门负责管理或者委托经营。

停车设施交通改善包括配建停车设施改善与公共停车设施改善。

6.5.1 配建停车设施改善

所谓配建停车设施是指新建、改建或扩建各类建筑物项目时，应当根据相关的规定与规范，进行停车设施配套规划与建设，以满足其自身停车需求。通常的相关规定与规范有建设项目用地规划设计条件要点、城市规划技术管理规定、建设项目交通影响评价管理办法等。

配建停车设施分为配建机动车位、非机动车位、装卸车位、巴士车位等。

配建停车设施的设计布局形式通常有地面布局、架空层布局、地下布局等多种形式，其中地面布局又分为建筑退让区布局、地面集中停车场布局、地面零散布局等形式，地下布局通常是地下车库等形式。

具体配建停车设施改善详见本章第一节。

6.5.2 公共停车设施改善

公共停车设施主要包括路边停车、路外公共停车场（库）等。

公共停车设施改善主要是针对项目周边现状公共停车设施的分布、规模、使用情况进行综合调查，结合周边交通系统的停车设施规划与配建停车设施的使用情况提出改善意见。

由于城市发展过快或不均衡、公共停车设施规划不合理、公共停车设施管理不当等原因，导致城市公共停车设施配供给不足或利用率低，城市停车问题日益严峻。基于建设项目交通影响评价改善公共停车设施主要有两方面：一是建议相关政府部门加快公共停车设施合理规划与建设；二是加强公共停车设施管理，结合实际情况，采用先进停车理念与方法（如共享式停车等），提高公共停车场利用率。

6.5.3 停车设施运营管理改善

无论是配建停车场（库）还是公共停车场（库），进行合理的交通组织、高效率的出入口管理、先进的停车诱导系统均能提高停车设施的综合效率。

1）合理的交通组织。根据停车场（库）的出入口数量、车道数量及内部通道进行合理组织，遵守的基本原则是使用方便、集散快捷、尽量减少对主干市政道路的影响。

2）出入口管理。配置高效率的停车道匝系统，减少进出车辆在出入口的停车延误，以达到集散快捷的目的，尤其针对高周转率的停车设施，通常需要派专人值守。

3）停车诱导系统。针对停车规模较大、内部通道较长等停车场（库），可开发先进的停车诱导系统以减少盲目寻位，从而提高停车设施的效率。

6.6 交通安全改善措施

随着我国经济的发展，机动车保有量不断增加，同时由于驾驶人素质、守法意识和道路状况、车辆性能等因素，造成我国目前道路交通事故量、交通事故伤亡人数及经济损失居高不下。

根据我国道路交通事故发生的规律和特点，我国的交通安全对策措施研究主要从交通参与者、车辆、道路和环境等方面展开，利用多学科知识，如土木工程、机械工程、管理工程、信息处理技术、人体工程等领域，系统地研究预防对策，改进和完善交通安全管理体系以及相关的技术措施。

6.6.1 改善道路条件

道路条件包括道路与人相适应的几何条件、光线照明条件、安全防护、道路等级与功能划分、路面条件、附属工程技术条件等方面。改善道路条件的措施如下：

1）道路的线形组合。改善平面线形、裁弯取直、消除瓶颈、消除路边障碍物，确保交叉口和弯道的视距；避免用短直线连接两个同向曲线，道路直线路段不应过长，沿途景观应有变化，减少驾驶人的视觉疲劳等。

2）道路路幅的布置方式。车行道、路缘带、路肩以及中央分隔带的形式和尺寸，都应根据使用功能、交通量、交通组成以及安全行车要求进行合理设计，并做到连续性和一致性。

3）加强路面防滑处理，限制车速。

4）道路平面交叉口存在车流交叉和交织运行、方向和速度改变等影响驾驶反应的多种因素，对交叉处采取增大视距、减缓纵坡、渠化转弯行驶、进行交通管制等措施。

6.6.2 完善交通安全管理设施

交通安全管理设施包括标志、标线、信号、通信等；安全防护设施包括各种路侧护栏（护墙）、分隔带护栏、桥梁栏杆等设施，隧道的通风、照明、消防、报警等设施。应加强交通事故多发地点的鉴别与改善，整改不符合要求的交通标志、标线以及各种交通安全设施，夜间易出事的路段应增设“凸起路标”和照明设备。

6.7 其他综合性改善措施

在交通影响评价实践过程中，通常根据项目的具体方案及所在的交通环境，有针对性地提出交通改善措施，其包括的内容往往是综合的，且是相互关联的。

往往有些项目的周边路网在评价年之前（通常称为过渡期）未能按规划建成，故需针对具体的过渡期方案提出综合性的交通改善措施。

思　考　题

1. 当交通影响比较显著时，需要从哪些方面进行交通改善？
2. 简述路段交通改善的常用措施。
3. 简述交叉口交通改善的具体办法。
4. 交通安全改善措施有哪些？
5. 结合所在的校园展开调研，说明校园交通改善的具体做法。

第 7 章

基于交通软件的交通预测与仿真

目前，运用先进的交通软件来模拟道路交通系统复杂现象，揭示其交通变化规律并进行评价，已成为国内外交通工程界的研究热点之一。在开展交通影响评价工作时，不仅需要借助宏观交通规划软件进行交通预测，还需要使用微观交通仿真软件进行交通流仿真。本章将介绍一些应用比较广泛的交通软件。

7.1 基于 TransCAD 的交通预测

7.1.1 TransCAD 概况及其基本操作

1. TransCAD 概况

TransCAD 是由美国 Caliper 公司开发的第一个完全基于 GIS（Geographic Information System，地理信息系统）的宏观交通仿真软件，它集成了四阶段交通需求预测模型，并具有 GIS 的图形分析功能。由于采用先进的 Windows 环境及一系列最新的开发方法，使得该软件具有较好的风格：先进的菜单界面、强大的图形功能、方便的工具栏、良好的开放性、多文档、多用户操作等。它最突出的功能是界面的友好以及数据的可视化，支持多种需求模型，可以用于城市内或城市间的客货运交通预测分析和交通管理，也可以用于省际、国际间的交通规划。TransCAD 在国内外已被广泛采用，并成功地应用于交通规划、设计和管理等工作中，并取得了较好的效益。

TransCAD 主要包括 5 大功能：

1）Windows 下的功能强大的地理信息系统。

2）扩展数据模型，提供显示和处理交通数据的基本工具。

3）汇集了极其丰富的交通分析过程，包括需求预测、网络分析、车辆路径与物流分析等。

4）各式各样、数量巨大的交通、地理、人口统计数据。

5）可以生成宏、嵌入、服务器应用及其他用户程序。

2. TransCAD 基本操作

（1）新建文件　执行“File”→“New”命令，打开“New File”对话框，通过选择不同的文件格式新建文件。

（2）保存文件　当在 TransCAD 中同时打开很多不同类型，如地图、矩阵、数据表等，而用户需要继续在上次的基础上操作时，可保存为工作空间，执行“File”→“Save Work-space”命令。

（3）打开文件　TransCAD 支持多种文件格式，执行“File”→“Open”命令，可以将很多类型的文件导入到 TransCAD 中，如 Excel 格式文件、Mapinfo 格式文件、ArcGIS 格式文件等。

3. TransCAD 准备工作

把所需要区域的图片在图片编辑器中（例如：photoshop）转换为“tif”格式。

1）点击“开始”菜单，启动“TransCAD”软件后，会出现如图 7-1 所示界面，主要包括菜单栏、工具栏、视图区。

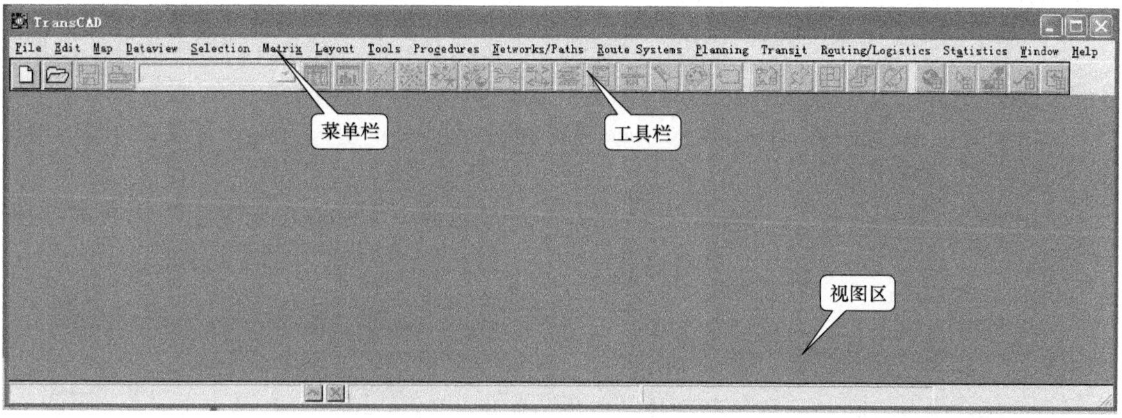

图 7-1　TransCAD 界面

2）进行工作环境设置，以适应我们的工作习惯。

在“TransCAD”主界面中，用鼠标选择“Edit”→“Perferences”菜单项，会出现如图 7-2 所示对话框。把其中的地图单位设置的和国内常用的地图单位保持一致。如在“Map Units”后面修改为“Meters”或“Kilometres”。

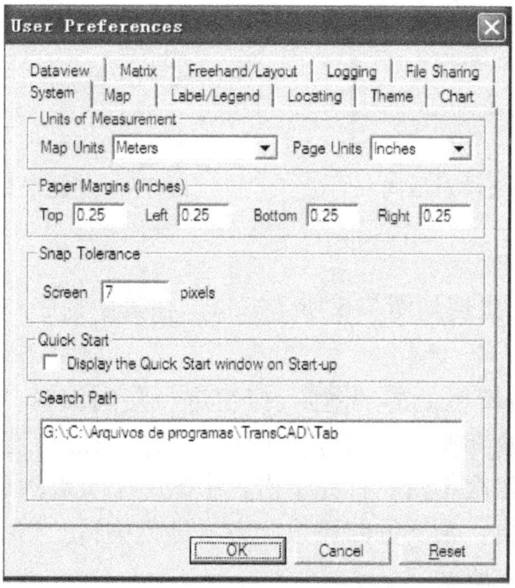

图 7-2　TransCAD 工作环境设置对话框

7.1.2 基于 TransCAD 中的交通预测操作步骤

1. 新建路网

（1）新建线类型地理文件

1）点击菜单“File”→“Open”，打开“tif”格式的底图。

2）点击工具栏中“New file”的按钮，选择“Geographic File”选项。然后选择“OK”，出现如图 7-3 所示对话框。在“Choose a Type of File”选项卡中选择“Line Geographic”，在“Layer Settings”下的“Name”后面输入路段名称“Street”，在“Endpoint Layer Settings”下的“Name”后面输入节点名称“Node”，同时选中“Create a Tab for endpoint date”。

3）在上一步中点击“OK”按钮，出现图 7-4 所示对话框。在此对话框中为路段图层建立属性数据字段，分别是 name（路段名称，Character 型）、count（实际通行流量，Real 型）、capacity（通行能力，Real 型）、time（行驶时间，Real 型）、speed（设计车速，Real 型），然后点击 OK 按钮。

此时弹出“Attributes for Node”对话框。在此对话框中为节点图层建立属性数据字段，为 index（质心点，Integer 型）。然后点击“OK”。保存到“street”文件夹里面。

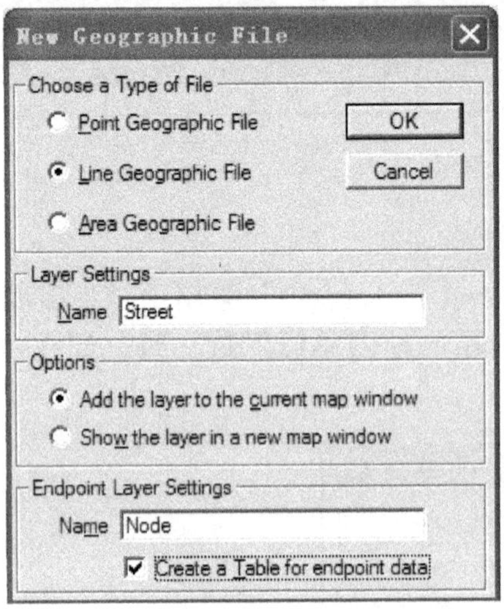

图 7-3　新建路网地理文件对话框

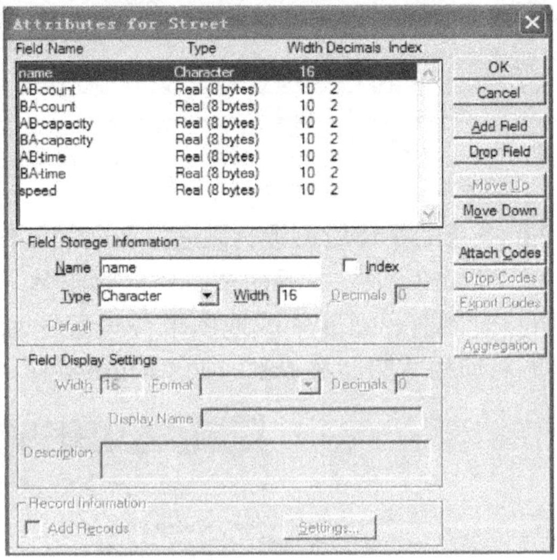

图 7-4　新建线类型地理文件对话框

（2）进行路网编辑

1）进行完上一步后，出现如图 7-5 所示窗口。在其中选中“Street”路网图层同时点击工具栏按钮。

2）点击线图层工具编辑栏上的“ ”按钮进行路网编辑，此时右下角两个信号灯变为亮色和红色，红灯表示放弃操作，绿灯表示保存操作。在进行路段编辑时按照从左向右的顺序以及从上向下的顺序依次编辑。首先单击其中的一个节点然后在与之相邻的节点处双击此时就完成一个路段的编辑，余下的路段按此方法进行编辑。当编辑完所有路段后单击按钮进行保存，完成后如图 7-6 所示。

3）点击菜单“Tools”→“Map Editing”→“Check line Layer Connectivity”，出现如图

7-7 所示对话框，进行路网连通性检测。

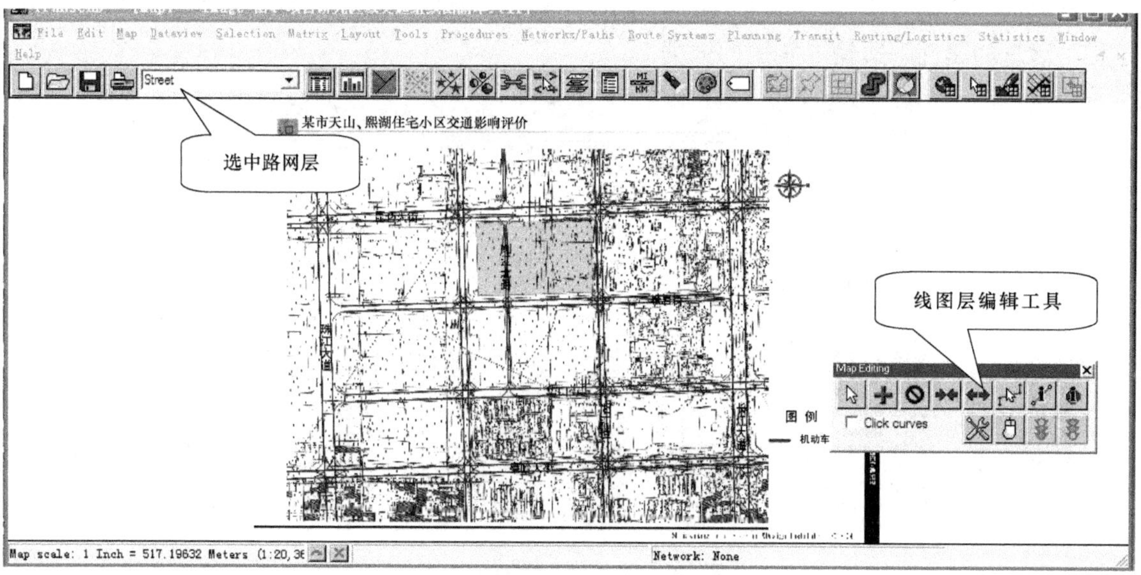

图 7-5　进行小区路网编辑窗口

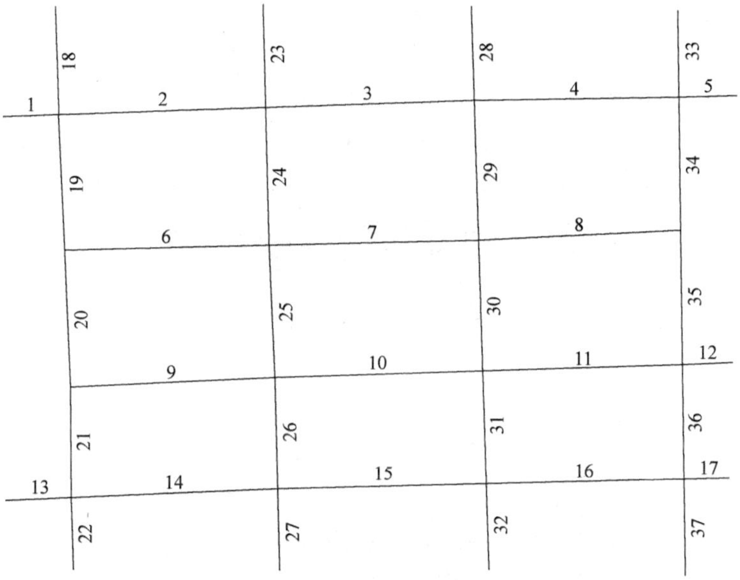

图 7-6　小区路网图

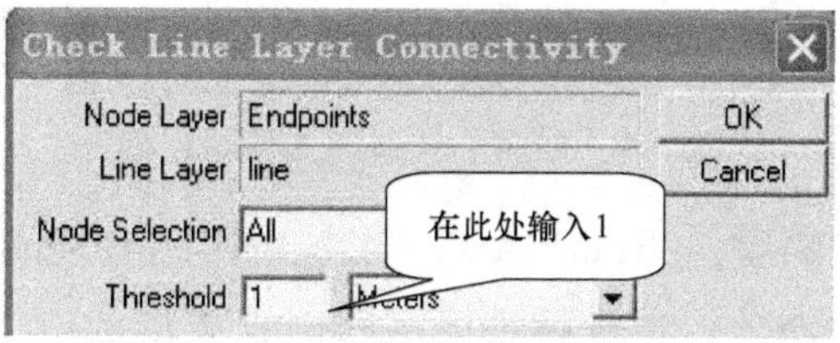

图 7-7　路网连通性检查对话框

（3）基本信息数据输入　基本信息包括名称、通行能力、行驶速度、行驶时间。在输入观测流量基本信息时首先点击“Street”层右侧的数据窗，弹出一个数据表如图 7-8 所示，在相关信息的属性下边输入相关的数据。

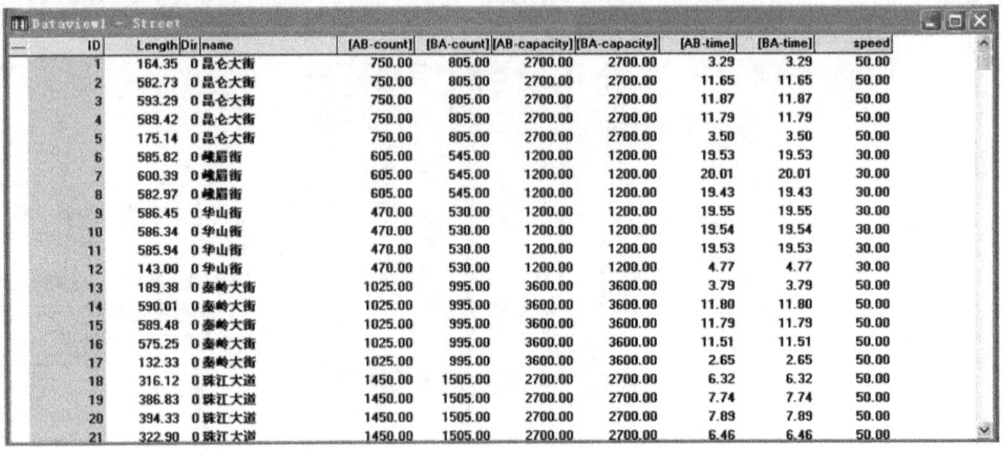

Dataview1 - Street

ID	Length	Dir	name	[AB-count]	[BA-count]	[AB-capacity]	[BA-capacity]	[AB-time]	[BA-time]	speed
1	164.35	0	昆仑大街	750.00	805.00	2700.00	2700.00	3.29	3.29	50.00
2	582.73	0	昆仑大街	750.00	805.00	2700.00	2700.00	11.65	11.65	50.00
3	593.29	0	昆仑大街	750.00	805.00	2700.00	2700.00	11.87	11.87	50.00
4	589.42	0	昆仑大街	750.00	805.00	2700.00	2700.00	11.79	11.79	50.00
5	175.14	0	昆仑大街	750.00	805.00	2700.00	2700.00	3.50	3.50	50.00
6	585.82	0	峨眉街	605.00	545.00	1200.00	1200.00	19.53	19.53	30.00
7	600.39	0	峨眉街	605.00	545.00	1200.00	1200.00	20.01	20.01	30.00
8	582.97	0	峨眉街	605.00	545.00	1200.00	1200.00	19.43	19.43	30.00
9	586.45	0	华山街	470.00	530.00	1200.00	1200.00	19.55	19.55	30.00
10	586.34	0	华山街	470.00	530.00	1200.00	1200.00	19.54	19.54	30.00
11	585.94	0	华山街	470.00	530.00	1200.00	1200.00	19.53	19.53	30.00
12	143.00	0	华山街	470.00	530.00	1200.00	1200.00	4.77	4.77	30.00
13	189.38	0	秦岭大街	1025.00	995.00	3600.00	3600.00	3.79	3.79	50.00
14	590.01	0	秦岭大街	1025.00	995.00	3600.00	3600.00	11.80	11.80	50.00
15	589.48	0	秦岭大街	1025.00	995.00	3600.00	3600.00	11.79	11.79	50.00
16	575.25	0	秦岭大街	1025.00	995.00	3600.00	3600.00	11.51	11.51	50.00
17	132.33	0	秦岭大街	1025.00	995.00	3600.00	3600.00	2.65	2.65	50.00
18	316.12	0	珠江大道	1450.00	1505.00	2700.00	2700.00	6.32	6.32	50.00
19	386.83	0	珠江大道	1450.00	1505.00	2700.00	2700.00	7.74	7.74	50.00
20	394.33	0	珠江大道	1450.00	1505.00	2700.00	2700.00	7.89	7.89	50.00
21	322.90	0	珠江大道	1450.00	1505.00	2700.00	2700.00	6.46	6.46	50.00

图 7-8　道路基本信息的输入

2. 小区划分

1）点击工具栏中“New File”的按钮，选择“Geographic File”选项。然后选择“OK”，出现如图 7-9 所示对话框。在“Choose a Type of File”选项卡中选择“Area Geographic”，在“Layer Settings”下的“Name”后面输入路段名称“TAZ”。

2）此时会弹出一个“Attributes for TAZ”对话框，在此对话框中添加一个 ZoneID（小区编号，Integer 型）。把新建的小区地理文件保存在“TAZ”文件夹进行编辑。

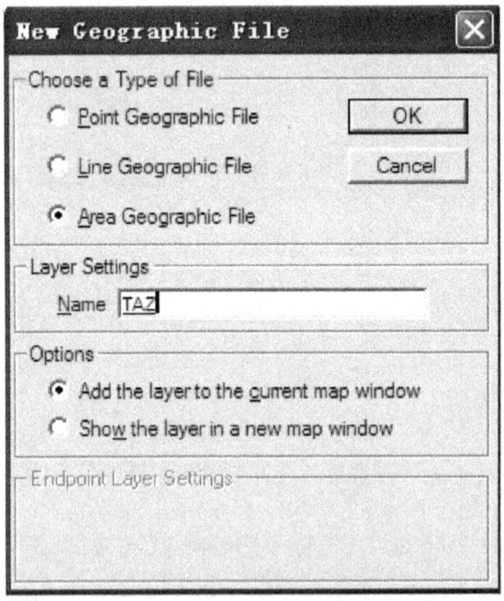

图 7-9　新建小区地理文件对话框

3）在完成以上操作步骤后，“TransCAD”会弹出图 7-10 所示窗口。在此时点击小区编辑栏上的“+”进行小区划分，在进行小区编辑时，要形成一个闭合的封闭图形才可以。此时信号灯变为亮色和红色，红灯表示放弃操作，绿灯表示保存操作。把创建的小区地理文件保存到 TAZ 文件夹，完成的小区划分图如图 7-11 所示。

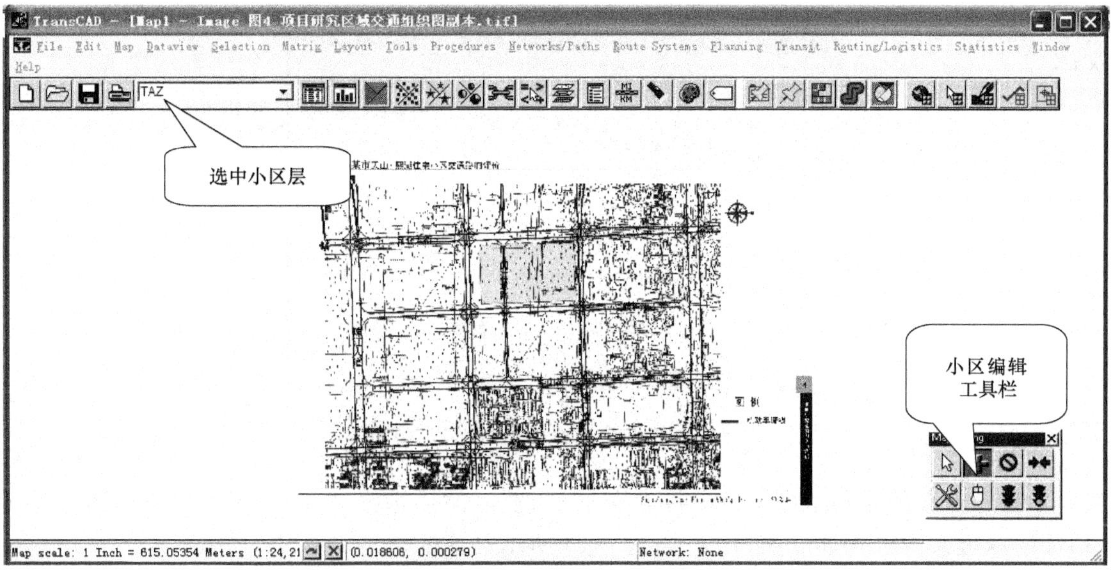

图 7-10 进行小区编辑窗口

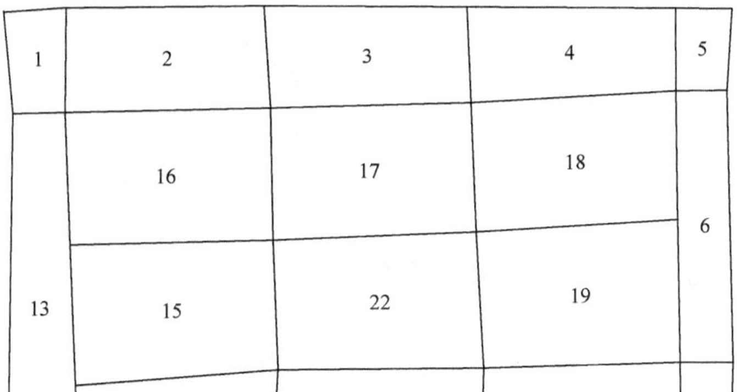

图 7-11 小区划分图

注意：此次把各个过境车辆的路段分别放在一个小区里，形成虚拟小区，所有通过这条路段的道路流量都被认为是从相应的虚拟小区产生的交通流。同时对于一个小范围的交通评价的话，其范围下的小区划分应该细化，如果小区划分得少，在进行将来流量分配的时候部分路段流量有可能为 0。

3. 创建质心点和进行质心连接

1）打开新建的小区地理文件。选择工具栏上的“Tool”→“Export”选项，如图 7-12 所示对话框。选择“To”后面的“Standard Geographic File”选项。并且勾选“Export as

Centroid Points”复选框。

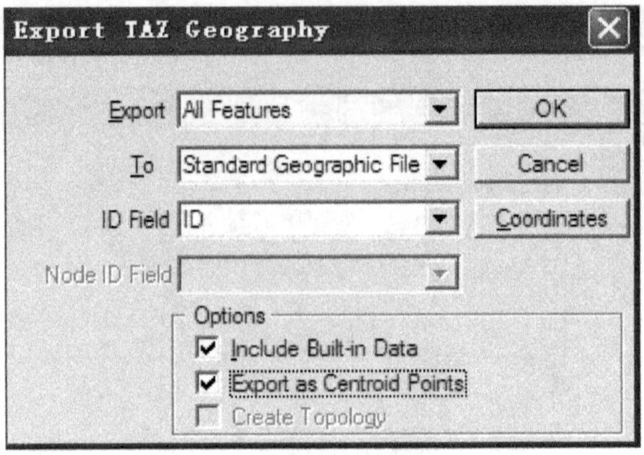

图 7-12　导入小区质心地理文件对话框

2）打开保存的路网地理文件。首先点击“”，然后选择“Add Layer”添加新创建的“CENT”地理文件（即质心文件），如图 7-13 所示对话框。

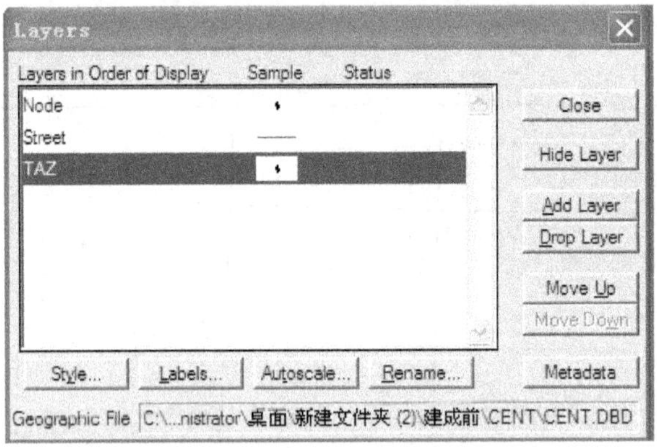

图 7-13　添加质心地理文件对话框

3）点击“Tools”→“Map Editing”→“Connect”，出现图 7-14 所示对话框。在对话框中“Node field”后面选择“index”，在“Fill with”的选项区中选择“IDs from TAZ layer”单选按钮。

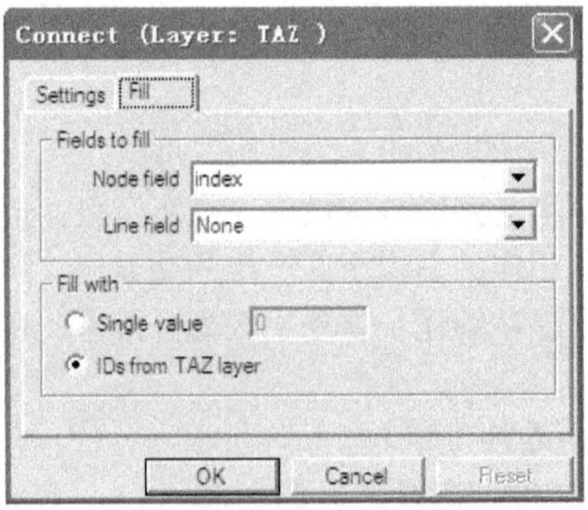

图 7-14　节点连接对话框

4）随后把“street”设置为当前层进行质心连杆的修改。质心连杆的修改与创建路网操作步骤基本相同在此不做详细介绍。修改完后的质心连杆如图 7-15 所示。

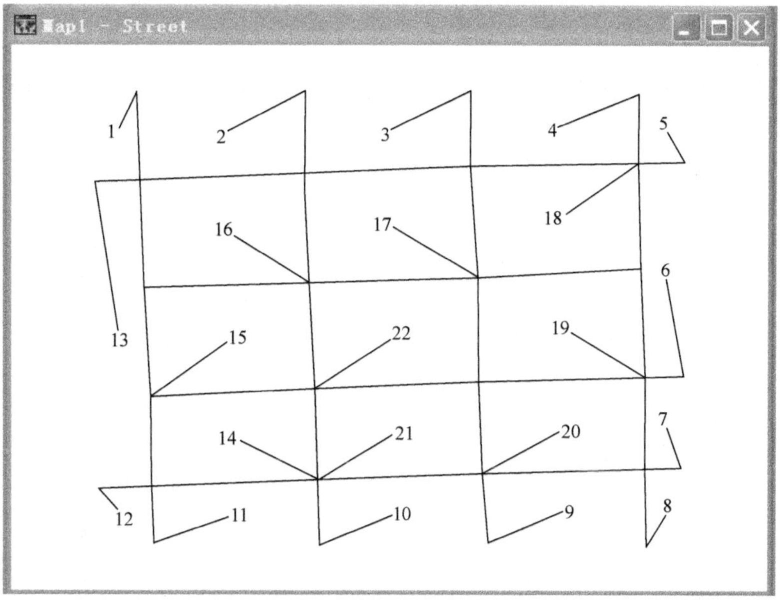

图 7-15 质心连杆完成图

5）同时把新创建的质心连杆的属性进行输入。通行能力输入一个极大值（在本项目中输入 10000），时间输入一个极小值（在本次输入 0.1），行驶速度输入 100。然后点击“Networks/Paths”→“creat”出现如图 7-16 所示对话框。将下面两个框中的字段全部选中，然后点击“OK”，保存网络。此处以“net”的形式保存。

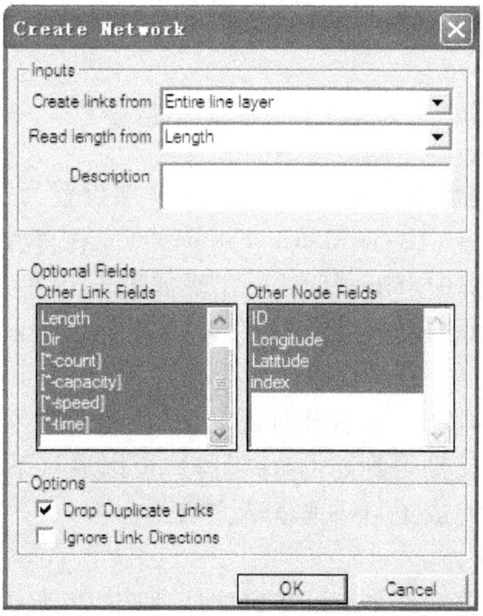

图 7-16 创建网络对话框

4. 进行 OD 反推

当进行交通流量预测时，因为只对项目的影响区域范围进行研究，所以现状 O-D 通过调查手段不容易得到。但区域内道路流量却很容易得到，所以在此通过 O-D 反推得到现状年的 O-D 矩阵。

1）首先打开“TAZ”地理文件，点击菜单“File”→“New”，在出现的对话框中选中“Matrix”，点击“OK”。

2）在“Name”选项框中填入“OD base”在最下面的选项框中填入“All”。点击“OK”，保存在“OD base”文件夹下面。此时出现原始 OD 矩阵。

3）在原始 OD 矩阵中，选中此矩阵所有范围，然后在图形中随便一个地方右击，在弹出的对话框中点击“Fill”。出现“Fill Matrix”：OD base 对话框中的“Fill with a Single Value”下面的“Value”中填入数值“1.00”。然后把其中的主对角线数值改为“0.00”，修改完成后如图 7-17 所示。

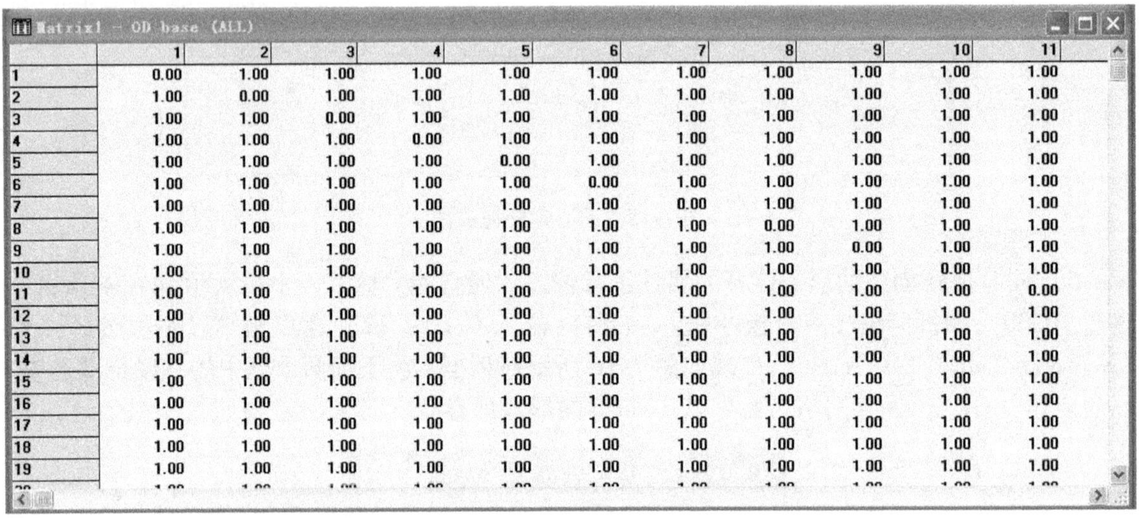
Matrix1 - OD base (ALL)

	1	2	3	4	5	6	7	8	9	10	11
1	0.00	1.00	1.00	1.00	1.00	1.00	1.00	1.00	1.00	1.00	1.00
2	1.00	0.00	1.00	1.00	1.00	1.00	1.00	1.00	1.00	1.00	1.00
3	1.00	1.00	0.00	1.00	1.00	1.00	1.00	1.00	1.00	1.00	1.00
4	1.00	1.00	1.00	0.00	1.00	1.00	1.00	1.00	1.00	1.00	1.00
5	1.00	1.00	1.00	1.00	0.00	1.00	1.00	1.00	1.00	1.00	1.00
6	1.00	1.00	1.00	1.00	1.00	0.00	1.00	1.00	1.00	1.00	1.00
7	1.00	1.00	1.00	1.00	1.00	1.00	0.00	1.00	1.00	1.00	1.00
8	1.00	1.00	1.00	1.00	1.00	1.00	1.00	0.00	1.00	1.00	1.00
9	1.00	1.00	1.00	1.00	1.00	1.00	1.00	1.00	0.00	1.00	1.00
10	1.00	1.00	1.00	1.00	1.00	1.00	1.00	1.00	1.00	0.00	1.00
11	1.00	1.00	1.00	1.00	1.00	1.00	1.00	1.00	1.00	1.00	0.00
12	1.00	1.00	1.00	1.00	1.00	1.00	1.00	1.00	1.00	1.00	1.00
13	1.00	1.00	1.00	1.00	1.00	1.00	1.00	1.00	1.00	1.00	1.00
14	1.00	1.00	1.00	1.00	1.00	1.00	1.00	1.00	1.00	1.00	1.00
15	1.00	1.00	1.00	1.00	1.00	1.00	1.00	1.00	1.00	1.00	1.00
16	1.00	1.00	1.00	1.00	1.00	1.00	1.00	1.00	1.00	1.00	1.00
17	1.00	1.00	1.00	1.00	1.00	1.00	1.00	1.00	1.00	1.00	1.00
18	1.00	1.00	1.00	1.00	1.00	1.00	1.00	1.00	1.00	1.00	1.00
19	1.00	1.00	1.00	1.00	1.00	1.00	1.00	1.00	1.00	1.00	1.00

图 7-17　原始 OD 矩阵

4）此时打开新建的路网地理文件，把“Street”层设置为当前图层，如图 7-18 所示点击菜单栏中的“Planning”→“O-D Matrix Estimation”在弹出的选项框中选择创建好的“net”文件，在出现的对话框中点击“OK”。出现如图 7-19 所示对话框，在“Fields”下边的左侧三项中与图 7-19 所示的相同，同时把“Globals”下边的“Iterations”的数值修改为“100”。

5）点击 OK 后，“TransCAD”会弹出如图 7-20 所示对话框，在该对话框中，列表框中的两行分别为路段流量表和反推得到的 O-D 矩阵，可以通过下方的按钮改变这两个文件的储存路径、名称等，这样就完成了 O-D 矩阵反推工作。

5. 出行生成预测

出行生成预测是研究范围内每个交通小区之间所产生和吸引的出行总量，常用的方法有类型分类法、回归分析法和离散选择法。这里重点介绍基于 TransCAD 的回归分析法操作步骤。

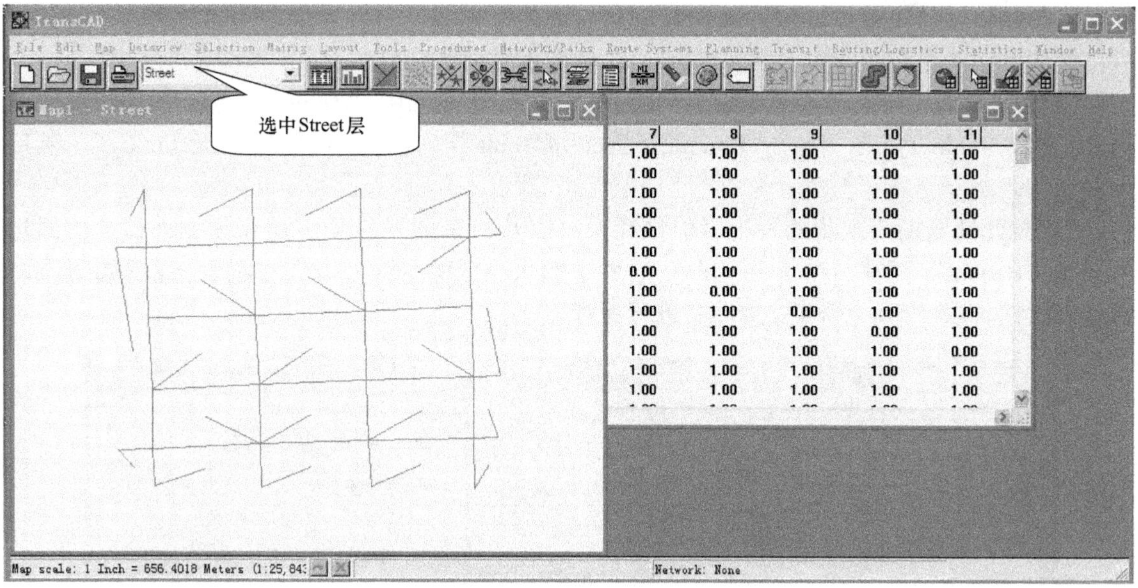

图 7-18　进行 O-D 反推的页面

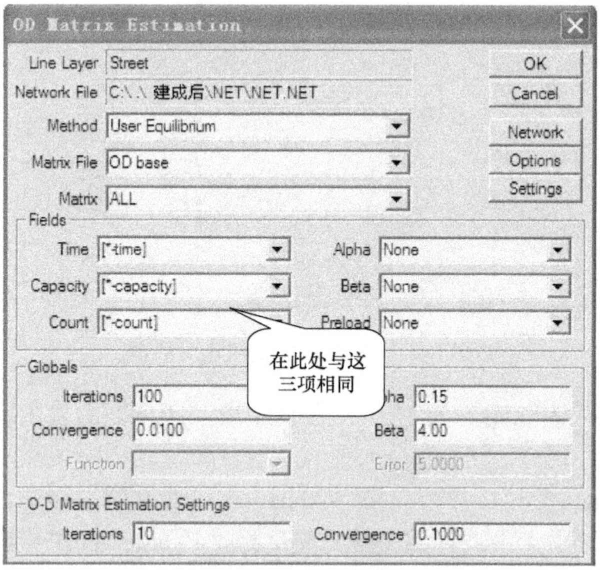

图 7-19　OD 矩阵估计对话框

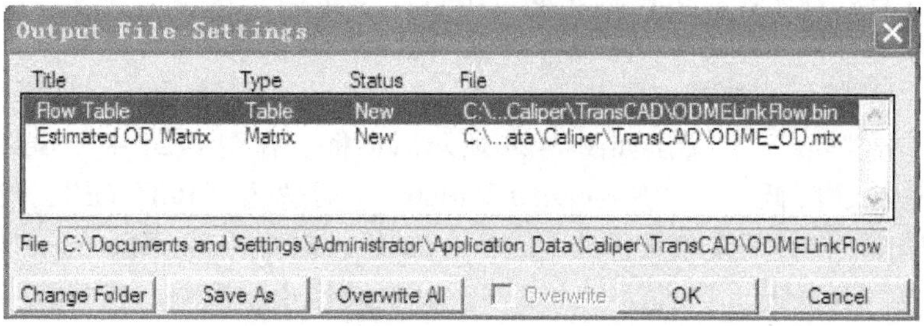

图 7-20　OD 矩阵反推输出对话框

回归分析法首先根据不同的属性数据建立回归方程模型，并对模型的参数进行估计，最后将模型应用于出行发生的预测计算中。具体操作方法如下：

1）点击菜单“File”→“New”，在出现的对话框中选中“Table”，点击“OK”，然后出现“New Table Type”中的“Choose a Type of Table”，选择“Fixed-format binary”，然后点击“OK”。

2）在此处要输入现状的发生吸引量和人口以及将来的发生吸引量和预测人口，同时选中“Add Record”再在“# of Records”后面中输入小区的个数“22”。编辑完成后如图7-21所示对话框，以“Trips Gen”文件名进行保存。

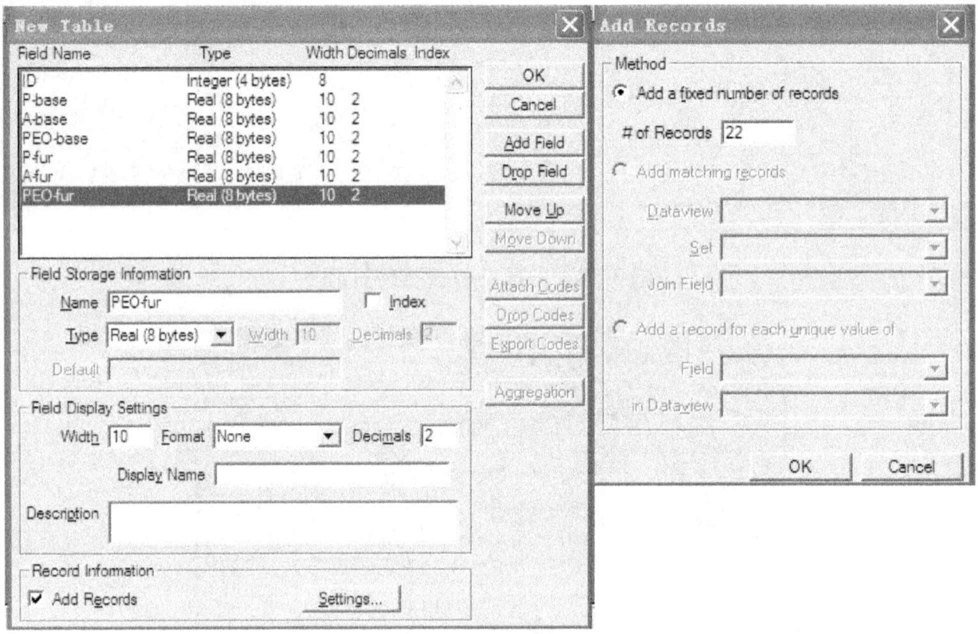

图7-21　发生吸引量创建对话框

3）发生吸引量输入表如图7-22所示，在其中填入所得到的发生吸引量以及现状和将来的人口。

4）然后选择“Statistics”→“Model Estimation”菜单项，会弹出如图7-23所示对话框。在“Dependent”选项卡中选择因变量，先选择“P-base”；在“Independent”选项卡中添加自变量，此处选择“Add”一个字段到自变量中，是“PEO-base”。然后将这个以“Pro. Mod”文件名进行保存。这样就完成了出行产生量回归模型的建立。同样和上一步骤相同将因变量换成“A-base”即可建立出行吸引量回归预测模型。

5）完成上述步骤后，选择“Statistics→Model Evaluation”菜单项，选择“Pro. mod”模型文件，然后点击“Open”，弹出如图7-24所示对话框。在图7-24中“Results in”后选择P-fur在变量列表中，降低一个“Forecasted Variable”后选为“PEO-fur”，然后点击“OK”按钮。同样的方法，将打开模型文件改为“Att. mod”，在弹出的“Forecast”对话框中，如图7-24所示，将“Results in”改为“A-fur”，其他操作步骤同前，这样就完成了未来年的出行发生吸引量预测。

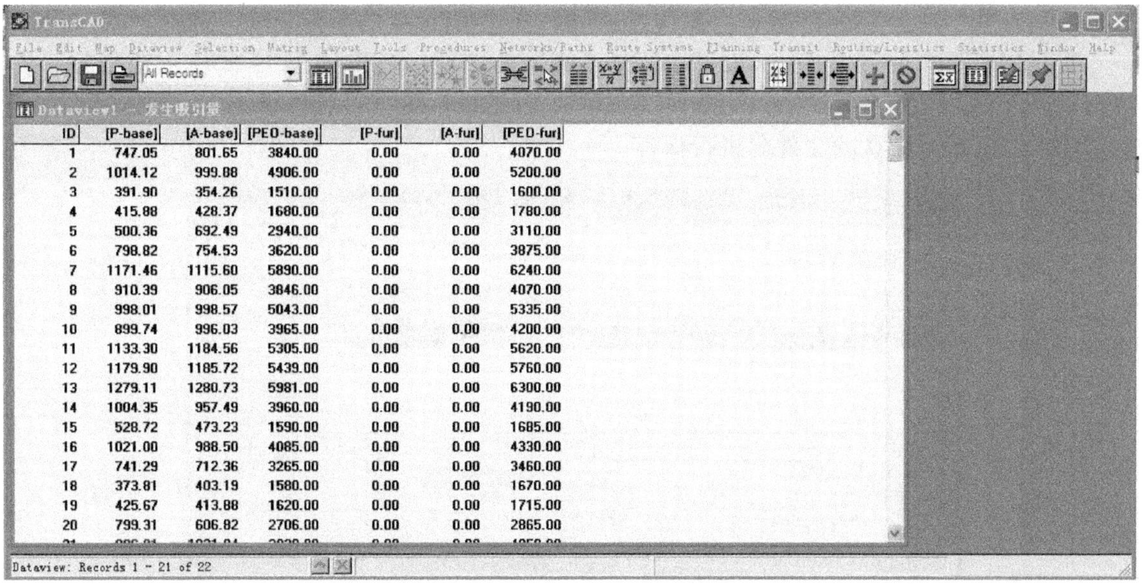

ID	[P-base]	[A-base]	[PEO-base]	[P-fur]	[A-fur]	[PEO-fur]
1	747.05	801.65	3840.00	0.00	0.00	4070.00
2	1014.12	999.88	4906.00	0.00	0.00	5200.00
3	391.90	354.26	1510.00	0.00	0.00	1600.00
4	415.88	428.37	1680.00	0.00	0.00	1780.00
5	500.36	692.49	2940.00	0.00	0.00	3110.00
6	798.82	754.53	3620.00	0.00	0.00	3875.00
7	1171.46	1115.60	5890.00	0.00	0.00	6240.00
8	910.39	906.05	3846.00	0.00	0.00	4070.00
9	998.01	998.57	5043.00	0.00	0.00	5335.00
10	899.74	996.03	3965.00	0.00	0.00	4200.00
11	1133.30	1184.56	5305.00	0.00	0.00	5620.00
12	1179.90	1185.72	5439.00	0.00	0.00	5760.00
13	1279.11	1280.73	5981.00	0.00	0.00	6300.00
14	1004.35	957.49	3960.00	0.00	0.00	4190.00
15	528.72	473.23	1590.00	0.00	0.00	1685.00
16	1021.00	988.50	4085.00	0.00	0.00	4330.00
17	741.29	712.36	3265.00	0.00	0.00	3460.00
18	373.81	403.19	1580.00	0.00	0.00	1670.00
19	425.67	413.88	1620.00	0.00	0.00	1715.00
20	799.31	606.82	2706.00	0.00	0.00	2865.00

图 7-22　发生吸引量输入表

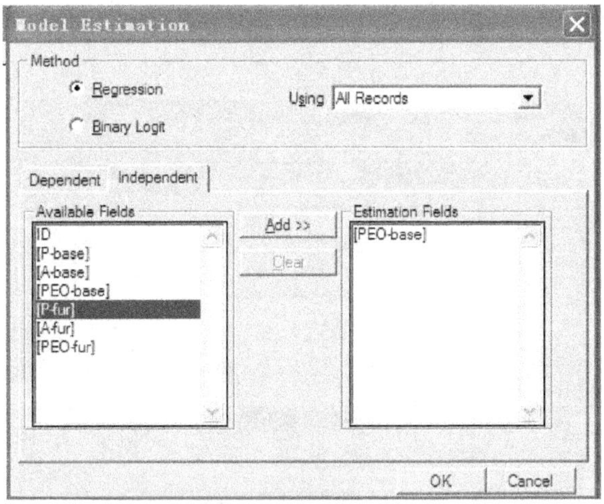

图 7-23　模型参数估计对话框

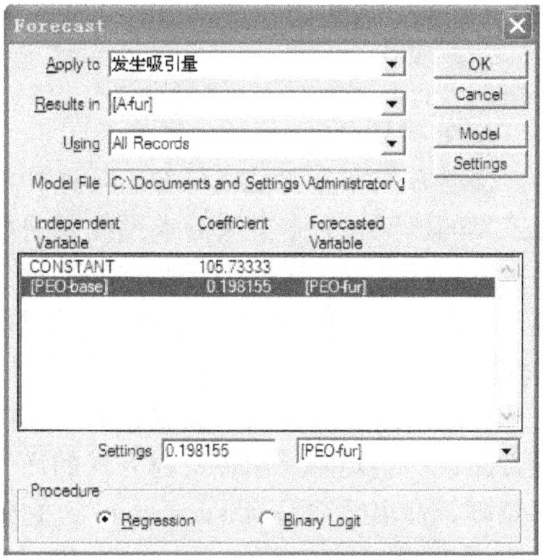

图 7-24　模型预测对话框

6）在完成上述步骤后，要对所有小区的发生吸引量进行平衡，使两者的和相等。此时选择“Planning”→“Balance”菜单项，弹出如图 7-25 所示对话框。在该对话框中，“Vector 1 Field”后选择“P-fur”，在“Vector 2 Field”后选择“A-fur”，然后点击“OK”。以系统默认的文件名进行保存。

6. 出行分布预测

出行分布预测是将计算得到的未来出行发生和吸引的总量分配到不同的小区，以获得小区间的出行量，它反映了小区间的空间流量分布。常用的出行分布预测方法有增长系数法和重力模型法，这里重点介绍增长系数法。

增长系数法，是根据现状的 P-A 矩阵和已经预测到的产吸量计算增长系数，经过多次迭代得到未来年的出行分布矩阵，操作为：同时打开现状年的 OD 矩阵，选择“Planning”→“Trip Distribution”→“Growth Factor Method”菜单项，弹出如图 7-26 所示对话框。在“Production Field”后选择“[[P-fur]]”，在“Attraction Field”后选择“[[A-fur]]”，点击“OK”，以系统默认的文件名进行保存。

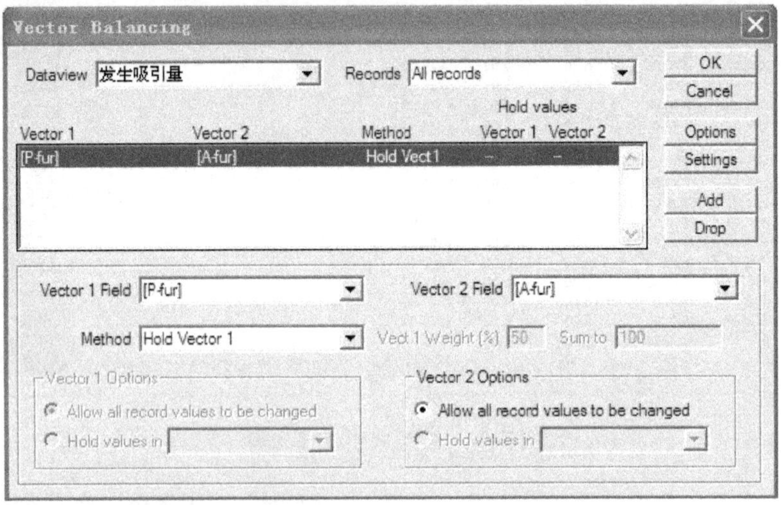

图 7-25　产生、吸引两平衡对话框

7. 方式划分

交通方式划分就是出行者出行选择的交通工具的比例。它是交通需求预测四阶段法的第三阶段。它以居民出行调查的数据为基础，研究人们出行时的交通方式选择行为。本章重点介绍运用 Logit 模型来进行计算。在计算之前需要具备以下数据：两组矩阵数据文件（一组矩阵是两种交通方式的出行费用矩阵，命名为“CostMatrix. mtx”，它包括两个子矩阵，为“CarCost. mtx”和“BusFare. mtx”。一组矩阵是两种交通方式的出行时间矩阵，命名为“TimeMatrix. mtx”，它包括两个子矩阵，为“CarTime. mtx”和“BusTime. mtx”。）同时为估计 Logit 模型的参数，还需要准备一个交通方式离散选择表，命名为“Choice. bin”。

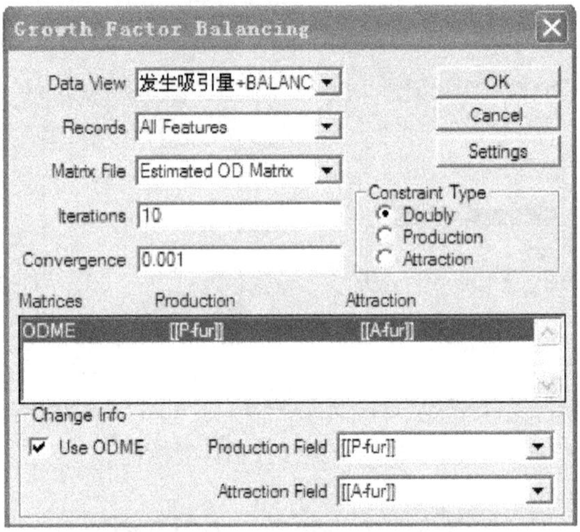

图 7-26　增长系数法运行对话框

（1）建立子矩阵文件

1）执行“File”→“New”命令，在弹出的“New File”对话框中选择“Matrix”，打开“Create Matrix File”对话框，如图 7-27 所示。

2）在“Name”文本框中输入矩阵名称，本案例命名为“CostMatrices”，并在“#Matrices”中输入“2”，以表示要建立 2 个子矩阵，并分别为这两个子矩阵命名。

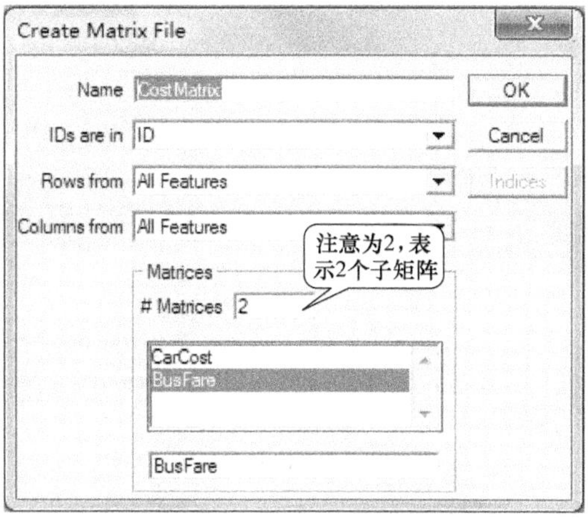

图7-27　创建子矩阵对话框

3）按照同样的方法建立CostMatrix. mtx矩阵文件，并且录入数据，如图7-28所示。

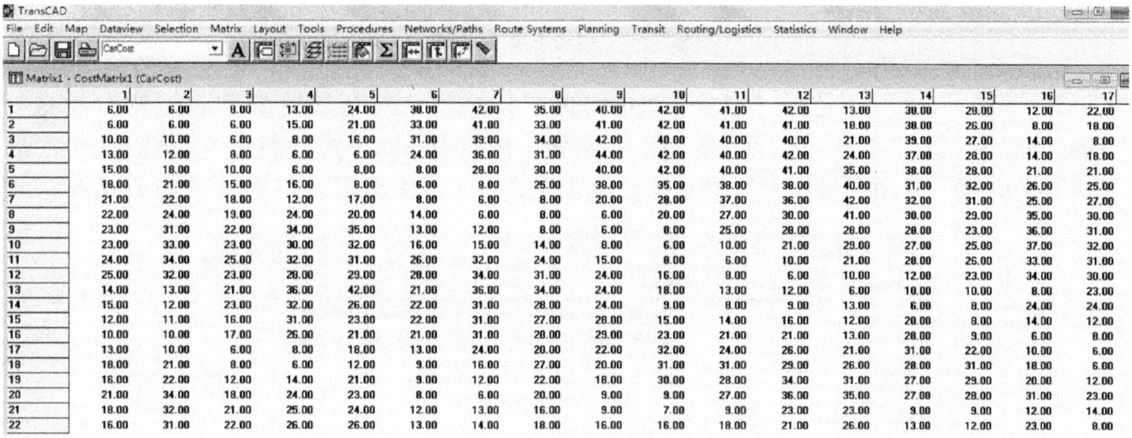

	1	2	3	4	5	6	7	8	9	10	11	12	13	14	15	16	17
1	6.00	6.00	8.00	13.00	24.00	38.00	42.00	35.00	40.00	42.00	41.00	42.00	13.00	38.00	28.00	12.00	22.00
2	6.00	6.00	6.00	15.00	21.00	33.00	41.00	33.00	41.00	42.00	41.00	41.00	18.00	38.00	26.00	8.00	18.00
3	10.00	10.00	6.00	8.00	16.00	31.00	39.00	34.00	42.00	40.00	40.00	40.00	21.00	39.00	27.00	14.00	8.00
4	13.00	12.00	8.00	6.00	6.00	24.00	36.00	31.00	44.00	42.00	40.00	42.00	24.00	37.00	28.00	14.00	18.00
5	15.00	18.00	10.00	6.00	8.00	8.00	28.00	30.00	40.00	42.00	40.00	41.00	35.00	38.00	28.00	21.00	21.00
6	18.00	21.00	15.00	16.00	8.00	6.00	8.00	25.00	38.00	35.00	38.00	38.00	40.00	31.00	32.00	26.00	25.00
7	21.00	22.00	18.00	12.00	17.00	8.00	6.00	8.00	20.00	28.00	37.00	36.00	42.00	32.00	31.00	25.00	27.00
8	22.00	24.00	19.00	24.00	20.00	14.00	6.00	8.00	6.00	20.00	27.00	30.00	41.00	30.00	29.00	35.00	30.00
9	23.00	31.00	22.00	34.00	35.00	13.00	12.00	8.00	6.00	8.00	25.00	28.00	28.00	28.00	23.00	36.00	31.00
10	23.00	33.00	23.00	30.00	32.00	16.00	15.00	14.00	8.00	6.00	10.00	21.00	29.00	27.00	25.00	37.00	32.00
11	24.00	34.00	25.00	32.00	31.00	26.00	32.00	24.00	15.00	8.00	6.00	10.00	21.00	28.00	26.00	33.00	31.00
12	25.00	32.00	23.00	28.00	29.00	28.00	34.00	31.00	24.00	16.00	8.00	6.00	10.00	12.00	23.00	34.00	30.00
13	14.00	13.00	21.00	36.00	42.00	21.00	36.00	34.00	24.00	18.00	13.00	12.00	6.00	10.00	10.00	8.00	23.00
14	15.00	12.00	23.00	32.00	26.00	22.00	31.00	28.00	24.00	9.00	8.00	9.00	13.00	6.00	8.00	24.00	24.00
15	12.00	11.00	16.00	31.00	23.00	22.00	31.00	27.00	28.00	15.00	14.00	16.00	12.00	20.00	8.00	14.00	12.00
16	10.00	10.00	17.00	26.00	21.00	21.00	31.00	28.00	29.00	23.00	21.00	21.00	13.00	28.00	9.00	6.00	8.00
17	13.00	10.00	6.00	8.00	18.00	13.00	24.00	20.00	22.00	32.00	24.00	26.00	21.00	31.00	22.00	10.00	6.00
18	18.00	21.00	8.00	6.00	12.00	9.00	16.00	27.00	20.00	31.00	31.00	29.00	26.00	28.00	31.00	18.00	6.00
19	16.00	22.00	12.00	14.00	21.00	9.00	12.00	22.00	18.00	30.00	28.00	34.00	31.00	27.00	29.00	20.00	12.00
20	21.00	34.00	18.00	24.00	23.00	8.00	6.00	20.00	9.00	9.00	27.00	36.00	35.00	27.00	28.00	31.00	23.00
21	18.00	32.00	21.00	25.00	24.00	12.00	13.00	16.00	9.00	7.00	9.00	23.00	23.00	9.00	9.00	12.00	14.00
22	16.00	31.00	22.00	26.00	26.00	13.00	14.00	18.00	16.00	16.00	18.00	21.00	26.00	13.00	12.00	23.00	8.00

图7-28　创建完成的时间矩阵

（2）创建出行方式表

1）启动TransCAD，打开“CostMatrix. mtx”和“TimeMatrix. mtx”矩阵文件及“TAZ. dbd”小区地理文件。选择“Planning”→“Mode Split”→“Specify a Multinomial Logit Model”菜单项，弹出“Create MNL Model Table”对话框，如图7-29所示。

2）点击“Specify Alternatives”右侧“Add”，添加“Bus”和“Car”两种出行方式；点击“Specify Parameters”右侧“Add”，添加“Cost”和“Time”两个变量，点击“OK”弹出一个对话框保存刚建立的出行方式表文件，将此文件保存为“ModelTab. bin”后，弹出一个对话框，如图7-30所示。

3）在“Number of Alternatives”后选择“2”，在

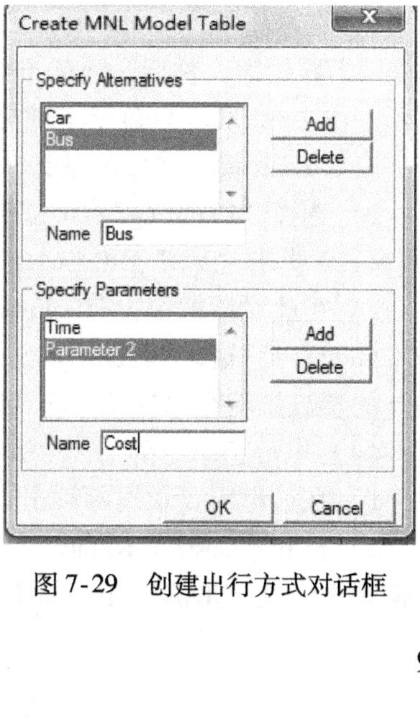

图7-29　创建出行方式对话框

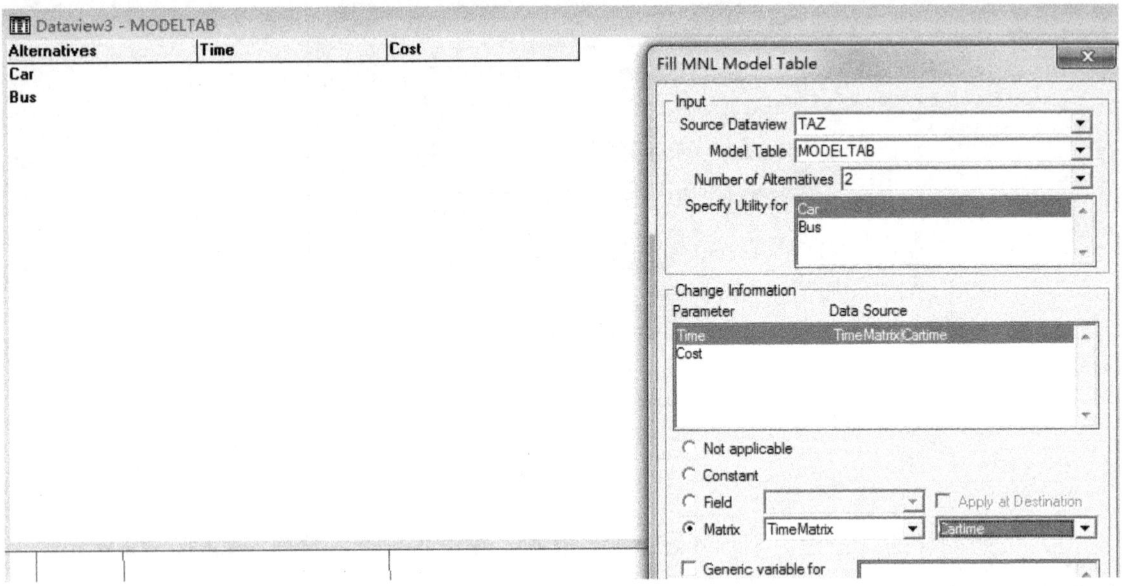

图 7-30　出行方式选择表

“Change Information” 下选择 “Time”，并勾选 “Matrix”，并在其后的列表框中分别选择 “Time Matrix” 和 “Cartime”。点击 “OK” 按钮。按照同样的方式分别为 “Car” 费用变量，“Bus” 的时间、费用变量设置数据来源。设置完成后，会弹出图 7-31 所示出行方式表。

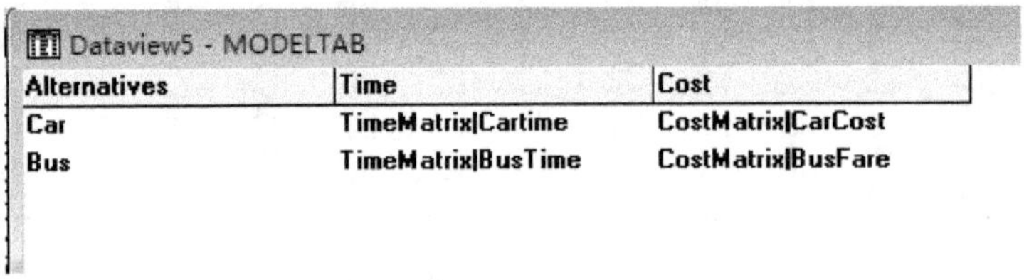
Dataview5 - MODELTAB

Alternatives	Time	Cost
Car	TimeMatrix|Cartime	CostMatrix|CarCost
Bus	TimeMatrix|BusTime	CostMatrix|BusFare

图 7-31　设置完成的出行方式表

4）在准备好 “CostMatrix. mtx” 和 “TimeMatrix. mtx” 矩阵文件及上步建立的 “ModelTab. bin” 数据表文件后，还需准备一个交通方式离散选择表 “Choice. bin”，文件，如图7-32 所示。图 7-32 所示只显示了部分数据，实际出行方式的数据量很大。

（3）Logit 模型参数的估计

1）选择 “Planning” → “Mode Split” → “Multinomial Logit Estimation” 菜单项，此时 TransCAD 弹出 “MNL Estimation” 对话框，如图 7-33 所示。

2）在此对话框中，“ID Field” 后选择 “ID”，“Choice Field” 后选择 “Choice”，“ORIGIN Field” 后选择 “ORIGIN”，“Destination Field” 后选择 “DEST”。然后点击 “OK”，所估计的参数显示在 “ModelTab. bin” 中，如图 7-34 所示。

（4）求分担率矩阵

1）在这里需要求出两种出行方式的在各小区之间的分担率。

2）打开 “CostMatrix. mtx” 和 “TimeMatrix. mtx” 矩阵文件，上步建立的 “ModelTab. bin” 数据表文件及 “TAZ” 小区地理文件。选择 “Planning” → “Mode Split” → “Multinomial

Logit Application”菜单项，弹出“Multinomial Logit Application”对话框，如图7-35所示。

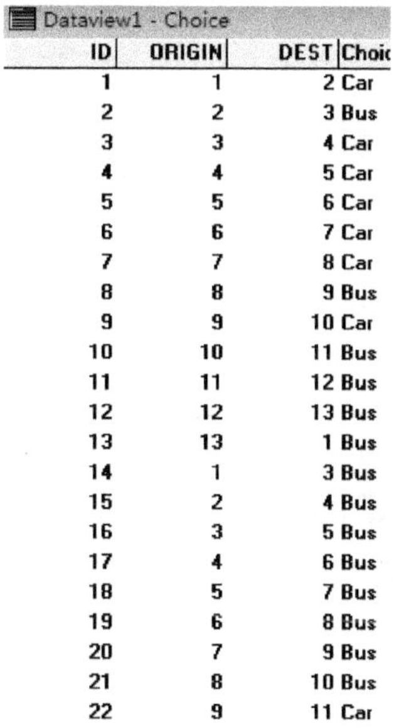
Dataview1 - Choice

ID	ORIGIN	DEST	Choic
1	1	2	Car
2	2	3	Bus
3	3	4	Car
4	4	5	Car
5	5	6	Car
6	6	7	Car
7	7	8	Car
8	8	9	Bus
9	9	10	Car
10	10	11	Bus
11	11	12	Bus
12	12	13	Bus
13	13	1	Bus
14	1	3	Bus
15	2	4	Bus
16	3	5	Bus
17	4	6	Bus
18	5	7	Bus
19	6	8	Bus
20	7	9	Bus
21	8	10	Bus
22	9	11	Car

图 7-32　离散选择表

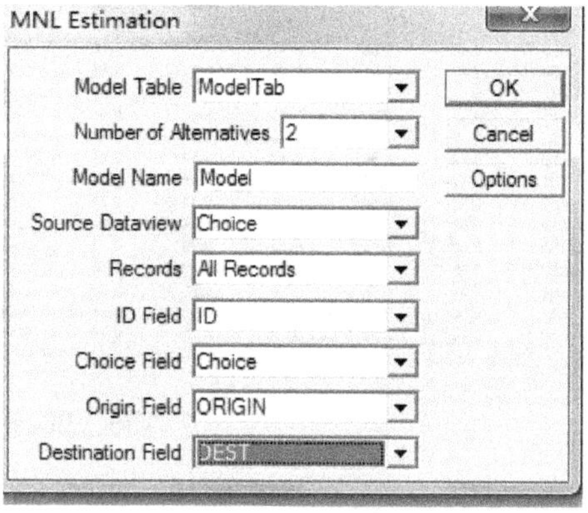

图 7-33　模型估计对话框

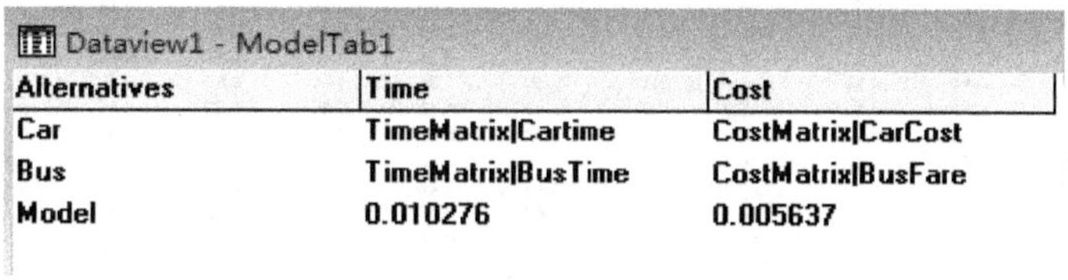
Dataview1 - ModelTab1

Alternatives	Time	Cost
Car	TimeMatrix|Cartime	CostMatrix|CarCost
Bus	TimeMatrix|BusTime	CostMatrix|BusFare
Model	0.010276	0.005637

图 7-34　设置完成的模型估计

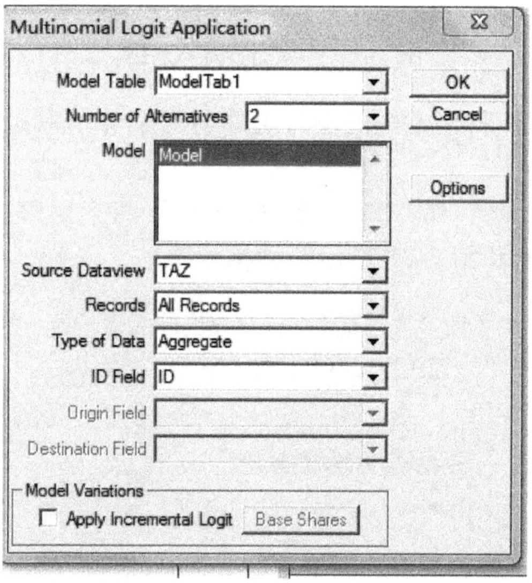

图 7-35　Logit 模型应用对话框

在“ID Field”后选择“ID”，点击“OK”。此时，TransCAD 提示将此矩阵保存为“MNL_EVAL. mtx”文件，这个文件包括“Bus”和“Car”两个子矩阵，如图 7-36 和图 7-37所示分别为两个分担率的子矩阵。

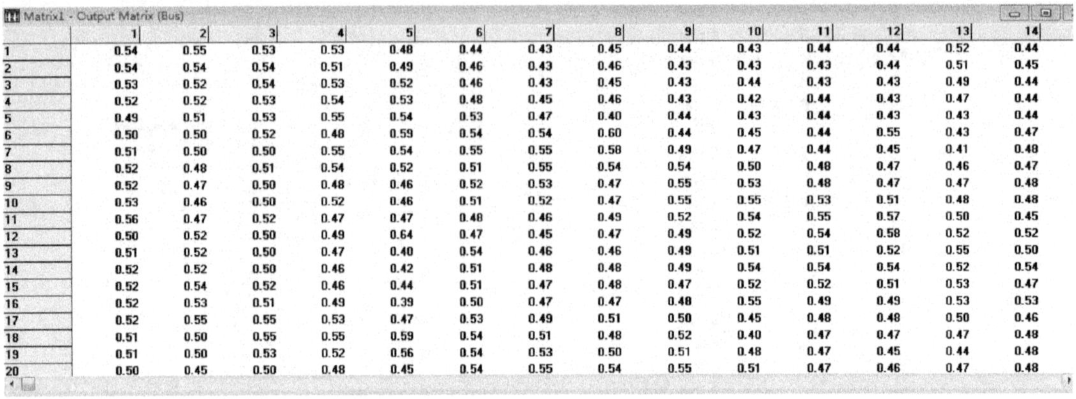
Matrix1 - Output Matrix (Bus)

	1	2	3	4	5	6	7	8	9	10	11	12	13	14
1	0.54	0.55	0.53	0.53	0.48	0.44	0.43	0.45	0.44	0.43	0.44	0.44	0.52	0.44
2	0.54	0.54	0.54	0.51	0.49	0.46	0.43	0.46	0.43	0.43	0.43	0.44	0.51	0.45
3	0.53	0.52	0.54	0.53	0.52	0.46	0.43	0.45	0.43	0.44	0.43	0.43	0.49	0.44
4	0.52	0.52	0.53	0.54	0.53	0.48	0.45	0.46	0.43	0.42	0.44	0.43	0.47	0.44
5	0.49	0.51	0.53	0.55	0.54	0.53	0.47	0.40	0.44	0.43	0.44	0.43	0.43	0.44
6	0.50	0.50	0.52	0.48	0.59	0.54	0.54	0.60	0.44	0.45	0.44	0.55	0.43	0.47
7	0.51	0.50	0.50	0.55	0.54	0.55	0.55	0.58	0.49	0.47	0.44	0.45	0.41	0.48
8	0.52	0.48	0.51	0.54	0.52	0.51	0.55	0.54	0.54	0.50	0.48	0.47	0.46	0.47
9	0.52	0.47	0.50	0.48	0.46	0.52	0.53	0.47	0.55	0.53	0.48	0.47	0.47	0.48
10	0.53	0.46	0.50	0.52	0.46	0.51	0.52	0.47	0.55	0.55	0.53	0.51	0.48	0.48
11	0.56	0.47	0.52	0.47	0.47	0.48	0.46	0.49	0.52	0.54	0.55	0.57	0.50	0.45
12	0.50	0.52	0.50	0.49	0.64	0.47	0.45	0.47	0.49	0.52	0.54	0.58	0.52	0.52
13	0.51	0.52	0.50	0.47	0.40	0.54	0.46	0.46	0.49	0.51	0.51	0.52	0.55	0.50
14	0.52	0.52	0.50	0.46	0.42	0.51	0.48	0.48	0.49	0.54	0.54	0.54	0.52	0.54
15	0.52	0.54	0.52	0.46	0.44	0.51	0.47	0.48	0.47	0.52	0.52	0.51	0.53	0.47
16	0.52	0.53	0.51	0.49	0.39	0.50	0.47	0.47	0.48	0.55	0.49	0.49	0.53	0.53
17	0.52	0.55	0.55	0.53	0.47	0.53	0.49	0.51	0.50	0.45	0.48	0.48	0.50	0.46
18	0.51	0.50	0.55	0.55	0.59	0.54	0.51	0.48	0.52	0.40	0.47	0.47	0.47	0.48
19	0.51	0.50	0.53	0.52	0.56	0.54	0.53	0.50	0.51	0.48	0.47	0.45	0.44	0.48
20	0.50	0.45	0.50	0.48	0.45	0.54	0.55	0.54	0.55	0.51	0.47	0.46	0.47	0.48

图 7-36　Bus 分担率子矩阵

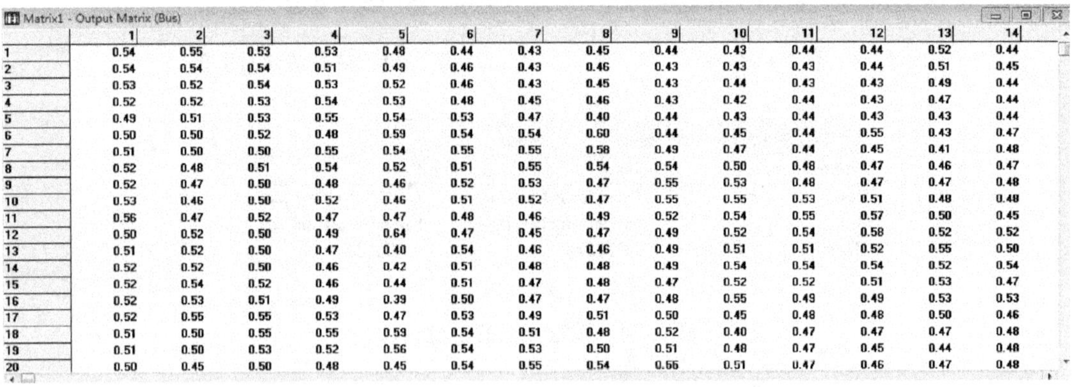
Matrix1 - Output Matrix (Bus)

	1	2	3	4	5	6	7	8	9	10	11	12	13	14
1	0.54	0.55	0.53	0.53	0.48	0.44	0.43	0.45	0.44	0.43	0.44	0.44	0.52	0.44
2	0.54	0.54	0.54	0.51	0.49	0.46	0.43	0.46	0.43	0.43	0.43	0.44	0.51	0.45
3	0.53	0.52	0.54	0.53	0.52	0.46	0.43	0.45	0.43	0.44	0.43	0.43	0.49	0.44
4	0.52	0.52	0.53	0.54	0.53	0.48	0.45	0.46	0.43	0.42	0.44	0.43	0.47	0.44
5	0.49	0.51	0.53	0.55	0.54	0.53	0.47	0.40	0.44	0.43	0.44	0.43	0.43	0.44
6	0.50	0.50	0.52	0.48	0.59	0.54	0.54	0.60	0.44	0.45	0.44	0.55	0.43	0.47
7	0.51	0.50	0.50	0.55	0.54	0.55	0.55	0.58	0.49	0.47	0.44	0.45	0.41	0.48
8	0.52	0.48	0.51	0.54	0.52	0.51	0.55	0.54	0.54	0.50	0.48	0.47	0.46	0.47
9	0.52	0.47	0.50	0.48	0.46	0.52	0.53	0.47	0.55	0.53	0.48	0.47	0.47	0.48
10	0.53	0.46	0.50	0.52	0.46	0.51	0.52	0.47	0.55	0.55	0.53	0.51	0.48	0.48
11	0.56	0.47	0.52	0.47	0.47	0.48	0.46	0.49	0.52	0.54	0.55	0.57	0.50	0.45
12	0.50	0.52	0.50	0.49	0.64	0.47	0.45	0.47	0.49	0.52	0.54	0.58	0.52	0.52
13	0.51	0.52	0.50	0.47	0.40	0.54	0.46	0.46	0.49	0.51	0.51	0.52	0.55	0.50
14	0.52	0.52	0.50	0.46	0.42	0.51	0.48	0.48	0.49	0.54	0.54	0.54	0.52	0.54
15	0.52	0.54	0.52	0.46	0.44	0.51	0.47	0.48	0.47	0.52	0.52	0.51	0.53	0.47
16	0.52	0.53	0.51	0.49	0.39	0.50	0.47	0.47	0.48	0.55	0.49	0.49	0.53	0.53
17	0.52	0.55	0.55	0.53	0.47	0.53	0.49	0.51	0.50	0.45	0.48	0.48	0.50	0.46
18	0.51	0.50	0.55	0.55	0.59	0.54	0.51	0.48	0.52	0.40	0.47	0.47	0.47	0.48
19	0.51	0.50	0.53	0.52	0.56	0.54	0.53	0.50	0.51	0.48	0.47	0.45	0.44	0.48
20	0.50	0.45	0.50	0.48	0.45	0.54	0.55	0.54	0.66	0.51	0.47	0.46	0.47	0.48

图 7-37　Car 分担率子矩阵

3）得出分担率矩阵后，将全方式的出行矩阵与两个分担率矩阵相乘，即可得到两种出行方式的出行分布矩阵。

需要准备“OD_Base. mtx”和“MNL_EVAL. mtx”两个矩阵文件。在“OD_Base. mtx”矩阵上单击鼠标右键，弹出和图 7-38 所示对话框。

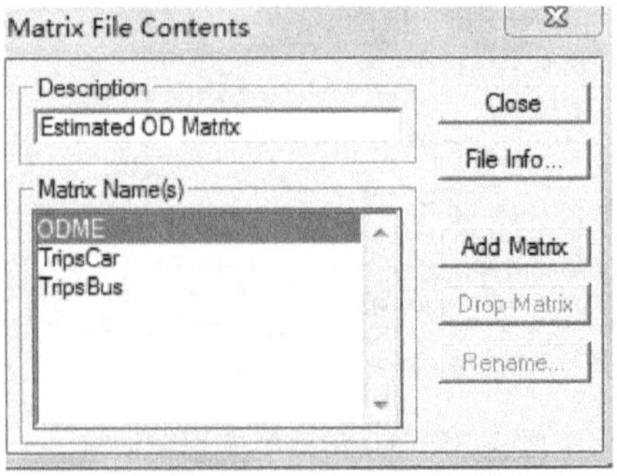

图 7-38　子矩阵设置对话框

在此对话框中点击“Add Matrix”，增加两个子矩阵，分别命为“TripsCar”和“TripsBus”，关闭此对话框。

在工具栏中，选择“TripsCar”。然后再在“OD_Base. mtx”矩阵上单击鼠标右键，选择“Fill”，此时弹出如图 7-39 所示对话框。

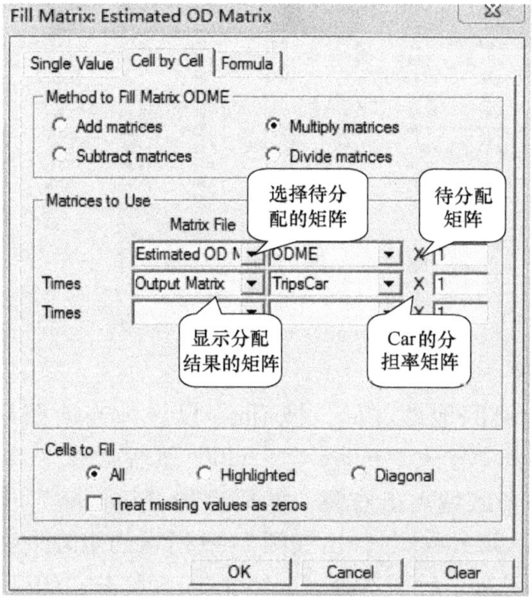

图 7-39　分方式矩阵对话框

在图 7-39 所示对话框中，点击“Cell by Cell”选项卡，勾选“Multiply matrices”，在“Matrix File”中选择“Estimated ODME”，在“Matrix”选择“ODME”。操作完成后，即完成了 Car 的出行分布矩阵，用类似方法可得到 Bus 的出行分布矩阵，结果如图 7-40 和图 7-41 所示。

Matrix1 - Output Matrix (TripsCar)

	1	2	3	4	5	6	7	8	9	10	11	12	13	14
1	0.00	41.07	9.82	6.47	6.99	11.32	52.28	11.17	11.43	8.98	30.27	9.94	9.26	9.46
2	43.49	0.00	2.95	3.28	4.20	8.01	52.48	6.46	7.71	6.48	25.03	6.55	6.79	6.98
3	10.60	3.77	0.00	3.50	4.67	10.77	12.71	15.92	11.16	8.37	11.57	9.52	9.28	8.66
4	7.13	3.67	3.64	0.00	6.07	18.50	8.31	7.09	32.66	14.05	8.18	7.00	15.95	11.83
5	8.97	5.51	5.75	6.20	0.00	75.26	9.42	8.97	17.51	43.11	9.65	8.47	15.38	20.55
6	10.39	8.06	10.64	19.60	79.11	0.00	9.81	8.01	24.88	50.94	10.38	7.88	19.00	25.84
7	43.44	45.41	9.77	5.74	5.68	8.51	0.00	126.97	113.66	7.71	13.86	38.89	12.29	9.88
8	7.67	4.73	6.89	4.05	4.44	7.67	127.14	0.00	63.13	77.40	29.74	4.65	16.57	25.02
9	10.33	7.95	10.84	31.67	14.63	20.91	90.80	53.03	0.00	130.69	39.24	28.07	9.71	24.98
10	8.71	7.65	9.27	13.96	57.27	53.97	8.94	70.68	110.83	0.00	7.14	5.62	23.93	6.37
11	24.80	26.20	10.20	7.41	6.99	9.67	16.13	33.49	36.41	6.96	0.00	177.80	9.24	9.39
12	7.03	4.58	5.96	4.60	3.44	7.69	44.19	4.16	24.84	5.88	207.13	0.00	213.73	6.36
13	9.01	6.74	9.07	14.28	12.15	14.15	12.09	13.42	7.87	23.97	8.86	236.17	0.00	187.64
14	8.03	6.45	8.49	11.94	21.53	25.60	9.50	26.30	25.84	5.98	6.76	4.90	200.21	0.00
15	7.35	5.99	7.61	10.32	14.65	17.71	8.75	17.00	17.22	6.30	6.50	5.10	24.19	8.79
16	29.72	30.46	16.49	10.84	11.92	11.93	33.82	6.02	8.71	6.15	47.70	7.87	8.28	7.33
17	56.84	51.31	25.41	16.85	18.77	21.69	49.10	7.39	12.64	12.41	73.16	8.43	11.78	12.99
18	22.38	20.06	5.45	4.42	9.77	14.58	15.08	4.38	7.57	8.58	13.33	4.59	7.80	8.09
19	14.38	12.87	4.68	13.43	13.87	19.19	9.18	3.64	10.87	9.69	7.82	4.05	17.74	12.12
20	10.12	9.80	10.23	13.52	21.71	23.08	7.32	3.35	7.69	10.90	6.71	4.29	10.06	23.67

图 7-40　Car 的出行分布矩阵

8. 交通分配

交通分配是将预测得到的未来年的 OD 矩阵分配到路网中，并得到路网交通流量。具体

Matrix1 - Output Matrix (TripsBus)

	1	2	3	4	5	6	7	8	9	10	11	12	13	14
1	0.00	49.81	11.25	7.21	6.45	8.99	39.81	9.15	8.92	6.71	23.52	7.66	9.97	7.35
2	51.18	0.00	3.51	3.39	4.03	6.81	39.71	5.46	5.72	4.88	19.20	5.06	7.05	5.78
3	11.88	4.03	0.00	4.00	4.99	9.28	9.67	12.97	8.50	6.48	8.90	7.28	8.87	6.86
4	7.79	3.98	4.07	0.00	6.98	17.35	6.72	5.94	24.17	10.24	6.52	5.23	14.31	9.39
5	8.72	5.68	6.44	7.43	0.00	86.18	8.52	6.07	13.74	32.31	7.58	6.44	11.73	16.21
6	10.52	8.15	11.49	18.01	114.83	0.00	11.49	11.83	19.38	41.81	8.31	9.70	14.24	22.58
7	44.75	44.58	9.92	6.97	6.80	10.39	0.00	173.44	111.07	6.88	10.84	31.72	8.49	9.28
8	8.26	4.43	7.05	4.75	4.89	8.03	153.10	0.00	74.20	77.98	27.43	4.19	14.04	21.91
9	11.21	7.16	10.79	28.90	12.53	22.89	101.74	47.83	0.00	149.65	36.27	25.21	8.46	22.73
10	9.66	6.44	9.32	15.07	48.62	56.85	9.77	62.14	132.91	0.00	7.96	5.93	21.79	5.77
11	32.16	23.19	11.06	6.59	6.21	8.86	13.82	31.83	38.79	8.17	0.00	232.87	9.19	7.77
12	7.03	4.92	5.93	4.44	5.99	6.72	36.34	3.71	23.96	6.29	242.78	0.00	227.43	6.83
13	9.51	7.39	9.22	12.86	8.10	16.39	10.17	11.61	7.48	25.07	9.05	253.11	0.00	190.66
14	8.62	7.02	8.47	10.16	15.34	26.68	8.71	24.12	24.60	7.16	7.90	5.68	221.21	0.00
15	7.97	6.97	8.36	8.87	11.67	18.46	7.88	15.80	15.13	6.86	7.05	5.39	26.85	7.93
16	32.80	33.94	17.27	10.22	7.68	12.04	29.78	5.40	7.92	7.40	45.90	7.68	9.30	8.42
17	61.85	61.56	30.93	19.30	16.57	24.07	46.37	7.58	12.52	9.97	68.83	7.78	11.70	11.09
18	22.92	19.79	6.57	5.29	14.15	17.09	15.51	4.11	8.26	5.78	12.03	4.10	7.06	7.49
19	15.23	12.70	5.38	14.60	17.74	22.19	10.42	3.66	11.38	8.92	7.07	3.36	14.12	11.38
20	10.24	7.86	10.22	12.45	17.48	27.05	8.82	3.92	9.31	11.49	5.87	3.65	8.89	22.21

图 7-41　Bus 的出行分布矩阵

操作如下：

（1）OD 矩阵索引转换

打开将来 OD 矩阵和路网地理文件，把 Node 设置为当前图层。点击“Selection”→“Select By Condition”，在其中输入“index < >null”然后点击“OK”。再把将来 OD 矩阵设置为当前图层，在其中一个区域点击右键，然后点击“indices”，出现如图 7-42 所示对话框。在该对话框中点击“Add Index”弹出如图 7-43 所示的矩阵索引设置对话框，在“File”后面选择“index”，“selection”后面选择“selection”。点击“OK”。然后回到图 7-42 在其中“Rows&Columns”后均选择“New”，然后点击“Close”，这样就完成了矩阵索引的转换。

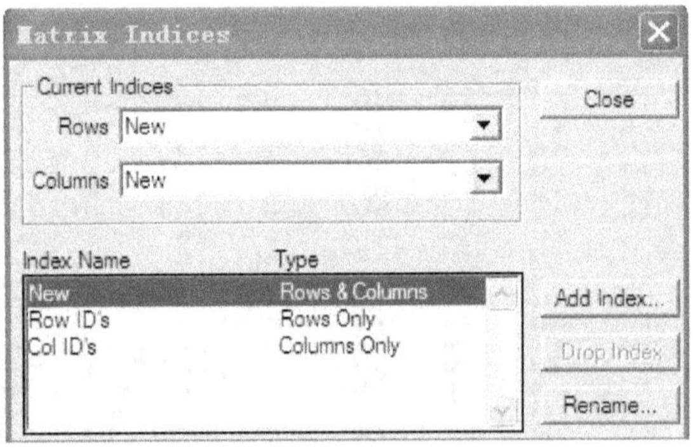

图 7-42　矩阵索引对话框

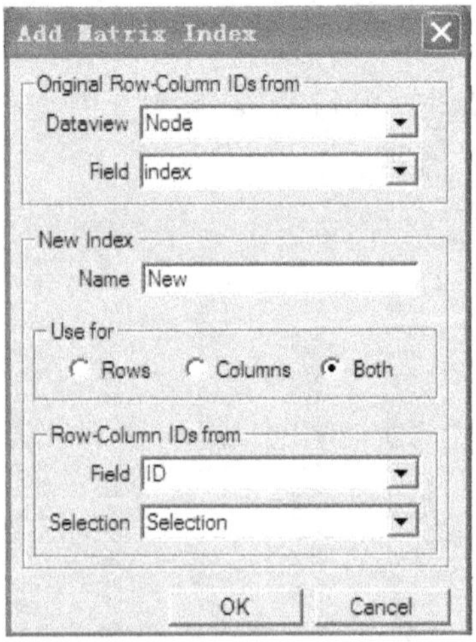

图 7-43　添加矩阵索引对话框

（2）进行交通分配

1）此时把“Street”设置为当前图层，点击“Planning”→“Traffic Assignment”，打开以前创建好的网络地理文件（net 文件），出现如图 7-44 所示对话框，点击“OK”。

2）此时出现如图 7-45 所示对话框。在“globals”下面的“iterations”后面的数值修改为“100”。“Fields”左边的和图中的两项相同。点击最右边的“Options”出现如图 7-46 所示对话框，在该对话框中勾选“Creat Themes”，然后点击“OK”。软件会自动生成路段流量分配图，如图 7-47 所示（见书后彩色插页），这样就完成了路网之间的流量分配。

图 7-44　添加 net 地理文件后的对话框

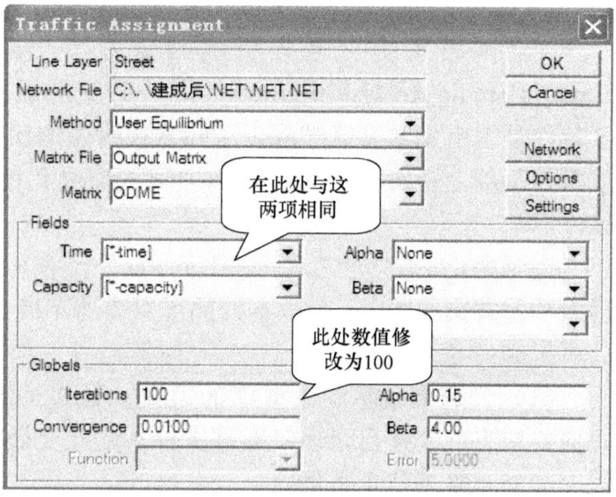

图 7-45　交通分配对话框

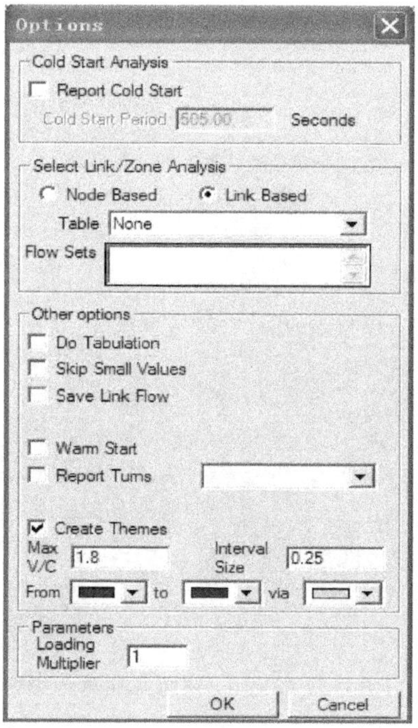

图 7-46　地图创建对话框

因为是对某个新建小区的交通影响评价，在此需要同时知道未来年无建设项目和有建设项目时的交通分配流量和饱和度等各种数据，只要在出行分布预测这一步骤中把要第 17 小区的未来年人口修改为建成后的人口数即可，其他步骤与文中相同，在此不再把详细步骤列出。

7.2 基于 TranStar 的交通预测与分析

7.2.1 TranStar 概况

交通网络系统交通分析基础软件“交运之星——TranStar”（Transportation Network System's Traffic Analysis Software）是进行交通运输网络系统规划、建设及管理的系统软件。该软件是东南大学交通学院以王炜教授为主的研究者在交通运输领域内逾 20 年的科学研究成果的基础上开发而成的，是国内唯一商品化的同类软件，也是用户最多的国产交通分析软件。

迄今为止，“交运之星——TranStar”已有 4 个版本：公路交通版、城市交通版、交通管理版和公共交通版。4 个版本的侧重点有所不同，但软件结构是基本相同的，均由以下 4 部分所组成：

（1）交通网络基础数据库的建立　通过 GIS 网络编辑平台或者直接输入节点类型表、几何要素表、邻接目录表等数据文件，建立交通网络结构，若有必要则建立公共交通信息数据库和交通管理信息数据库。

（2）交通需求分析及预测　提供了双约束重力模型、Fratar 模型等交通分布预测模型，OD 矩阵合并和 OD 矩阵图形分析等工具。

（3）网络交通分析与评价　提供了最短路、容量限制、多路径、多路径容量限制等交通分配模型，网络运行状况集成分析、交叉口流向分析、网络交通运行指标统计分析等工具。

（4）交通网络信息图形分析　提供基于 GIS 的图形输出系统，对交通信息图形的加工和利用更为简单方便：以色彩、符号等形式，屏幕显示有关交通网络结构、交通流量信息、交通质量信息和交通管理信息等图形；另外，通过 DXF 文件为 AutoCAD 留有接口。如图7-48所示为 TranStar 交通管理版的界面图。

图 7-48　TranStar 交通管理版界面图

7.2.2　基于 TranStar 的交通预测操作步骤

1. 案例情况

如图 7-49 所示网络，A、B、C 分别为 3 个交通小区的形心节点。所有路段为双向 4 车道，交通管理方式自定，假设只有小汽车出行方式。表 7-1 列出了交通现状分布情况，表 7-2给出了个规划年各小区的交通生成量和吸引量预测值。

表 7-1　交通现状分布表　　（单位：veh/h）

O \ D	*A*	*B*	*C*
A	1200	800	700
B	800	1100	650
C	700	650	1000

表 7-2　规划年各小区的交通生成量和吸引量预测值　　（单位：veh/h）

交 通 小 区	生　成　量	吸　引　量
A	4000	4200
B	3800	3500
C	3500	3000

对于该网络，要求如下：

1）利用 TansStar 与 MAPInfor 接口软件通过可视化方式创建网络结果。

2）利用 TansStar 软件进行所建网络的交通分析。

3）将网络中的路段 *EF* 设置为单向通行（通行方向为 *E* 到 *F*），重新进行交通分配分析。

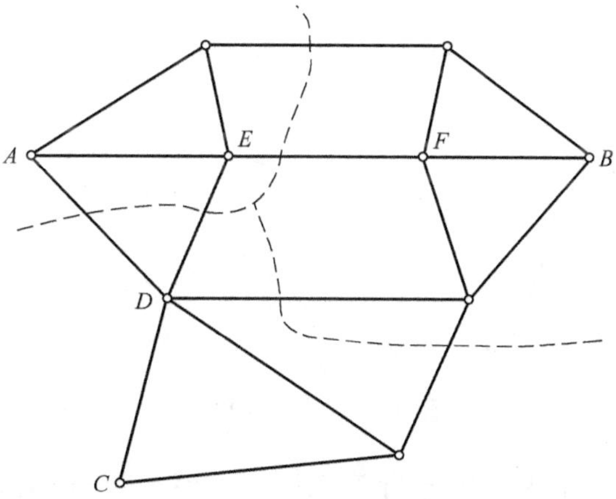

图 7-49　案例分析网络

2. 初始分析结果

1）利用 TranStar 提供 TranGIS 接口软件，创建分析路网并导出相应的 TranStar 数据。

① 打开“TranGIS. MBX”，在“项目管理”下新建文件，选择“城市交通版”，连续点击“下一步”，完成设置节点样式、路段样式、地图选项和路径选择设置，点击[…]，为4个文件选择相同的保存路径。

② 点击“完成”，进入路网编辑，点击工具栏上的新建节点命令“[ ]”，新建路段命令“[ ]”，新建小区命令“[ ]”，编辑所需要的路网直至结束。

③ 将路网数据导入TranStar数据，最后得出如图7-50所示小区路网图。

2）运用TansStar软件，进行交通阻抗分析，并基于现状交通分布及道路网络，进行双约束重力模型标定。

① 运行TansStar软件。确认数据库路径，设置为上一步骤数据导出的文件夹，检查确认路网建立成功。

② 交通区间交通阻抗分析。“交通需求分析”→“交通分析预测”→“交通区间交通阻抗分析”。

③ 设置双约束重力模型标定参数，选择误差最小对应的参数值最后得出模型标定参数为0.15。“交通需求分析”→“交通分析预测”→“双约束重力模型标定”。

3）运用双约束重力模型进行交通分布预测分析。

① 进行双约束重力模型进行交通分布预测参数设置。“交通需求分析”→“交通分析预测”→“双约束重力模型交通分布预测”。

② 确认节点、路段统计范围表。“数据库建立”→“节点统计范围确认表”→“全部进入”；“数据库建立”→“路段统计范围确认表”→“全部进入”。

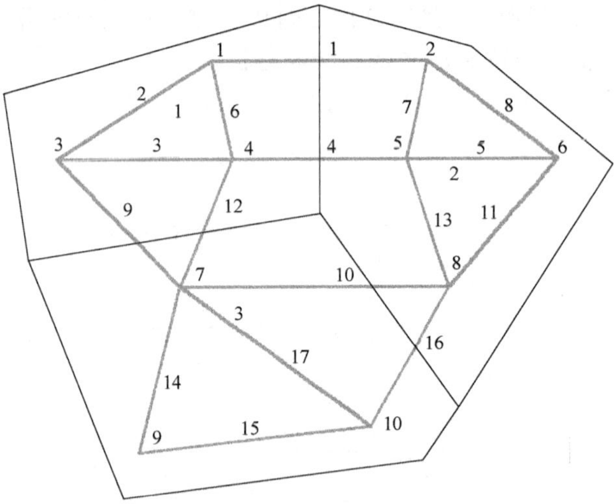

图7-50　小区路网图

③ 在网络交通分配下拉菜单中进行参数确认，然后进行相关分析，具体见图7-51。“网络交通分配”→“参数确认”；“网络交通分配”→“系统软件单个运行”→“道路交通网络基础信息分析”；“交通网络分配”→“系统软件单个运行”→“交通管理信息分析”。

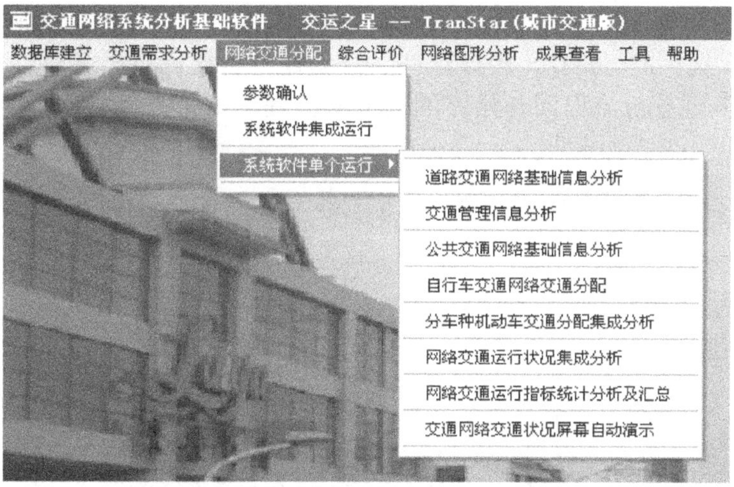

图 7-51 网络交通分配菜单界面示意图

分布预测结果如表 7-3 所示。

表 7-3 规划年交通分布预测表 （单位：veh/h）

D / O	*A*	*B*	*C*
A	1898	1049	947
B	1224	1589	886
C	1196	960	1252

④ 将小汽车、公交车、摩托车、出租车、货车的出行 OD 分别置为零矩阵，分布预测 OD 矩阵置为小汽车的出行 OD 矩阵。

⑤ 运用 TranStar 软件交通分配模型进行分析，路网各路段初始方案路段交通流量和交通负荷分布图如图 7-52 和图 7-53 所示。

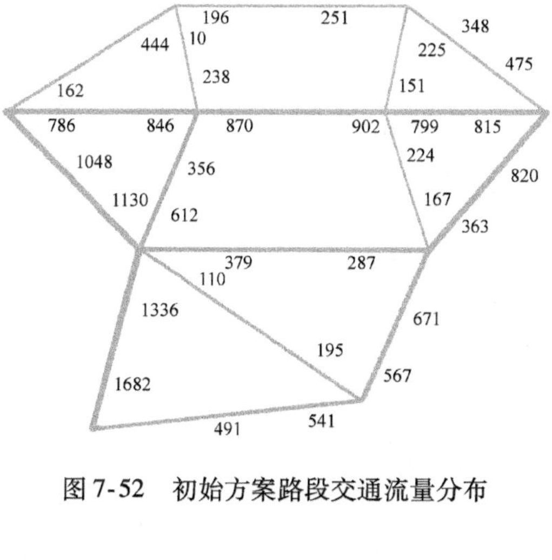

图 7-52 初始方案路段交通流量分布

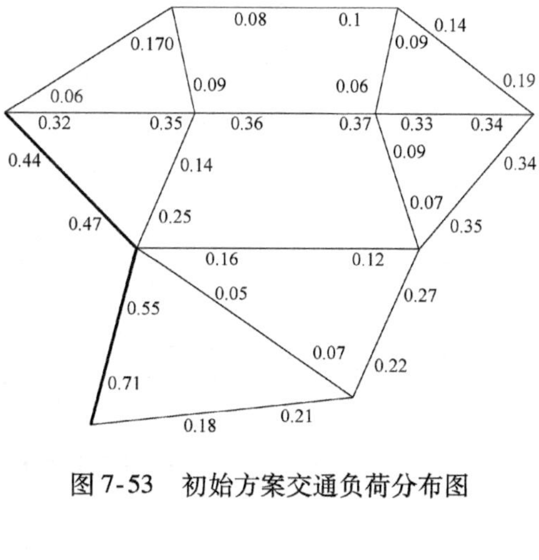

图 7-53 初始方案交通负荷分布图

3. 调整后分析结果

利用 TranStar 提供的 TranGIS 接口软件，对创建分析路网进行调整，将 EF 段修改为单向通行道路。其他分析流程同初始路网的分析流程。道路类型管理信息示意如图 7-54 所示。

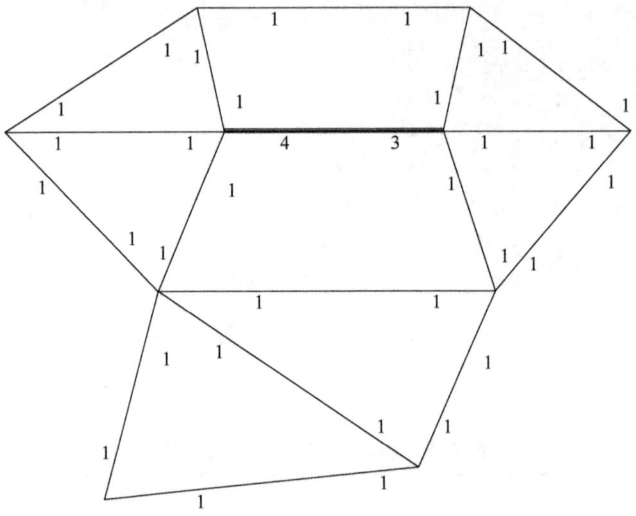

图 7-54　道路类型管理信息示意图

调整后路网的各路段交通流量及服务水平分布图如图 7-55 和图 7-56 所示。

根据修改前后交通分配结果的比较分析，可以看出：道路交通网络中增加或修改任一局部路段都将会影响整体道路交通网络的客流分配。

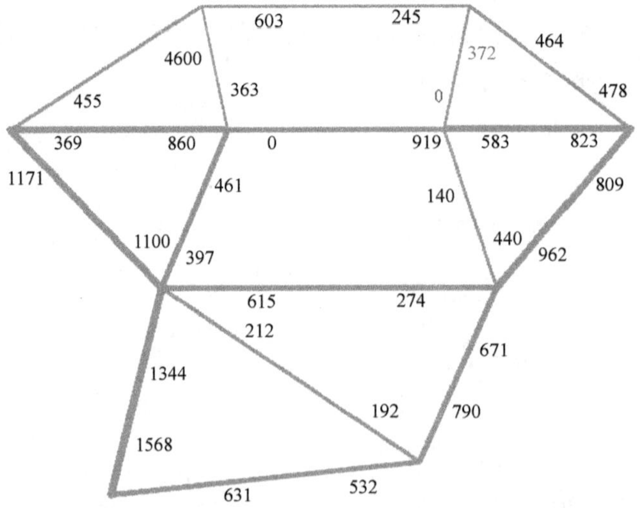

图 7-55　调整后路段流量分布图

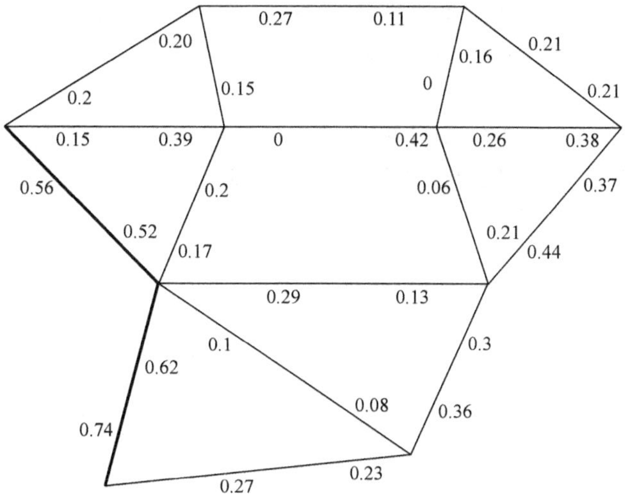

图 7-56　调整后路段交通负荷分布图

7.3　基于 VISSIM 的交通仿真

7.3.1　VISSIM 概况

VISSIM 是由德国 PTV 公司开发的微观交通仿真系统，用以建模和分析各种交通条件下（车道设置、交通构成、交通信号、公交站点等）城市交通和公共交通的运行状况，是评价交通工程设计方案的有效工具。该系统是一个离散的、随机的、以 0.1s 为时间步长的微观仿真系统，车辆的纵向运动采用了心理-生理跟车模型，横向运动（车道变换）采用了基于规则的算法，不同驾驶员行为的模拟分为保守型和冒险型。

VISSIM 由交通仿真器和信号状态产生器两部分组成，它们之间通过接口交换检测器数据和信号状态信息。VISSIM 既可以在线生成可视化的交通运行状况，也可以连线输出各种统计数据，如行程时间、排队长度等。交通仿真器是一个微观交通仿真模型，它包括跟车模型和车道变换模型。信号状态产生器是一个信号控制软件，基于一个微小时间间隔（0.1s）从交通仿真器中提取检测器数据，用以确定下一方针时间的信号状态。同时，将信号状态信息回传给交通仿真器。

VISSIM 主要有如下交通分析功能：

1）固定式信号灯配时方法的开发、评价及优化，协调和感应信号控制的评价和优化（Signal97 接口），公交优先信号控制逻辑的设计、评价和调整。

2）能对各种类型的信号控制进行模拟，例如定时控制方法、车辆感应信号控制方法、SCATS 和 SCOOT 控制系统中的信号控制等。交通信号配时策略还可以通过外部信号状态发生器（VAP）来进行模拟，VAP 允许用户设计自己定义的信号控制方法。

3）可分析慢速交通交织区域和合流情况。

4）可对各种设计方案进行对比分析，包括信号灯控制以及停车控制交叉口、环形交叉口以及立交等。

5）可用来评价公共交通优化处理的各种方案，如港湾停靠站和公交专用车道；分析公共交通系统的复杂站台设施的通行能力和运行情况；轻轨和公共汽车系统的综合站点布局的容量评价和管理评价。

6）可运用内置的动态分配模型分析和评价有关路径选择的问题。例如，各种信息牌对交通带来的影响、交通流分向路网邻近区域的可能性。

7）城市轨道交通建设项目的可行性及其影响评价。

7.3.2 基于 VISSIM 的交通仿真操作步骤

1. 新建文件与导入底图

底图导入是本节的首要内容，即需要较精确仿真一个路网时，先导入一个图片，再依照该图片进行设置。以下进行加载底图、调整比例、保存工程文件及底图配置文件等操作。

（1）新建文件

1）建立“D:\ VISSIM4. 3 \ 01”文件夹。

2）将需要导入的底图文件“01. bmp”拷贝到（1）中新建的“01”文件夹内。

提示：因为在每次打开 VISSIM 工程文件时，都需要再次导入底图，若不将底图与 VISSIM 工程文件保存在同一目录下，工程文件移动到其他位置后可能会无法加载底图。

3）直接从桌面图标打开，选择 VISSIM. exe 打开交通仿真系统。

（2）加载地图

1）在上方工具栏中选择“View”→“Background”→“Edit”，如图 7-57 所示。

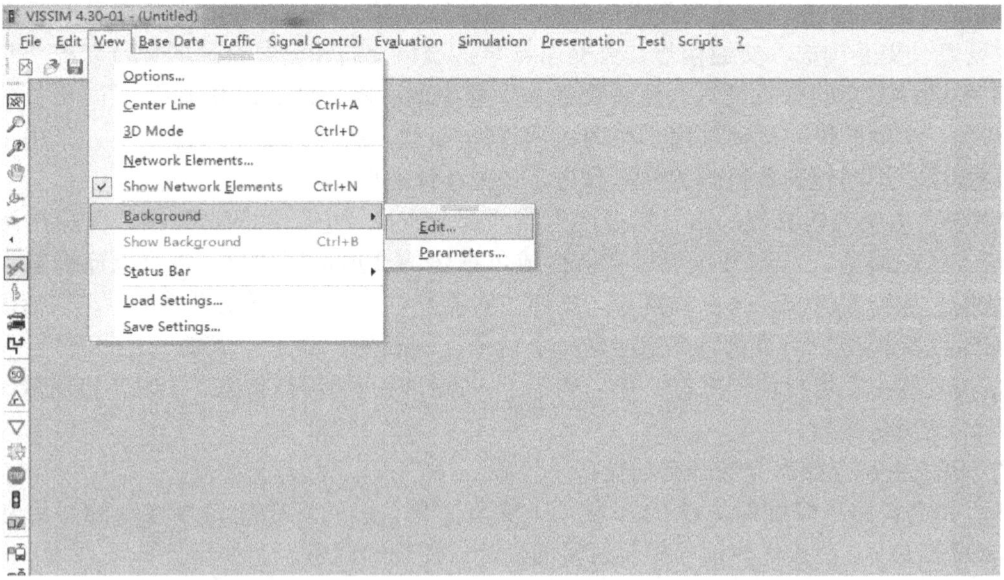

图 7-57 导入底图

提示：建立一个精确的十字信号交叉口 VISSIM 模型的必要条件是，至少有一张具有比例尺的、反映显示路网的背景图片。

2）读取底图文件。点击弹出“Edit”后，出现“Background Selection”对话框如图 7-58所示，然后点击“Load”依次选择“D:\ VISSIM4. 3 \ 01”路径下的目标底图文件

“01. bmp”。

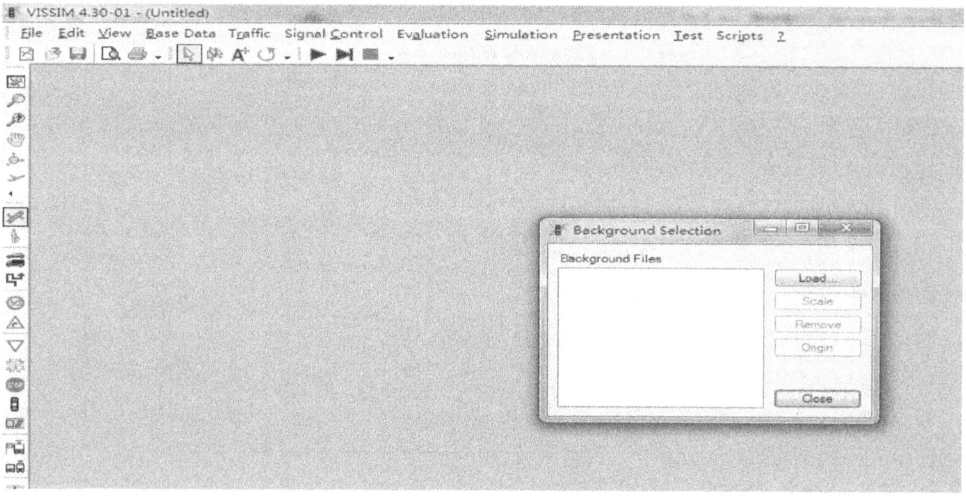

图 7-58 读取底图文件

3）此时图片文件“01. bmp”在列表框中可以查看到，如图 7-59 所示，选中图片，点击对话框中的“Load”按钮，再点击“Close”完成底图的加载。

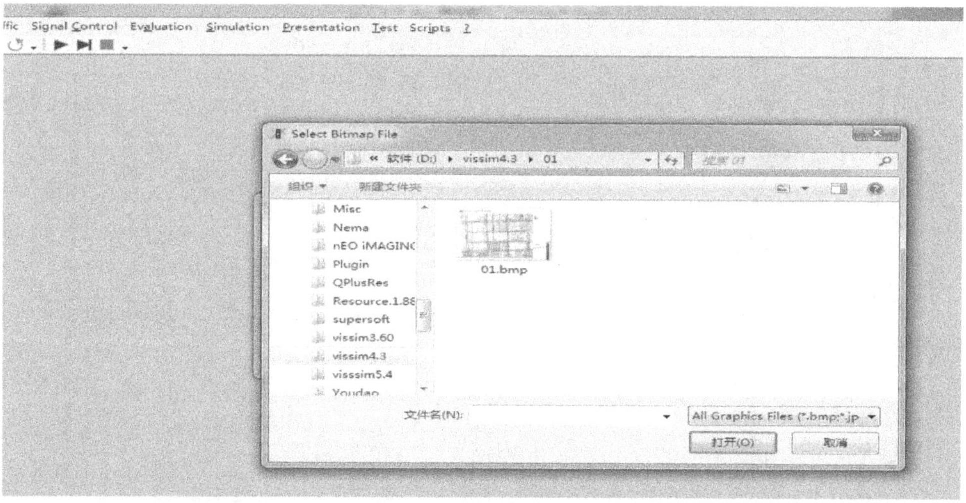

图 7-59 底图导入完成

提示：由于导入图片的比例未设置，导入的底图会位于视图区的左下角处，在左侧工具栏中单击“Show entire network”按钮，将底图布满视图区，如图 7-60 所示。

（3）调整底图比例

1）调出比例尺。再次打开“Background Selection”对话框（上侧工具栏中选择“View”→“Background”→“Edit”），点击“Scale”按钮后，此时，鼠标指针变成一把尺，尺的左上角为热点。

提示：VISSIM 中所谓的“热点”，指的是以该点作为设定比例尺的起点位置。

2）调整比例。在长江大道机动车道的左侧为“起点”，按住鼠标左键不放，平行拖拽

图 7-60 显示整幅底图

至右侧“终点”，松开鼠标，将弹出比例对话框，输入鼠标移动距离的实际尺寸，本底图的实际距离为 8 车道（单向 4 车道），每车道宽 3.5m，所以填入“28”，然后在比例对话框中点击“OK”，如图 7-61 所示，完成底图的比例设置。

图 7-61 标定底图

提示：为了保证标定的精确性，所以将底图放大，在选择标定距离时可尽量选择较大的距离，尽量选择特征明显的起终点，以便减少标定过程中产生的误差。滑动鼠标滚轮将底图放大，可按住滚轮中键不放，移动鼠标调整底图位置。

（4）保存工程文件及底图配置文件

1）保存工程文件。在上侧菜单栏中选择“File”→“Save”，将新建的 VISSIM 工程文件保存在“D：\ VISSIM4.3 \ 01”的文件下，工程文件命名“01”点击“Save”完成 VISSIM工程文件的保存。

2）保存底图配置文件。在上侧工具栏依次选择“View”→“Background”→“Parameters”→“Save”，点击“Save”按钮，保存背景图片的当前比例和原始信息，如图 7-62 所示，完成底图配置文件保存。

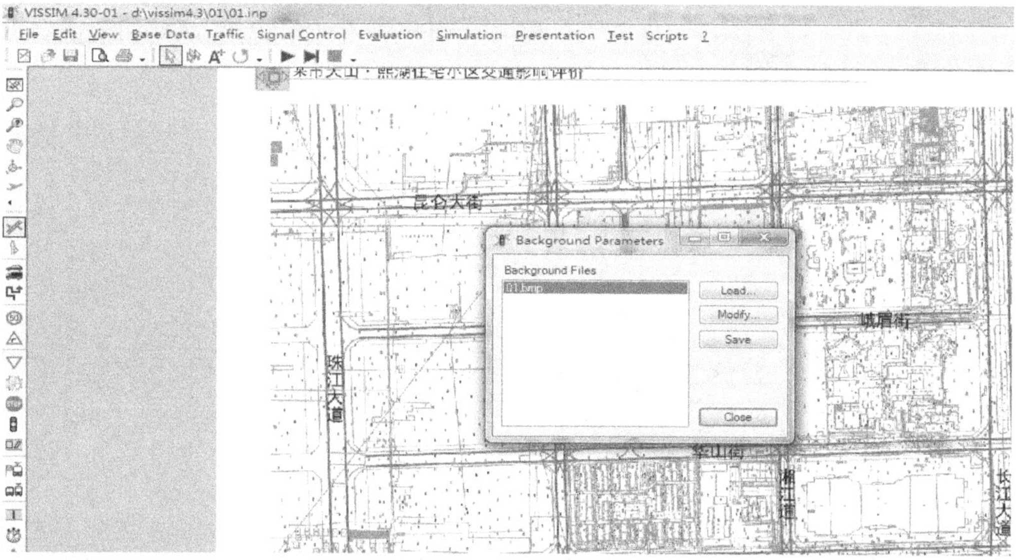

图 7-62　底图配置文件保存

提示：该过程将生成一个后缀为：“. bgr”的参数文件，当再次加载同一背景图片时，请确认背景图片文件与相应的后缀为“. bgr”参数文件在同一目录下。完成底图导入后，务必保存工程文件和底图，否则在仿真时会出现车辆无法进入路网的现象。

2. 道路设置

这里主要介绍路段属性的设置、道路连接器的设置、可变车道的设置及连接，来构成一个交叉口。以“昆仑大街”与“珠江大道”交叉口道路设置为例进行操作，其余交叉口依照此例完成。

（1）各交叉口进口道情况　规划路网主要道路通行能力如表 7-4 所示。

表 7-4　规划路网主要道路通行能力

道路名称	长江大道	珠江大道	昆仑大街	秦岭大街	湘江道	峨眉街	闽江道	华山街
路段单向基本车道数	3	3	3	3	2	2	2	2
交叉口拓宽的车道数	4	4	4	4	3	3	3	3

（2）“昆仑大街”东进口设置

1）东进口右转车道。单击左侧工具栏的“ ”“Links & Connectors”，切换到路段编辑状态，在交叉口右端，距离交叉口有一小段的距离处，开始按住鼠标右键不放，沿车道向停车线方向拖拽，在将要到达交叉口处停止，放开鼠标。此时将弹出“Lank Date”对话框，设置“Name”为“东进右”，“No. of Lanes”为“1”，“Lane Widths”保持默认值 3. 50 不变，点击对话框中的“OK”，完成东进口右转车道的设置，如图 7-63 所示。

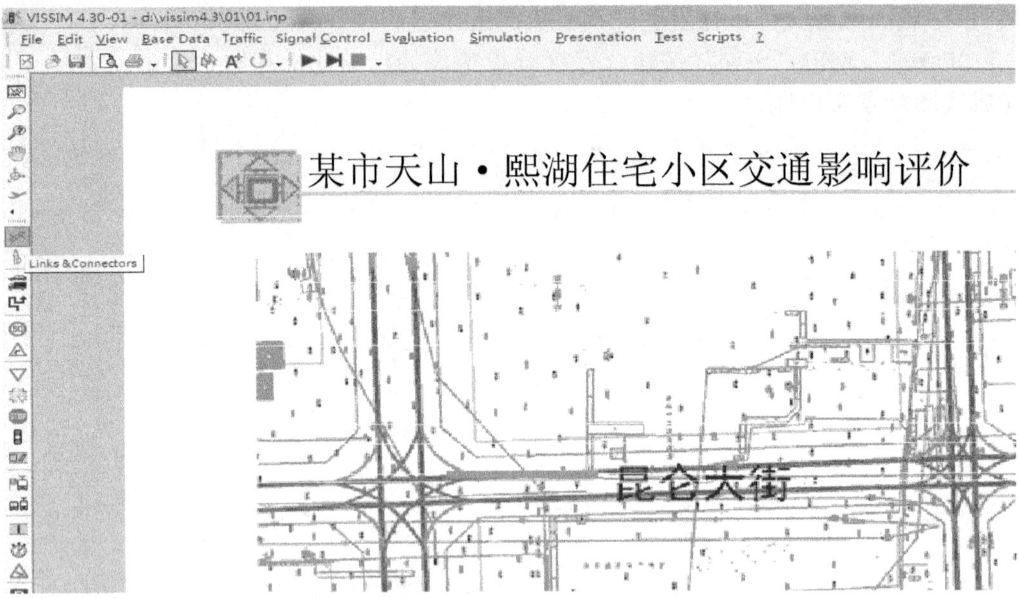

图 7-63　设置东进口右转车道

2）东进口直行车道。如图 7-64 所示，在东进口直行车道中间，以右转的起点为水平线，开始按住鼠标右键不放，沿车道向停车线方向拖拽，在将要到达交叉口处停止，放开鼠标。此时将弹出“Lank Date”对话框，设置“Name”为“东进直”，“No. of Lanes”为“2”，“Lane Widths”保持默认值 3. 50 不变，点击对话框中的“OK”，完成东进口直行车道的设置。

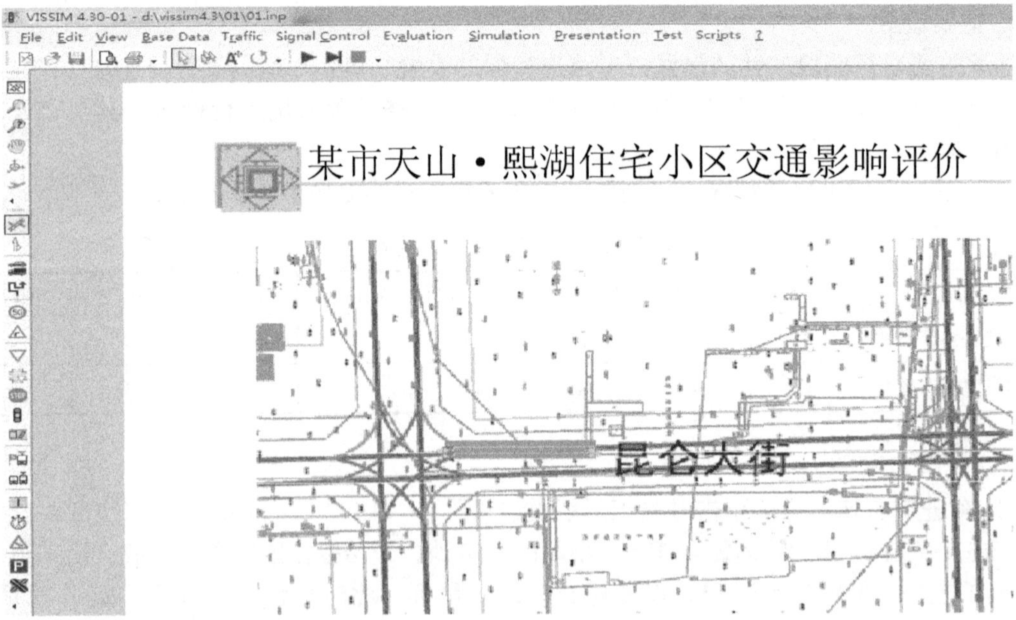

图 7-64　设置东进口直行车道

3）东进口左转车道。如图 7-65 所示，在东进口左转车道中间，以右转的起点为水平线，开始按住鼠标右键不放，沿车道向停车线方向拖拽，在将要到达交叉口处停止，放开鼠标。此时将弹出“Lank Date”对话框，设置“Name”为“东进左”，“No. of Lank”为“1”，“Lane Widths”保持默认值 3. 50 不变，点击对话框中的“OK”，完成东进口左转车道的设置。

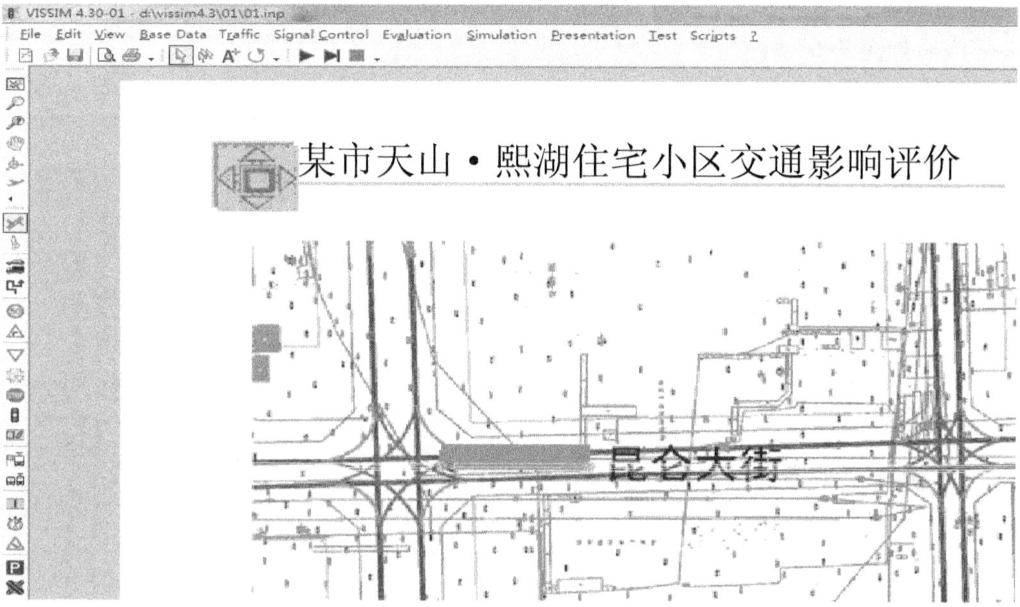

图 7-65　设置东进口左转车道

4）其余车道设置。按照上述方法分别设置南进口、西进口、北进口的右转、直行、左转车道，注意方向的不同，完成后如图 7-66 所示。

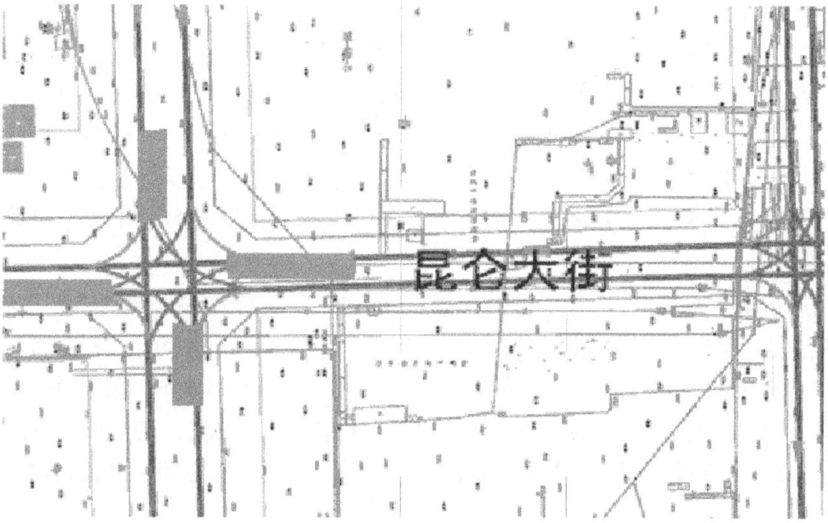

图 7-66　进口车道完成

（3）“昆仑大街”与“珠江大道”交叉口出口道及连接器设置

1）出口车道设置。首先东出口车道，在交叉口右端，以进口道末端为平行线在出口道处为起点，开始按住鼠标右键不放，沿昆仑大街向右拖拽，到一定距离处停止，放开鼠标。此时将弹出“Lank Date”对话框，设置“Name”为“东出口”，“No. of Lanes”为“3”，其他参数不变，点击对话框中的“OK”按钮，完成东出口车道的设置。并依次完成另外三个出口道的设置，“Name”分别为“西出口”“北出口”“南出口”，其“No. of Lanes”均为“3”，完成后如图7-67所示。

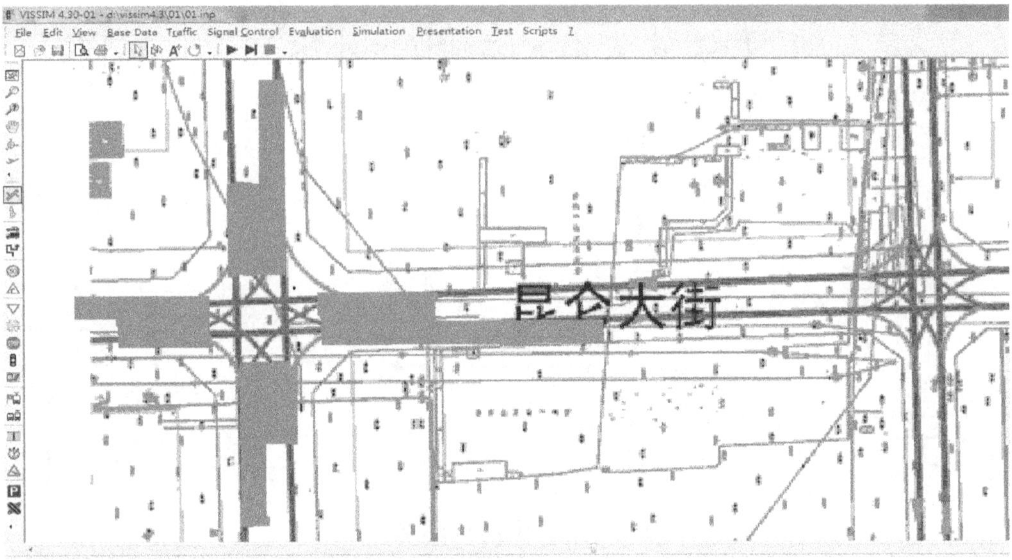

图7-67　出口车道完成

2）连接器的设置。

① 东进直行连接器。切换到路段连接状态，单击选中车道“东进直”，选中后鼠标右击“东进直”终点处不放向左拖拽至“西出口”起点处放开鼠标，弹出“Connector”对话框如图7-68所示，“Name”为“东直连”，在“From Link”选项中选择“Line 1”和“Line 2”，在“To Link”选项中选择“Line 1”和“Line 2”（按“Ctrl”键可进行多选操作）。其他不做任何修改，点击“OK”（如图7-67所示），完成东进直与西出口两个路段间连接器的设置。

② 东进右转直行连接器。单击选中车道“东进右”，选中后鼠标右击“东进右”终点处不放向北拖拽至“北出口”起点处放开鼠标，弹出“Connector”对话框，“Name”为“东右连”，在“From Link”选项中选择“Line 1”，在“To Link”选项中选择“Line 1”，选中“Spline”并设置其“Points”为“8”其他不做任何修改，点击“OK”按钮，完成东进右与北出口两个路段间连接器的设置，直行的连接方法仿照“东右连”，完成后如图7-69所示。

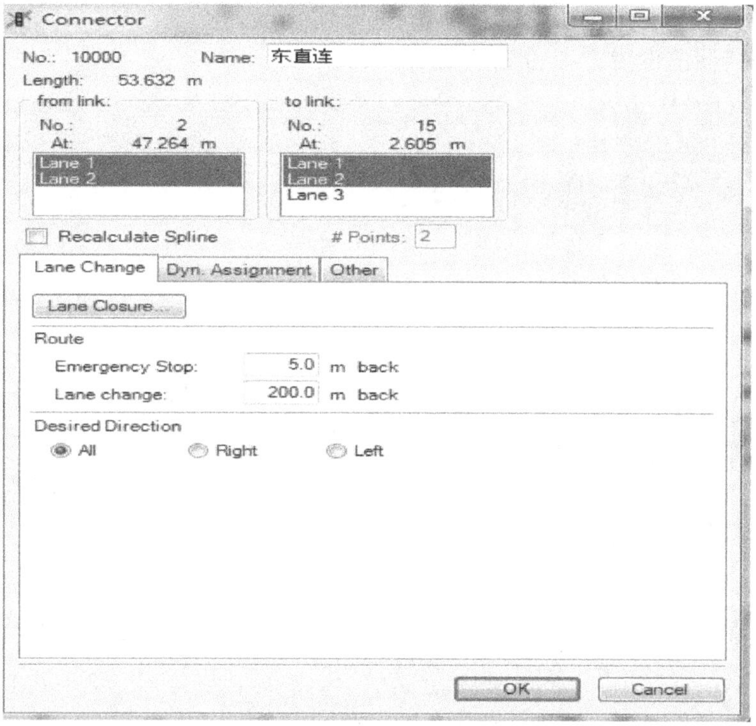

图7-68　东进直行连接器设置

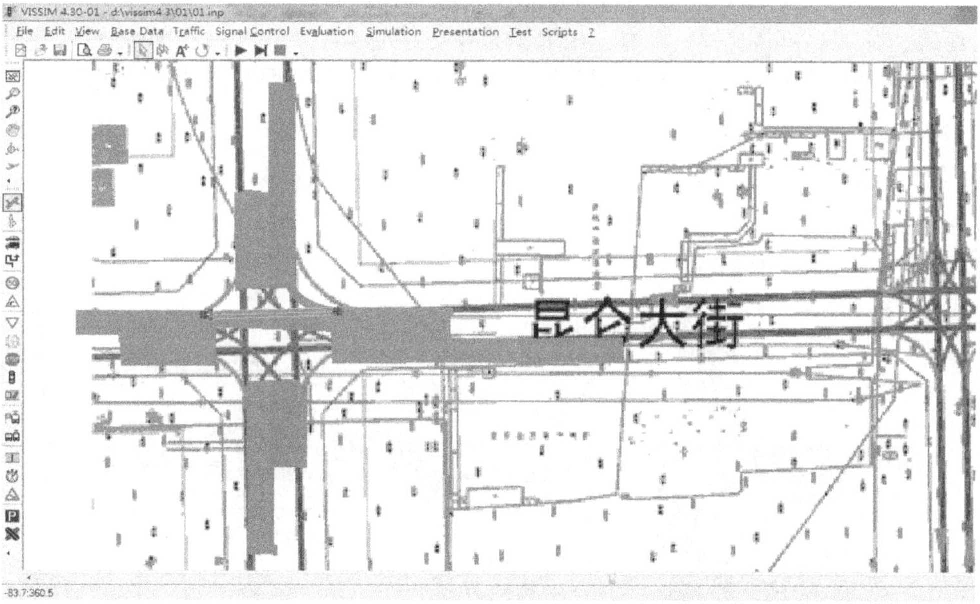

图7-69　东进右转及直行连接器设置

③ 东进左转连接器。单击选中车道“东进左”，选中后鼠标右击“东进左”终点处不放向南拖拽至“南出口”起点处放开鼠标，弹出“Connector”对话框，“Name”为“东左连”，在“From Link”选项中选择“Line 1”，在“To Link”选项中选择“Line 3”，选中

“Spline”并设置其“Points”为“8”其他不做任何修改，点击“OK”，完成东进左与南出口两个路段间连接器的设置，如图 7-70 所示。

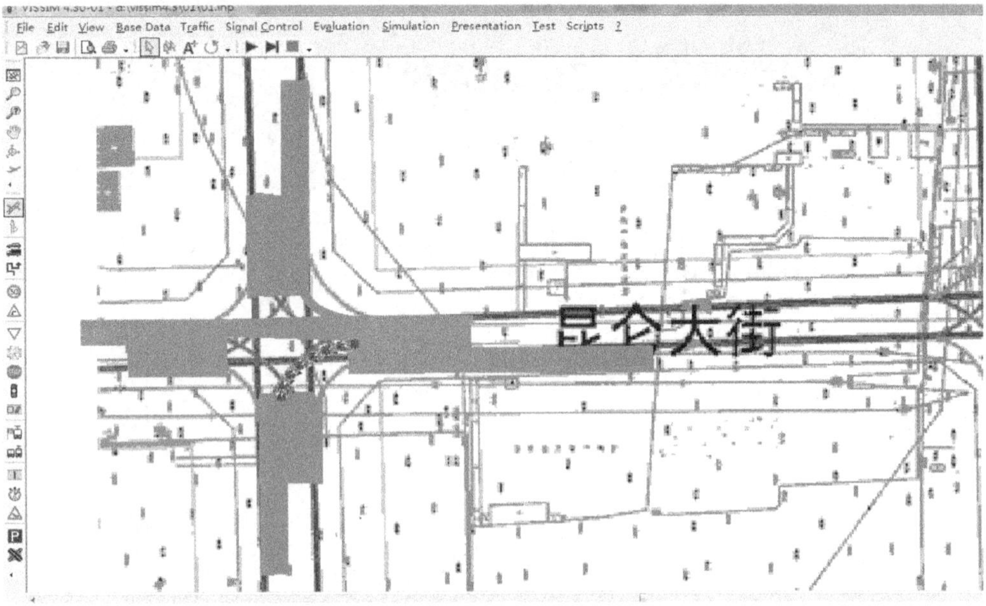

图 7-70　东进左转连接器设置

④ 依照上述①②③分别完成西进口，北进口，南进口的“左转”、“直行”、“右转直行”的连接，完成后如图 7-71 所示。在上侧菜单栏中选择“File”→“Save As”，将新建的 VISSIM 工程文件保存在“D：\ VISSIM4. 3 \ 01”的文件下，工程文件命名“02”。

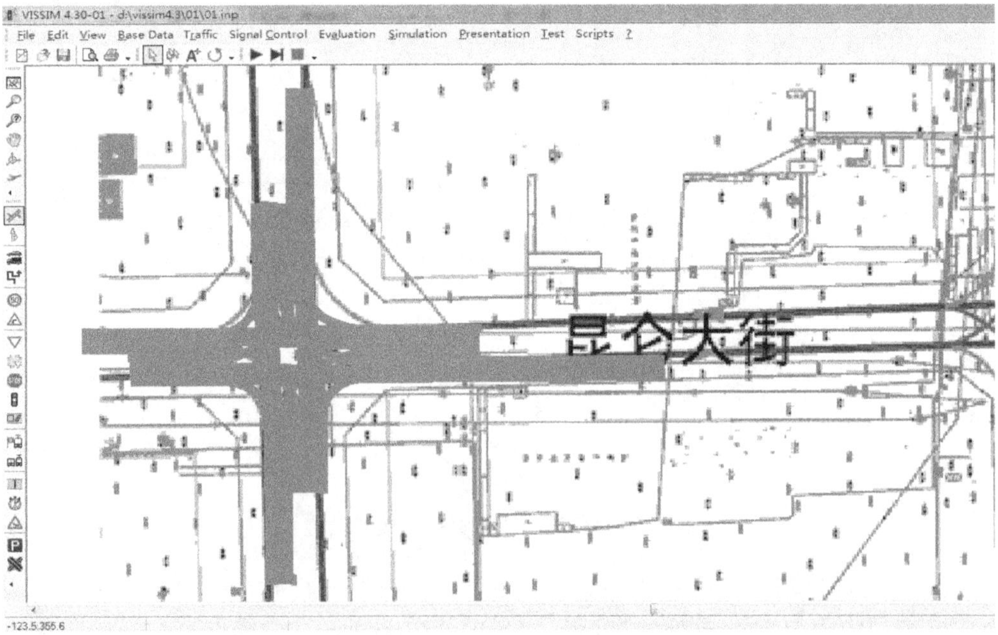

图 7-71　“昆仑大街”与“珠江大道”连接器完成

（4）各交叉口添加可变车道及连接

1）添加北进口可变车道。在北进口起点上侧一定距离处右击鼠标向下拖拽至将近北进口起点处松开鼠标，添加可变路段，设置“Name”为“北进可变”，“No. of Lank”为“3”，“Lane Widths”保持默认值3.50不变，点击对话框中的“OK”，完成北进口可变车道的设置，如图7-72所示。

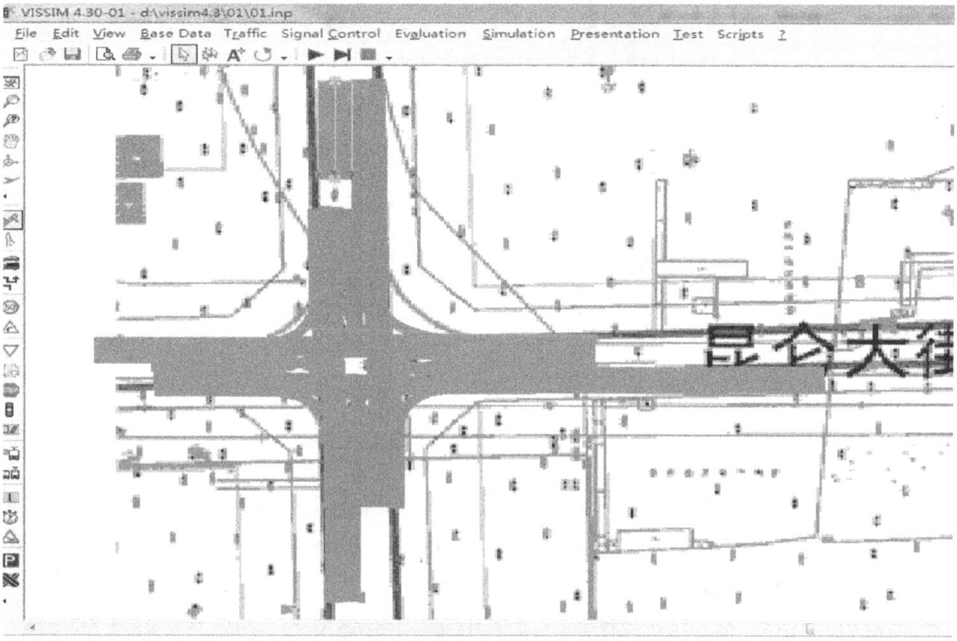

图7-72　北进口可变车道的设置

2）北进口可变车道的连接。用路段连接器将“北进可变”车道的“Line 3”与“北进左”车道的“Line 1”相连，连接器使用默认参数；将“北进可变”车道的“Line 2”与“北进直”车道的“Line 2”相连，连接器使用默认参数；将“北进可变”的车道“Line 1”与“北进直”车道的“Line 1”相连，连接器使用默认参数；将“北进可变”的车道“Line 1”与“北进右”车道的“Line 1”相连，连接器使用默认参数，完成后如图7-73所示。

3）西进口可变车道及其连接仿照1）和2）。

4）“东进可变”及“南进可变”车道的设置分别由“昆仑大街”与“闽江道”交叉口的“西出口”及“珠江大道”与“峨眉街”交叉口的“北出口”的出口道构成，其连接仿照2）。

（5）完成整个路网

1）三车道交叉口为：“闽江道”与“峨眉街”、“华山街”的交叉口；“湘江道”与“峨眉街”、“华山街”的交叉口。

① 其车道设置：“直行车道”为“1”车道，其余不变。

② 其交叉口连接：在“From Link”选项中选择“Line 1”，在“To Link”选项中选择“Line 1”，点击“OK”，完成直行路段间连接器的设置。

③ 其“可变车道”与“进口车道”的连接：单击选中“进口可变”车道，用路段连接

图 7-73　北进口可变车道的连接

器将“可变车道”的“Line 2”与“进口车道”的“东进左（Line 1）”相连，连接器使用默认参数；将“可变车道”的“Line 1”与“东进直（Line 1）”相连，连接器使用默认参数；将“可变车道”的“Line 1”与“东进右（Line 1）”相连，连接器使用默认参数。

2）在“珠江大道”与“峨眉街”、“华山街”的交叉口，及“长江大道”与“峨眉街”的交叉口，均为“三车道”与“四车道”连接的“T”形交叉口，其连接以“珠江大道”与“峨眉街”交叉口为例：

①“东进右”车道的“Line 1”与“北出口”车道的“Line 1”相连，并选中“Spline”设置其“Points”为“8”其他不做任何修改，点击“OK”；“东进直”车道的“Line 1”与“北出口”车道的“Line 2”相连，并选中“Spline”设置其“Points”为“8”其他不做任何修改，点击“OK”；“东进左”车道的“Line 1”与“南出口”车道的“Line 3”相连，并选中“Spline”设置其“Points”为“8”其他不做任何修改，点击“OK”。

②“北进右”车道的“Line 1”与“南出口”车道的“Line 1”相连，其余保持默认参数点击“OK”；“北进直”车道的“Line 1”、“Line 2”与“南出口”车道的“Line 2”、“Line 3”相连，其余保持默认参数点击“OK”；“北进左”车道的“Line 1”与“东出口”车道的“Line 2”相连，并选中“Spline”设置其“Points”为“8”其他不做任何修改，点击“OK”。

③“南进右”车道的“Line 1”与“东出口”车道的“Line 1”相连，并选中“Spline”设置其“Points”为“8”其他不做任何修改，点击“OK”；“东进直”车道的“Line 1”、“Line 2”与“北出口”车道的“Line 1”、“Line 2”相连，保持默认参数点击“OK”；“东进左”车道的“Line 1”与“北出口”车道的“Line 3”相连，保持默认参数点击“OK”。

3）完成后整个路网如图 7-74 所示。

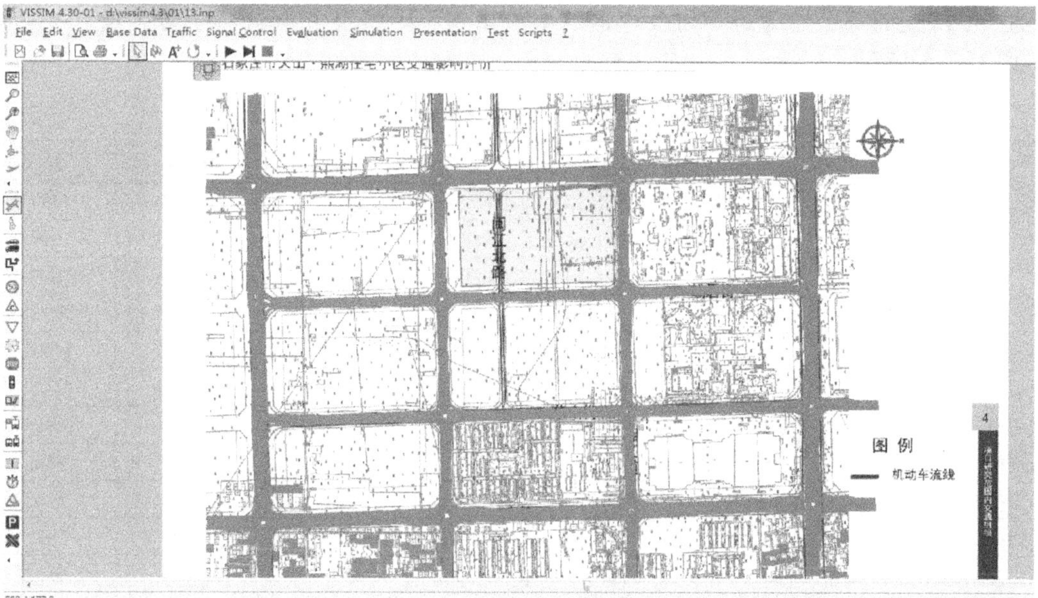

图 7-74　整个路网图

3. 添置流量和设置路径决策

本节添置流量以后需要设置路径决策，用于将一条路段上的交通流量按照预定的比例分配到下游的两个或两个以上的路段上，前提是下游的各路段和本路段必须是连通的。这里以“昆仑大街”与“珠江大道”交叉口为例添置流量和设置路径决策。

（1）各交叉口添加车流量

1）单击工具栏中的“车辆输入”按钮切换到路段流量编辑状态，此时“车辆输入”按钮凸显。

2）双击“昆仑大街”的“西进可变”车道路段，弹出如图 7-75 所示的“车辆输入”对话框，将“0～3600”一栏中流量设置改为“750”，“车辆构成”一栏选择“1：默认”，其他不变，点击确定完成对路段的车流量输入，此时路段起点将出现黑色线段，表示路段已完成流量设置。

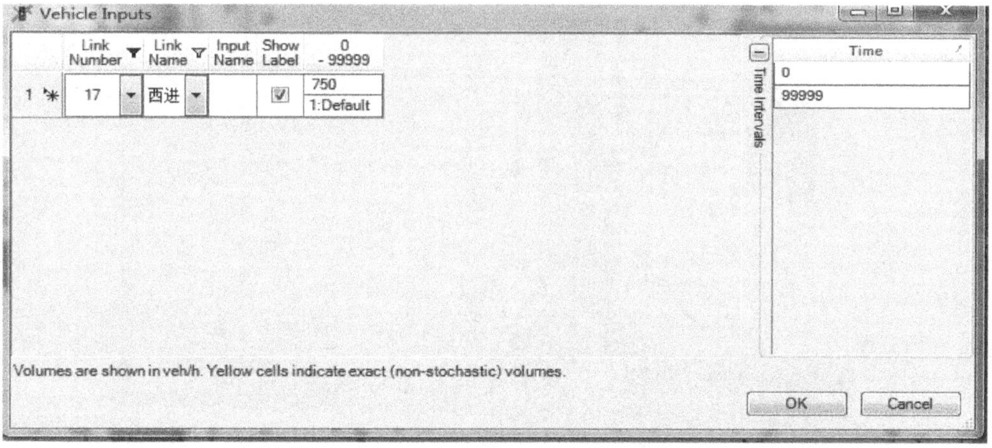

图 7-75　“车辆输入”对话框

3）依次完成其余边缘进口可变车道的车辆输入。2015 年路段高峰小时流量（小区建成后）如表 7-5 所示。

表 7-5　2015 年路段高峰小时流量（小区建成后）

路段名称	路段编号	*AB*-flow	*BA*-flow	路段名称	路段编号	*AB*-flow	*BA*-flow
昆仑大街	1	1338.41	1351.32	珠江大道	20	1552.90	1537.47
昆仑大街	2	1227.86	1254.64	珠江大道	21	1619.93	1590.43
昆仑大街	3	1332.29	1391.52	珠江大道	22	1216.54	1207.56
昆仑大街	4	1091.35	1137.78	闽江道	23	1126.75	1133.37
昆仑大街	5	718.41	724.61	闽江道	24	1106.92	1081.08
峨眉街	6	34.63	35.92	闽江道	25	1182.47	1165.31
峨眉街	7	385.67	379.60	闽江道	26	693.94	691.02
峨眉街	8	99.37	97.52	闽江道	27	934.77	934.34
华山街	9	14.54	13.79	湘江道	28	434.06	418.74
华山街	10	189.11	190.63	湘江道	29	543.99	541.46
华山街	11	48.53	50.68	湘江道	30	657.04	663.43
华山街	12	870.25	871.80	湘江道	31	517.09	522.85
秦岭大街	13	1234.50	1244.49	湘江道	32	1160.04	1152.73
秦岭大街	14	1679.15	1668.61	长江大街	33	468.70	454.45
秦岭大街	15	2771.87	2758.71	长江大街	34	1382.28	1393.38
秦岭大街	16	2240.76	2233.01	长江大街	35	1481.65	1490.90
秦岭大街	17	1339.73	1326.86	长江大街	36	1489.23	1484.45
珠江大道	18	909.32	909.05	长江大街	37	908.99	909.32
珠江大道	19	1516.98	1502.84				

（2）设置路径决策

1）单击左侧工具栏的“”，切换到路径决策编辑状态。单击选中路网中可变路段，在此路段上靠近起点处点击鼠标右键，弹出“Create routing decision”对话框，如图 7-76 所示，“Name”为“昆 1 西”其余不做任何修改，点击“OK”完成路径决策点的设置，此时在路径决策点的位置出现红色路段。

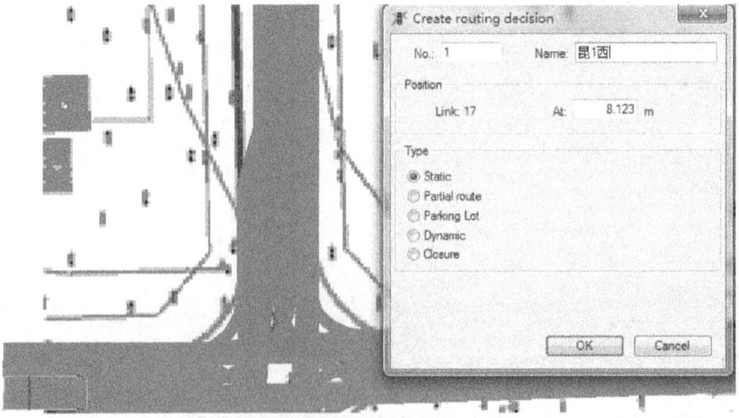

图 7-76　路径决策设置对话框

2）设置完路径决策点后，分别单击选中与其连通的“左转”、“直行”、“右转”车道并单击右键设置路径决策终点。完成后，路径决策终点处出现绿色线段，表示终点设置成功，决策点与决策终点间出现黄色路段，如图 7-77 所示（见书后彩色插页）。

3）在视图区空白处单击鼠标结束决策终点的设置，再双击鼠标左键结束本次路径决策过程的设置。在视图区空白处点击左键后再点击右键，此时会弹出如图 7-78 所示“Routes”对话框。在相对车流比一项设置为“121”、“750”、“467”。

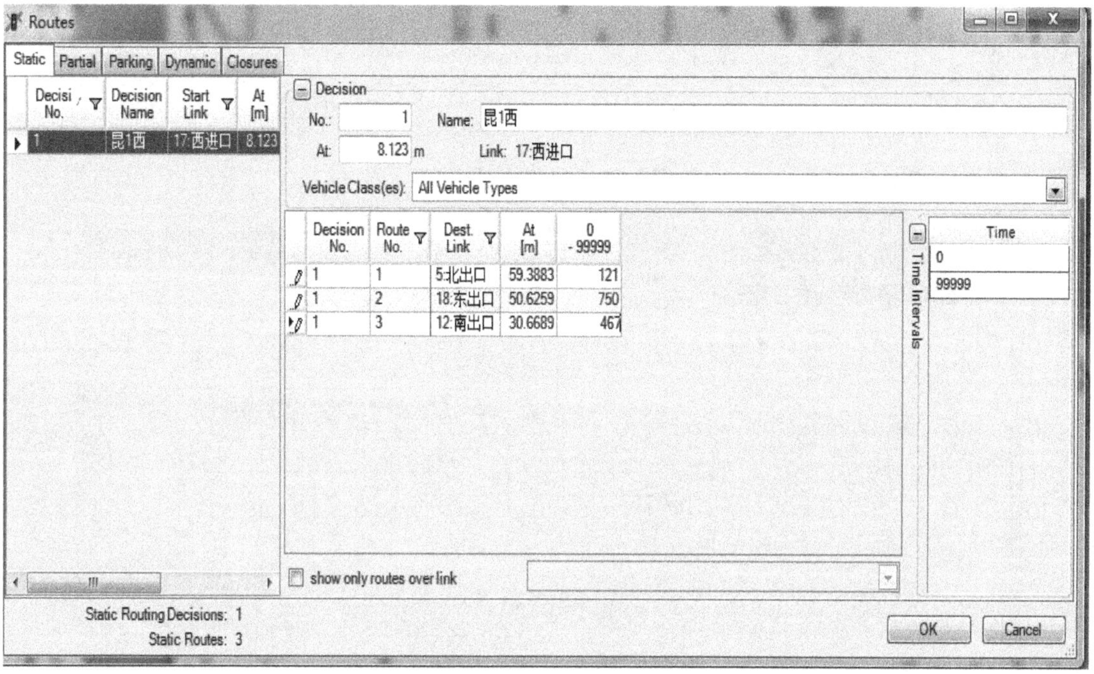

图 7-78　路径对话框

4）依照上述步骤完成其余路段路径决策。

4. 设置信号机

本节交通信号设置主要有两部分：一是定义各信号灯组的红、绿和黄灯起终时间，VISSIM中用红灯结束时间、绿灯结束时间和黄灯时间长度 3 个指标来表示；二是确定各信号灯组控制的车流方向。这里以“昆仑大街”与“珠江大道”交叉口为例，并以此完成其余交叉口信号灯的添置。

（1）各交叉口信号灯设置

1）编辑控制机。点击上侧工具栏中的“Signal Control”→“Edit Controllers”出现如图 7-79 所示的“Signal Control”对话框。在左侧，鼠标右击空白处，选择“New”新建一个控制机，“Name”为“昆 1”，“Cycle Time”为“120”；并在右侧鼠标右击空白处，选择“New”新建四个信号灯组，在“Amber”中数值设为“3”为黄灯时间，在“Red End”第一个框中填写“1”在“Green End”中填写“40”；在“Red End”第二个框中填写“43”在“Green End”中填写“63”；在“Red End”第三个框中填写“66”，在“Green End”中填写“104;”在“Red End”第四个框中填写“107”，在“Green End”中填写“117”，完成后如图 7-80 所示。

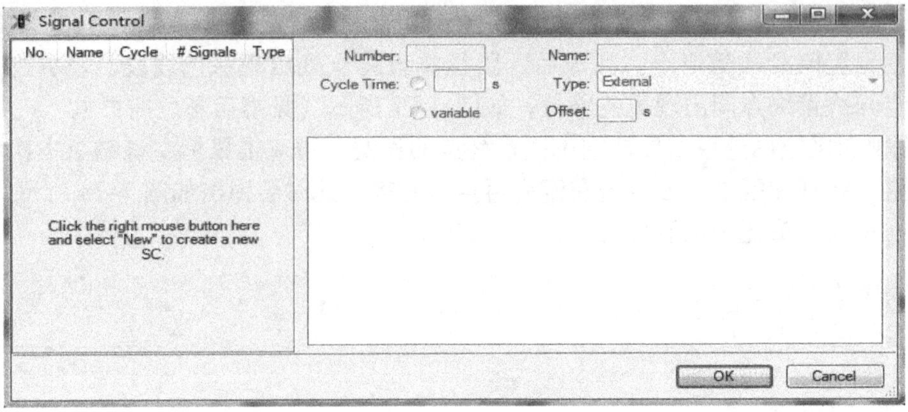

图 7-79　控制机对话框

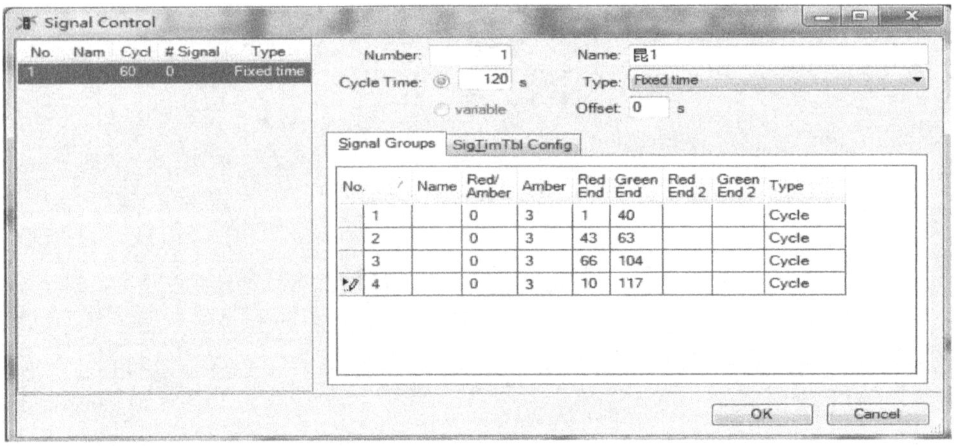

图 7-80　控制机编辑

2）编辑“东进右”信号灯。单击左侧工具栏中的“ ”，选中“东进右”路段，在路段终点处单击鼠标右键，出现“Signal Head”对话框如图 7-81 所示，设置“NO.”为 1（序号不可以相同），“Name”为“东西直行+右转”，“SC”为“1”（说明为控制机 1），“Signal group”为“1”（说明为第一组信号灯）。

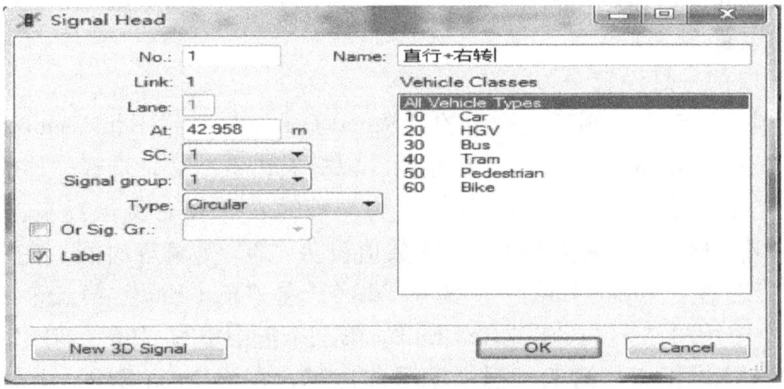

图 7-81　信号灯编辑对话框

3）编辑“东进直”信号灯。方法同2）。

4）编辑“东进左”信号灯。“Name”为“东西左转”，“SC”为“1”；“Signal group”为“2”（说明为第二组信号灯）。

5）编辑“北进直”与“北进右”信号灯。“Name”为“南北直行+右转”，“SC”为“1”（说明为控制机1），“Signal group”为“3”（说明为第三组信号灯）。

6）编辑“北进左”信号灯。“Name”为“南北左转”，“SC”为“1”（说明为控制机1），“Signal group”为“4”（说明为第四组信号灯）。并完成“南进口”与“西进口”信号灯的设置。

（2）完成其余信号灯设置　按照上述方法依次完成其余交叉口信号灯的设置。

5. 设置冲突区域

以上操作都是以“昆仑大街”与“珠江大道”交叉口为例，本例中“昆仑大街”与“珠江大道”交叉口信号灯为“四相位”，不需要设置让行规则，接下来以“峨眉街”与“闽江道”交叉口为例进行设置（南北方向直行、左转为同一相位，运行过程中会发生冲突，需要设置让行规则来避免事故的发生）。

（1）“峨眉街”与“闽江道”交叉口冲突区域设置

1）南进口左转与北进口直行冲突区设置。单击左侧工具栏“▣”，切换到冲突区域集编辑状态。单击南进口左转路段与北进口直行交汇处，选中后右键单击设置冲突区让行规则，选择南进口左转路段（路段显示为红色）为北进口直行路段（路段显示为绿色）让行，如图7-82所示（见书后彩色插页）。

2）北进口左转与南进口直行冲突区设置。选择北进口左转路段（路段显示为红色）为南进口直行路段（路段显示为绿色）让行，如图7-83所示（见书后彩色插页）。

（2）完成其余冲突区的设置　按照步骤1）和2）完成其余交叉口冲突区的设置。

6. 延误检测

本节以“昆仑大街”为例，为路段添置检测器，并以此完成其余路段检测器的设置，然后运行仿真，最后评价结果输出。

（1）设置检测器

1）单击左侧工具栏中的“◎”，切换到行程时间设置状态。单击选中边缘进口可变路段，选中后右键单击路段上某一点（应该靠近路段起点一些），设置检测器起点，完成后会出现红色线段表示检测器起点设置成功。

2）单击选中另一相对边缘出口路段，选中后右键单击路段上某一点（应该靠近路段终点一些），设置检测器终点。弹出如图7-84所示的“Create Travel Time Measurement”对话框，其“Name”设置为“昆进口A”，其余不做任何修改，点击“OK”完成检测器终点的设置，完成后终点处会出现绿色线段表示检测器设置成功。

3）依照1）和2）所述设置其他路段的行程时间检测器。包括“昆进口B”、“秦进口A”、“秦进口B”、“珠进口A”、“珠进口B”、“闽进口A”、“闽进口B”、“湘进口A”、“湘进口B”、“长进口A”、“长进口B”。

（2）评价结果输出

1）在菜单栏中依次选择“Evaluation”→“Files”，弹出“评价（文件）”对话框，如图7-85所示。（在此可进行评价结果的输出设置，选中希望得到的仿真指标，就可以完成

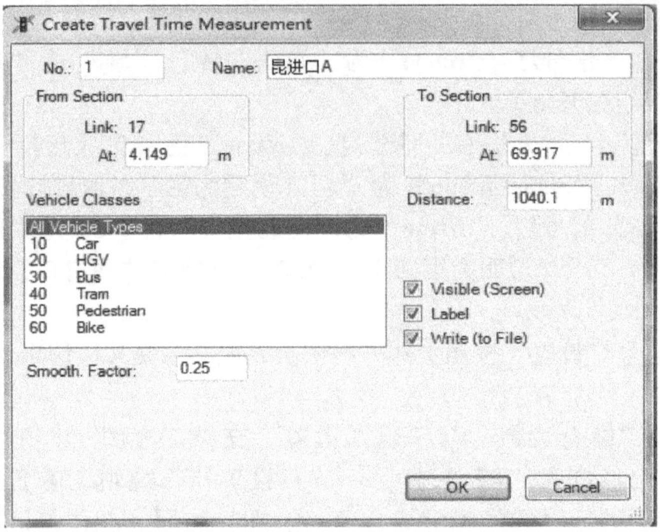

图 7-84　行程时间检测器设置对话框

仿真后得到相应的数据结果）。选中“Evaluation（File）”标签里的“Travel time”、“Delay”复选框，点击“Travel time”选项后的“Configuration”按钮，将弹出“TT-Measurement configuration”对话框，不做任何修改，点击“OK”即可；点击“Delay”选项后的“Configuration”按钮，出现“Delay Segment”对话框，如图 7-86 所示，点击“New”，在“Travel Time Sections”中选中“1”点击“OK”即可。并依次完成剩余检测器，点击“OK”，再点击“OK”，完成评价结果的参数设置。

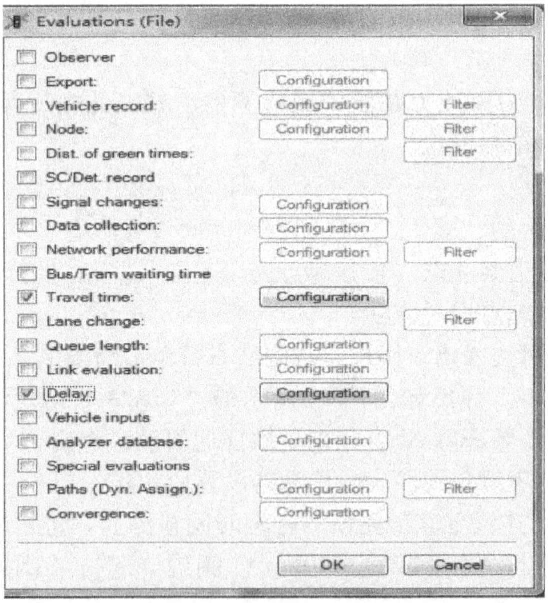

图 7-85　评价结果输出设置对话框

2）单击上部工具栏中的“▶”按钮，也可以在菜单栏中依次选择“Simulation Travel Time”→“Parameters”，运行仿真。

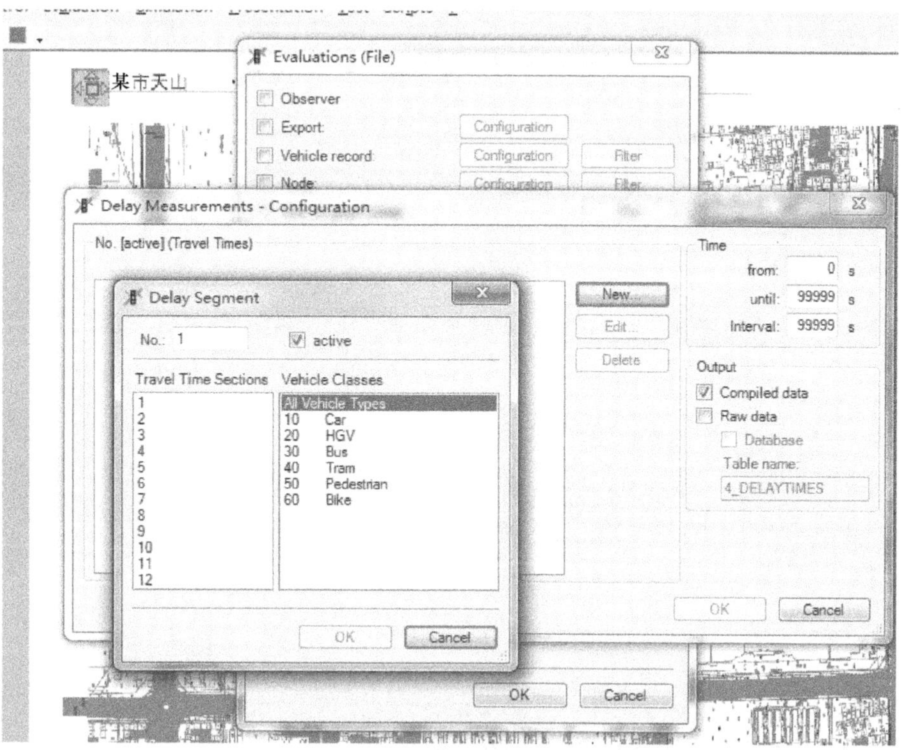

图 7-86　行程时间参数设置对话框

（3）仿真结束　打开存放该工程文件的文件夹，用记事本方式打开后缀为“. rsz”的行程时间统计数据文件，如图 7-87 所示；用记事本方式打开后缀为“. vlz”的延误统计数据文件，如图 7-88 所示。

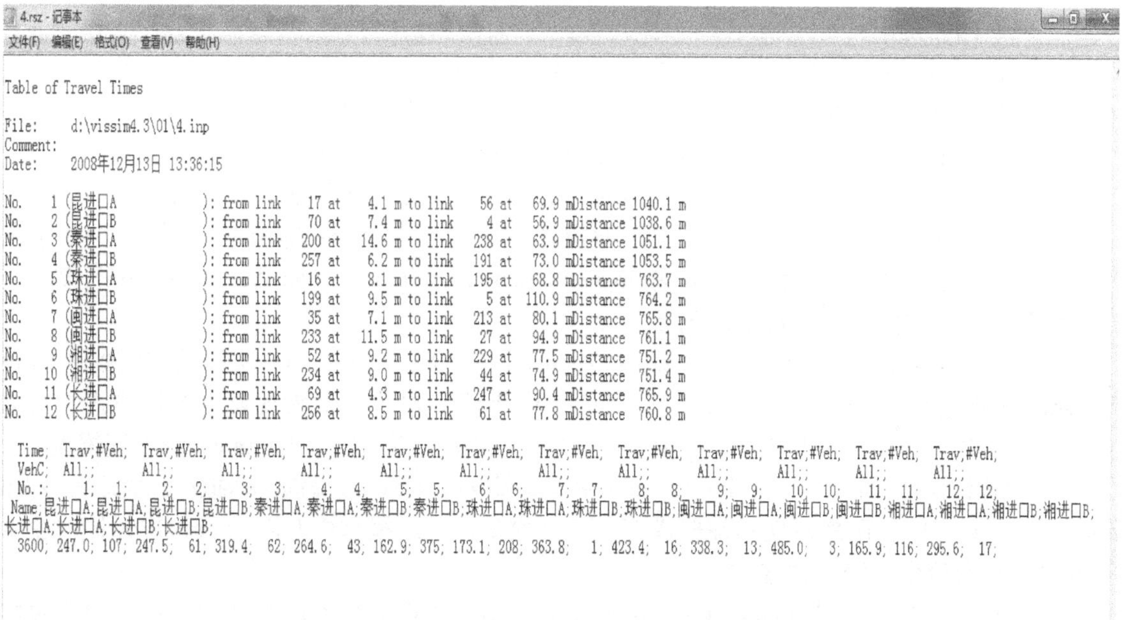

```
Table of Travel Times

File:     d:\vissim4.3\01\4.inp
Comment:
Date:     2008年12月13日 13:36:15

No.    1 (昆进口A          ): from link   17 at   4.1 m to link   56 at  69.9 mDistance 1040.1 m
No.    2 (昆进口B          ): from link   70 at   7.4 m to link    4 at  56.9 mDistance 1038.6 m
No.    3 (秦进口A          ): from link  200 at  14.6 m to link  238 at  63.9 mDistance 1051.1 m
No.    4 (秦进口B          ): from link  257 at   6.2 m to link  191 at  73.0 mDistance 1053.5 m
No.    5 (珠进口A          ): from link   16 at   8.1 m to link  195 at  68.8 mDistance  763.7 m
No.    6 (珠进口B          ): from link  199 at   9.5 m to link    5 at 110.9 mDistance  764.2 m
No.    7 (闽进口A          ): from link   35 at   7.1 m to link  213 at  80.1 mDistance  765.8 m
No.    8 (闽进口B          ): from link  233 at  11.5 m to link   27 at  94.9 mDistance  761.1 m
No.    9 (湘进口A          ): from link   52 at   9.2 m to link  229 at  77.5 mDistance  751.2 m
No.   10 (湘进口B          ): from link  234 at   9.0 m to link   44 at  74.9 mDistance  751.4 m
No.   11 (长进口A          ): from link   69 at   4.3 m to link  247 at  90.4 mDistance  765.9 m
No.   12 (长进口B          ): from link  256 at   8.5 m to link   61 at  77.8 mDistance  760.8 m

 Time; Trav;#Veh; Trav;#Veh; Trav;#Veh; Trav;#Veh; Trav;#Veh; Trav;#Veh; Trav;#Veh; Trav;#Veh; Trav;#Veh; Trav;#Veh; Trav;#Veh; Trav;#Veh;
 VehC; All;;      All;;      All;;      All;;      All;;      All;;      All;;      All;;      All;;      All;;      All;;      All;;
 No.:;     1;   1;     2;   2;     3;   3;     4;   4;     5;   5;     6;   6;     7;   7;     8;   8;     9;   9;    10;  10;    11;  11;    12;  12;
 Name;昆进口A;昆进口A;昆进口B;昆进口B;秦进口A;秦进口A;秦进口B;秦进口B;珠进口A;珠进口A;珠进口B;珠进口B;闽进口A;闽进口A;闽进口B;闽进口B;湘进口A;湘进口A;湘进口B;湘进口B;
长进口A;长进口A;长进口B;长进口B;
 3600; 247.0; 107; 247.5;  61; 319.4;  62; 264.6;  43; 162.9; 375; 173.1; 208; 363.8;   1; 423.4;  16; 338.3;  13; 485.0;   3; 165.9; 116; 295.6;  17;
```

图 7-87　行程时间统计数据文件

```
4.vlz - 记事本
文件(F) 编辑(E) 格式(O) 查看(V) 帮助(H)

Table of Delay

File:     d:\vissim4.3\01\4.inp
Comment:
Date:     2008年12月13日 13:36:15

No.    1: Travel time section(s) 1
No.    2: Travel time section(s) 2
No.    3: Travel time section(s) 3
No.    4: Travel time section(s) 4
No.    5: Travel time section(s) 5
No.    6: Travel time section(s) 6
No.    7: Travel time section(s) 7
No.    8: Travel time section(s) 8
No.    9: Travel time section(s) 9
No.   10: Travel time section(s) 10
No.   11: Travel time section(s) 11
No.   12: Travel time section(s) 12

  Time; Delay; Stopd; Stops;  #Veh; Pers.; #Pers; Delay; Stopd; Stops;  #Veh; Pers.; #Pers; Delay; Stopd; Stops;  #Veh; Pers.; #Pers; Delay; Stopd; Stops;  #Veh;
Pers.; #Pers; Delay; Stopd; Stops;  #Veh; Pers.; #Pers; Delay; Stopd; Stops;  #Veh; Pers.; #Pers; Delay; Stopd; Stops;  #Veh; Pers.; #Pers; Delay; Stopd; Stops;  #Veh;
Pers.; #Pers; Delay; Stopd; Stops;  #Veh; Pers.; #Pers; Delay; Stopd; Stops;  #Veh; Pers.; #Pers; Delay; Stopd; Stops;  #Veh; Pers.; #Pers; Delay; Stopd; Stops;  #Veh;
Pers.; #Pers;
  VehC; All;;;;;;                All;;;;;;                All;;;;;;                All;;;;;;
        All;;;;;;                All;;;;;;                All;;;;;;                All;;;;;;
        All;;;;;;                All;;;;;;                All;;;;;;                All;;;;;;

  No.:;     1;     1;     1;     1;     1;     1;     2;     2;     2;     2;     2;     2;     3;     3;     3;     3;     3;     3;     4;     4;     4;     4;
4;     4;     5;     5;     5;     5;     5;     5;     6;     6;     6;     6;     6;     6;     7;     7;     7;     7;     7;     7;     8;     8;     8;     8;
8;     8;     9;     9;     9;     9;     9;     9;    10;    10;    10;    10;    10;    10;    11;    11;    11;    11;    11;    11;    12;    12;    12;    12;
12;    12;
  3600; 166.9; 142.5;  2.69;   107; 166.9;   107; 168.4; 144.0;  2.85;    61; 168.4;    61; 248.6; 195.9;  4.92;    62; 248.6;    62; 171.9; 132.2;  4.00;    43;
171.9;    43; 109.9;  86.6;  2.10;   375; 109.9;   375; 114.6;  86.3;  2.88;   208; 114.6;   208; 278.6; 238.6;  4.00;     1; 278.6;     1; 295.5; 235.9;  6.38;    16;
295.5;    16; 233.4; 171.3;  6.00;    13; 233.4;    13; 377.0; 316.4;  6.67;     3; 377.0;     3; 108.5;  83.4;  2.43;   116; 108.5;   116; 210.8; 165.9;  4.41;    17;
210.8;    17;
 Total; 166.9; 142.5;  2.69;   107; 166.9;   107; 168.4; 144.0;  2.85;    61; 168.4;    61; 248.6; 195.9;  4.92;    62; 248.6;    62; 171.9; 132.2;  4.00;    43;
171.9;    43; 109.9;  86.6;  2.10;   375; 109.9;   375; 114.6;  86.3;  2.88;   208; 114.6;   208; 278.6; 238.6;  4.00;     1; 278.6;     1; 295.5; 235.9;  6.38;    16;
295.5;    16; 233.4; 171.3;  6.00;    13; 233.4;    13; 377.0; 316.4;  6.67;     3; 377.0;     3; 108.5;  83.4;  2.43;   116; 108.5;   116; 210.8; 165.9;  4.41;    17;
210.8;    17;
```

图 7-88 延误统计数据文件

7.4 基于 Paramics 的交通仿真

7.4.1 概述

本节主要介绍利用 S-Paramics 软件（英国 SIAS 公司研发）建立微观交通模型进行项目影响分析的主要步骤，包括建立路网、建立需求矩阵以及输出和分析模型结果等。本节将涉及建立以下四种模型：

1）现状年模型：交通量基于 2012 年调查数据生成。

2）参考模型：交通量为 2015 年交通量，不含开发项目新增交通量。

3）项目模型：交通量为 2015 年交通量和开发项目新增交通量。

4）交通改善模型：交通量同 3），但对部分交叉口和公交车站进行了改造。

本节着重对主要环节加以描述，详细操作和说明可参考 S-Paramics 软件培训手册和《微观交通仿真咨询项目指南》（The Microsimulation Consultancy Good Practice Guide）等。

S-Paramics 软件系统主要组件包括：

1）S-Paramics 浏览器（S-Paramics Explorer，SPX）。S-Paramics 浏览器提供访问 S-Paramics的主要功能模块和不同维护工具的集中界面。它基于微软视窗浏览器概念，主要功能是启动 S-Paramics 的功能模块，帮助用户管理和切换不同的 S-Paramics 的不同模型。

2）编辑/模拟/可视器（Editor/Simulator/Visualiser，ESV）。编辑/模拟/可视器是 S-Paramics 的主要界面，用来建立和编辑模型、运行模型、显示模型中车辆运行情况，同时生成路网中的交通流生成统计数据。

3）模拟/可视器（Simulator/Visualiser，SV）。模拟/可视器是 ESV 的简化版。具有模拟和可视功能，但不允许能对模型进行编辑和生成统计数据。SV 是附加模块，用来在没有完全S-Paramics授权情况下演示模型。

4）批运行（Batch Run）。批运行使用与ESV相同的模拟引擎，但是没有图形界面。它可以更快地运行模型，生成统计数据，但是没有编辑和可视功能。

5）矩阵估计（Matrix Estimation，ME）。矩阵估计可以输入以下三种数据：来自现有S-Paramics模型的路径信息，来自观测数据的初始矩阵以及路边车辆计数数据。ME根据以上输入数据计算出行矩阵，同时，ME还可以进行敏感性分析，以评价调查数据的可靠性。

6）统计（Statistics）。统计模块，S-Paramics数据分析工具（Data Analysis Tool，DAT），用于处理ESV和批运行模块产生的统计结果，并以图形或表格形式显示出来。

7）批处理器（Batch Farm）。批处理器是SPX的组成部分，它可以使用一个计算机网络环境中的多台计算机同时运行模型，并对大量的运行结果进行管理。

8）经济评价（Program for Economic Assessment of Road Schemes，PEARS）

经济分析模块通过对模型的输出结果进行汇总，来计算路网变化造成的经济影响，并与项目的实施成本进行比较。

9）高级控制接口（Advanced Controller Interface，ACI）。高级控制接口可以实现自适应信号控制，并与智能交通系统直接连接。

10）瞬时道路排放分析（Analysis of Instantaneous Road Emissions，AIRE）。瞬时道路排放分析属于一款辅助软件，专门用于处理微观交通仿真模型的仿真结果并计算车辆尾气排放。AIRE包含约3000个IEM表格，可以评估道路上单个仿真车辆的尾气排放量。IEM表格来自于格拉茨科技大学（Technical University of Graz）开发的PHEM模型（Passenger Car and Heavy Duty Emissions Model，小汽车和重型车排放模型），PHEM可以计算各种速度和负荷发动机的尾气排放。

7.4.2 基于S-Paramics的交通仿真操作步骤

1. 建立模型路网

建立模型分两步：一是绘制实际路网；二是加入交通需求量。建立路网的步骤包括建立基本节点和路段、设定道路布局以及设定道路交叉口。

（1）创建新模型　在桌面上双击S-Paramics浏览器（S-Paramics Explorer，SPX）图标，启动S-Paramics浏览器（图7-89）。

建立模型的第一步是创建新模型（SPX浏览器上部“S-Paramics”→“New Model”），导入底图，并进行相关设置。S-Paramics的编辑/模拟/可视器界面如图7-90所示。

（2）节点和路段的建立　节点和路段是模型的基本组成部分。节点是指车道特征发生改变的地区，如交叉口、车道增加或减少的变化点、行人过街设施、弯道起终点等。路段则是把节点连接起来形成可供车辆行驶的车道。节点和路段在模型中用数字地图来定位。路段可以按照限速值、车道数量、主次干路等来分类。

1）建立节点（Node）。以导入的底图为基础，选择屏幕左下角的“Editor”弹出编辑器对话框（如图7-91所示），在“Edit Function”（编辑功能）栏选择“Node”，在底图上通过Add Node建立节点（见图7-92）。

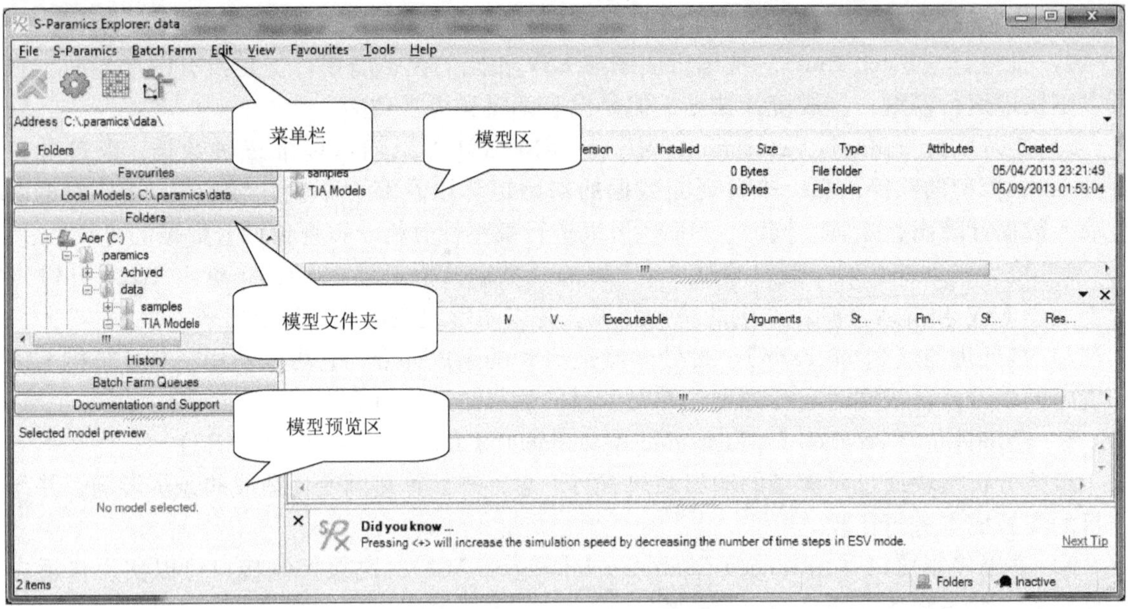

图 7-89 S-Paramics 浏览器界面

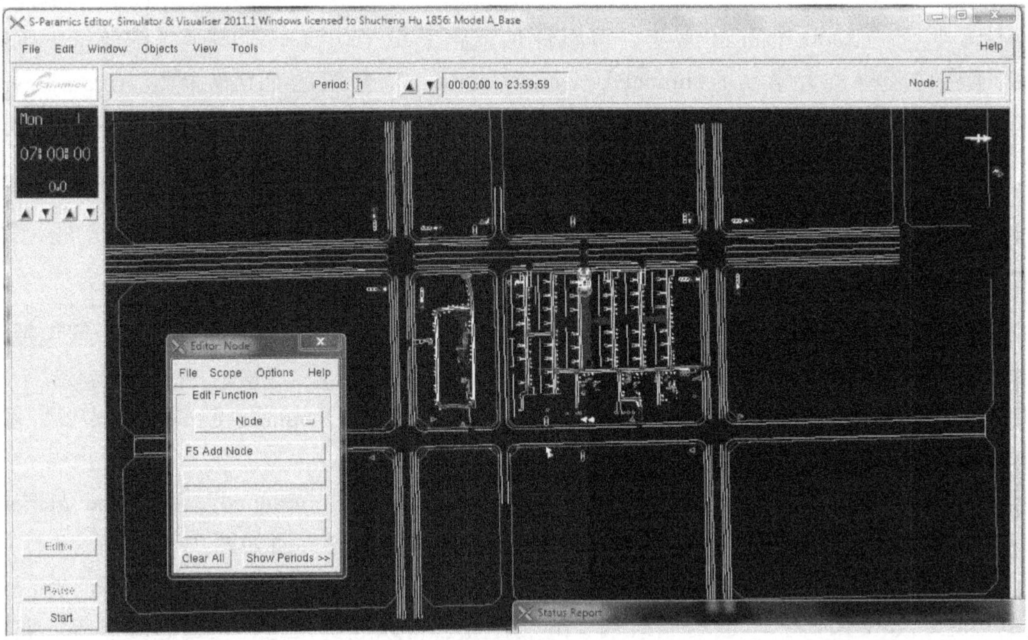

图 7-90 S-Paramics 编辑/模拟/可视器界面

2）建立路段（Link）。在 Editor 的 Node 编辑状态下，中间键选择一个节点，右键选择另一个节点，通过 Add Link 建立路段（见图 7-92 和图 7-93）。在 Editor 的 Link 编辑状态下，可以修改路段。

（3）道路布局的设定　建立了由节点和路段构成的基本路网之后，可以进一步对道路布局作精确调整，应确保模型中的车道准确地反映实际车道的状况。S-Paramics 使用路段行

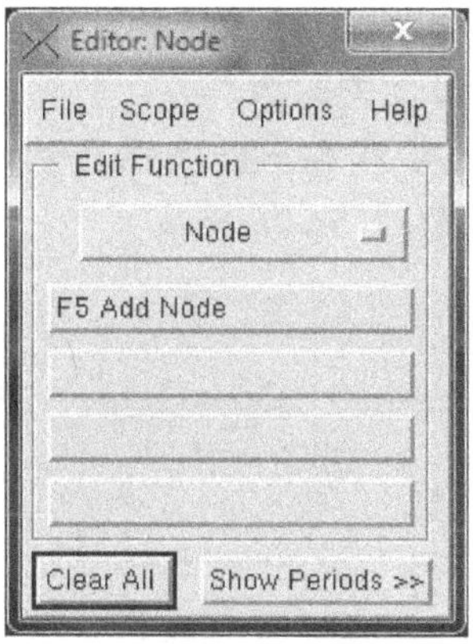

图 7-91　编辑器对话框

图 7-92　建立的第一个节点

为属性标（Flags）、修正器（Modifiers）、车道限制功能来确保特定地域的车道使用和车辆行驶特征的正确性。路段编辑对话框如图 7-94 所示。

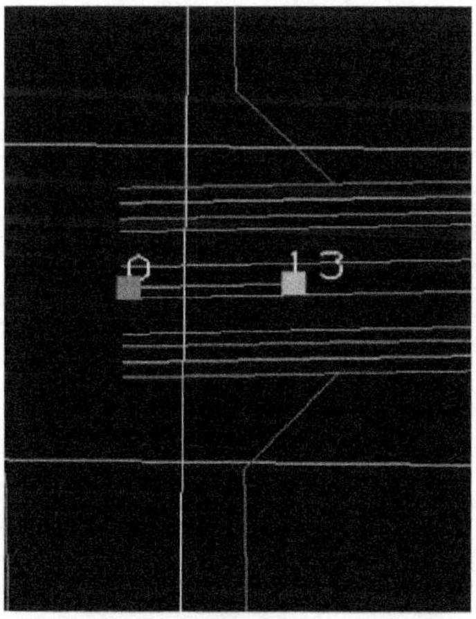

图 7-93　建立的第一个路段

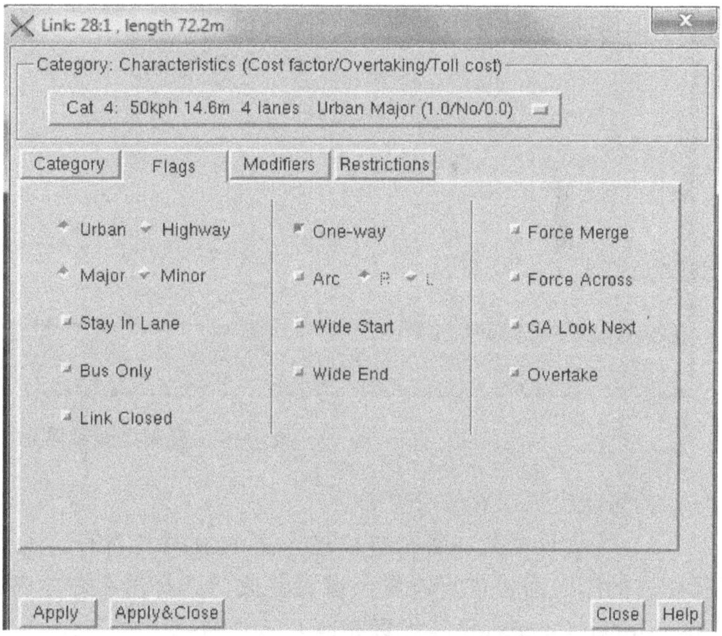

图 7-94　路段编辑对话框

较大地域的模型需要路网的道路等级数据。按照在模型中构成路径的重要程度，可以把道路划分为主要和次要路段，这样可以把快速路、干路和支路区别开来。道路等级能够影响驾驶人的路径选择。图 7-95（见书后彩色插页）为建成的道路网络，红色表示主要路段，蓝色为次要路段。

（4）道路交叉口的设定　模型中道路交叉口包括三种类型：优先交叉口、信号控制交叉口和环行交叉口。

对于无信号交叉口，首先可以使用交叉口编辑器（Junction Editor）检查和调整通过交叉口每一方向的车道选择。车道范围设定之后，可以对交叉口进行信号控制或仍保留为无信号交叉口。前者必须设定相位和相序，而后者则只需设定交叉口优先等级。

这里介绍一下信号化交叉口的设定。首先，在 Editor 的 Node 状态下，选择交叉口处的节点。接着，选择“Modify Junction”进入交叉口编辑界面，如图 7-96 所示。

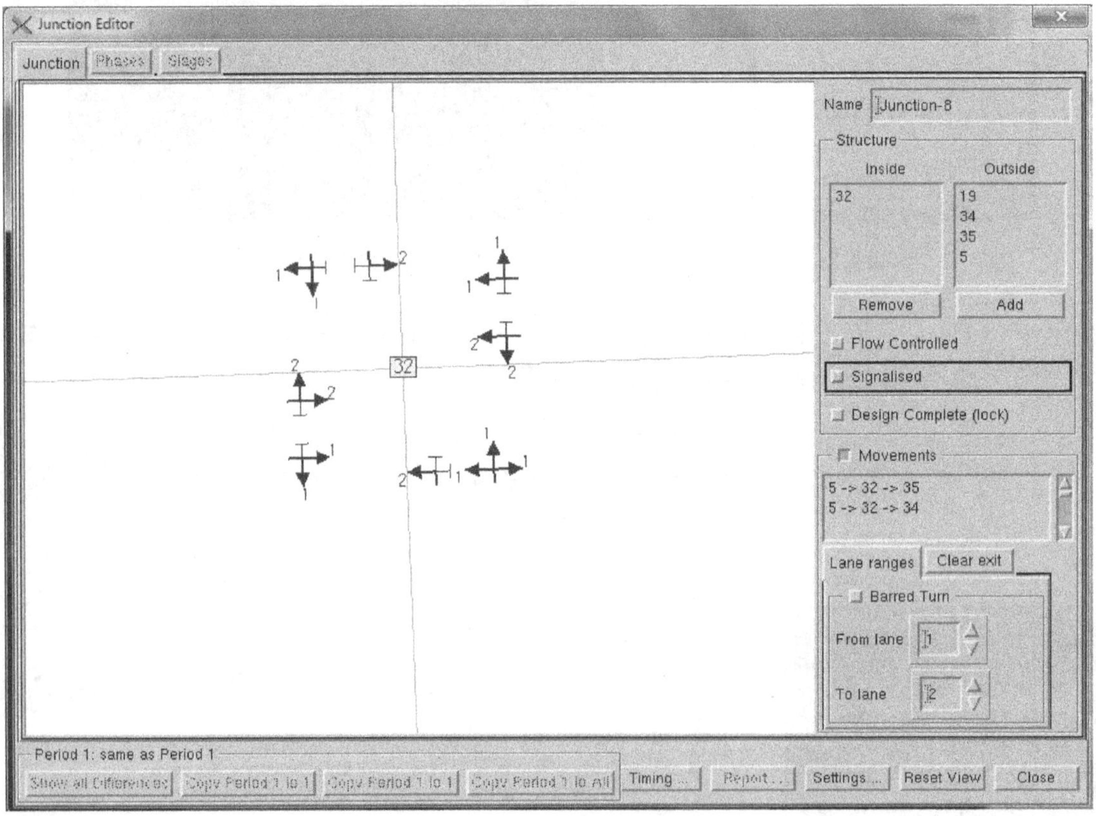

图 7-96　交叉口编辑界面

信号化交叉口编辑分三步：

1）为设计交叉口每个进口道车道的流向（直行、专用左转、直右等），通过滚轮键选择相应的流向箭头进行设置，设置完成后选择屏幕右中部的“Signalised”（信号化交叉口）和“Design Complete”（设置完成）方可进入下一步；

2）为设计共有几个相位同时每个相位包含的流向，屏幕左侧的 A、B、C 等代表 A、B、C 相位，当 A 变黑时则表示当前编辑 A 相位，则使用滚轮键选择流向后，相应流向变为 A 相位，其他以此类推，同样编辑完成后选择屏幕右下方的“Design Complete”方可进入下一步（图 7-97）。

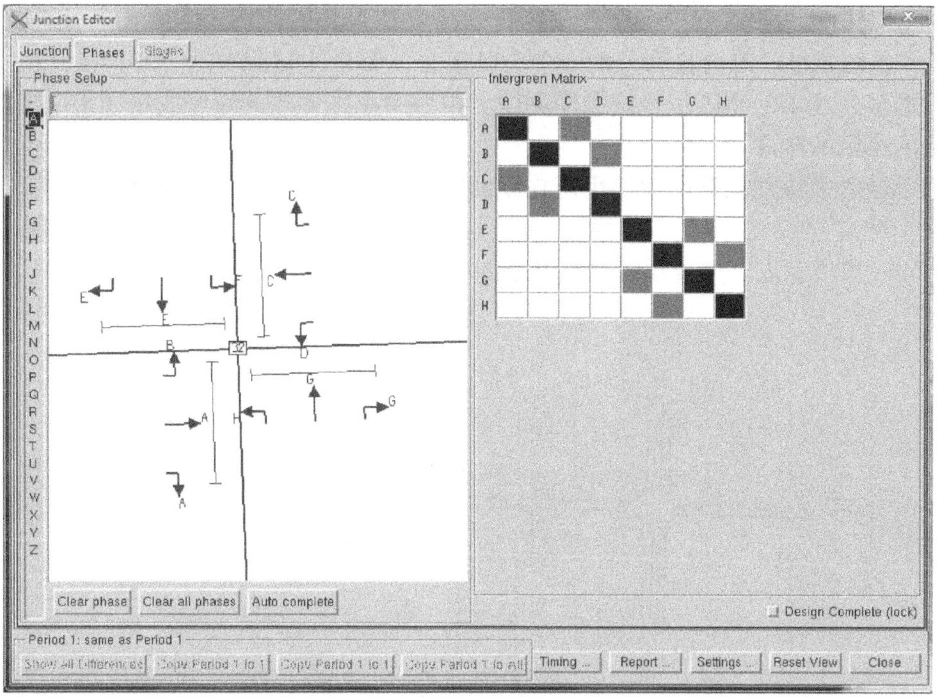

图 7-97　交叉口的相位分配

3）为设计各相位顺序与各相位的配时，默认相位为 2 个，可以通过 Add 增加相位数，中间的窗口代表当前编辑相位，如 Stage 1/4，双击 A 或滚轮键点击 A 相位箭头都可使 A 在第一相位显示，其他同理设置，各相位配时根据实际情况输入数据即可（如图 7-98 所示）。

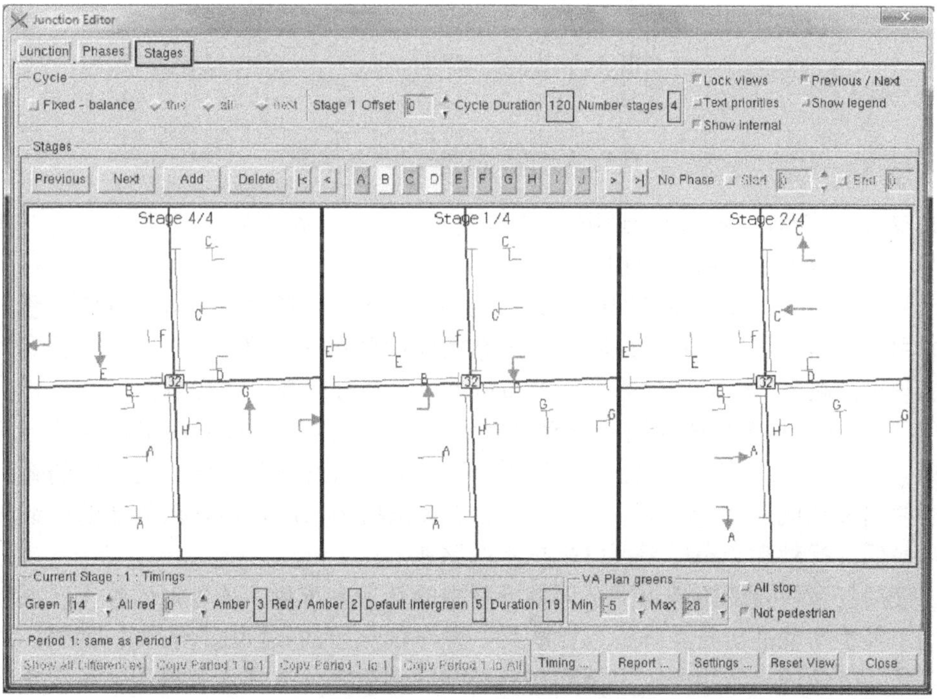

图 7-98　交叉口的信号配时

（5）创建小区　小区在模型中是车辆行驶的起讫点，因此用于定义出行矩阵的 OD 对。S-Paramics 在创建小区时会自动分配一个小区编号，首个小区编号为 001。在模型中创建小区时应根据事先规划的小区编号按顺序创建。模型中小区创建的顺序决定了 OD 矩阵的行与列所代表的小区的顺序。

交通小区必须添加到路网中，小区在路网中的位置应能控制进出小区车辆的行驶方向。每个交通小区应至少与一个路段相连，并且路段的中间点应位于小区内。交通小区通过 Editor的 Zone 选项完成。加入小区的路网如图 7-99 所示。

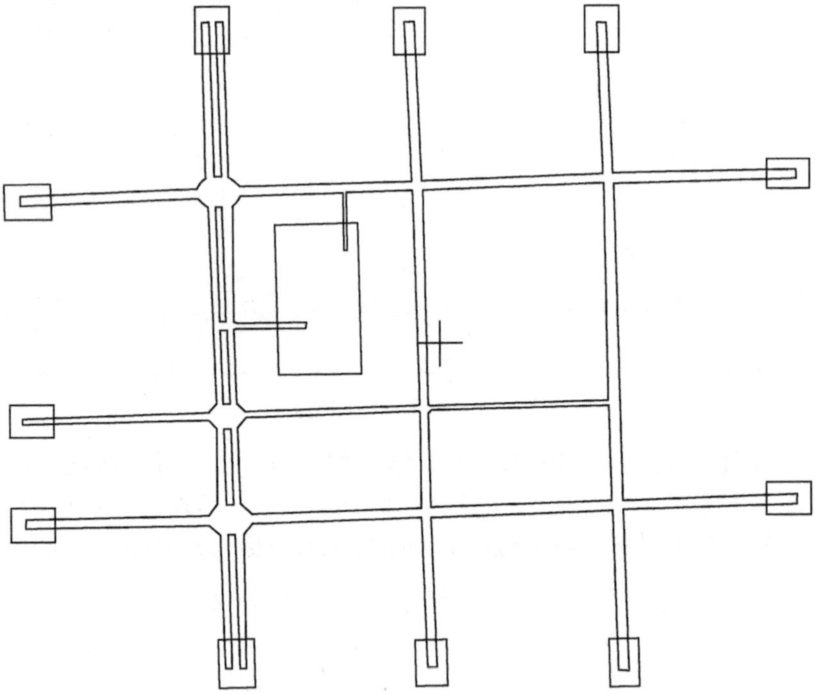

图 7-99　模型路网的小区示意图

（6）交通需求量　准确设定道路布局和交叉口之后，可以加入交通需求量，其方法包括固定路径线路分配和使用 OD 矩阵。

固定路径线路分配允许在路网中定义路径并在所定义的路径上分配交通需求量。这种方法可以使用多重矩阵水平，且可以将出行分布图应用到每一个路径上。分配到固定路径上的车辆不能驶离其路径，也不受扰动（Perturbation）和动态反馈等的影响。

OD 矩阵使用分区系统把交通需求量分配到路网中。这种方法使用出行矩阵把车辆分配到每一相应 OD 对中，可以按照需要将多重矩阵水平和出行分布图分配到矩阵的每一个单元中。车辆使用综合成本（Generalised Cost）的方式来决定从出发地到目的地的路线，即所选路线成本最低。扰动和动态反馈可以影响所选路线。

可以使用任意数量的矩阵水平来调整模型中的交通需求量。通常对重型车辆要使用单独的、区别于轻型车辆的出行矩阵，以反映每一种车辆类型的不同出行特性。另外，对新增开发区可以建立单独的出行矩阵，以便和初始矩阵区别开来。这样，建模人员可以很容易地在路网中识别出新增加的车辆。

车辆出行分布图用于控制路网中车辆的出发顺序，其作用机制与OD矩阵和固定路径相同。模拟地域的车辆几乎不会在整个模拟的时段以相同的方式出发，因此需要出行分布图来确保所观察到的车辆高峰时的拥堵状况能够在模型中再现。

图7-100为用需求量编辑器（Demand Editor）添加的出行分布图，该柱形图显示了以5min为间隔的出行分布百分率。这些分布图可用于整个矩阵、一矩阵行、一矩阵列、一个单元。

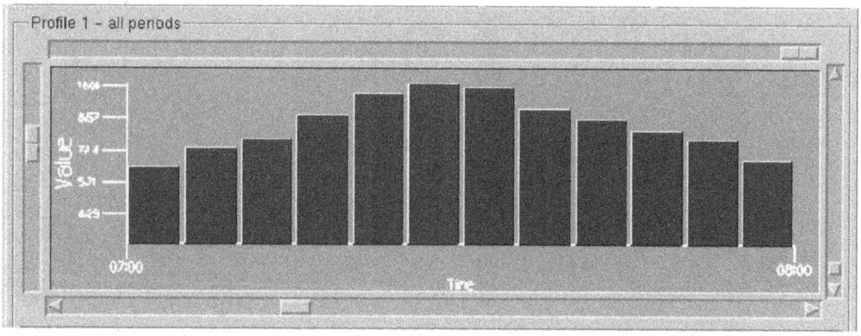

图7-100　出行分布图

（7）公共车辆　按时刻表运行的公共交通服务对所研究地域有主要影响。如果在模型中有相当数量的公共汽车运营服务，无疑将会影响所经过路段和交叉口的性能和通行能力。因此，公共交通成为交通需求量的一个重要组成部分。

公共交通服务不是OD矩阵的一部分，而是通过公共汽车线路编辑器（Bus Route Editor）加入的。编辑器可以定义公共交通的行驶路径，并设定运营时刻表。因此公共交通在模型中可以按预定时间在所分配的路径上行驶，车辆行驶时会经过模型中设置的公共汽车站，建模人员既可以在车站设定单一停站时间，也可以使用更为复杂的、基于乘客需求的上车模型来确定停站时间。同实际情况一样，公共汽车在车站停靠和离站驶入车道时，模型中的其他车辆会产生延误。

2. 构建出行矩阵

构建出行矩阵是模型建立的关键部分，可以在S-Paramics软件外进行，同时也可以使用S-Paramics的矩阵估计（Matrix Estimation，ME）模块完成。模型建立完成后，在打开模型时，在Mode模式中选择Matrix，可以打开矩阵估计模块，如图7-101所示。

矩阵估计过程需要以下信息：初始矩阵（Matrix）、交通调查文件（Survey）、路径信息文件（Routeing）和限制条件文件。

（1）初始矩阵　进行出行矩阵估计需要设定初始矩阵。最简单的形式是包含0和整数值的单一出行矩阵或多个出行矩阵。初始矩阵越接近真实的交通需求，矩阵估计过程就会越精确。

初始矩阵可以使用假定的初始矩阵或现有的初始矩阵。

假定的初始矩阵是与最终建立的出行矩阵关联最小的出行矩阵。只有出行为0的单元值会与最终估计的出行矩阵一致，即0次出行。只有出行次数为整数的单元值才会被调整。

现有初始矩阵可以来自以前版本的交通模型，使用新的交通统计数据进行更新来反映当前交通状况；上一级交通模型；通过路边停车调查数据生成新的出行矩阵，其没有观察到的

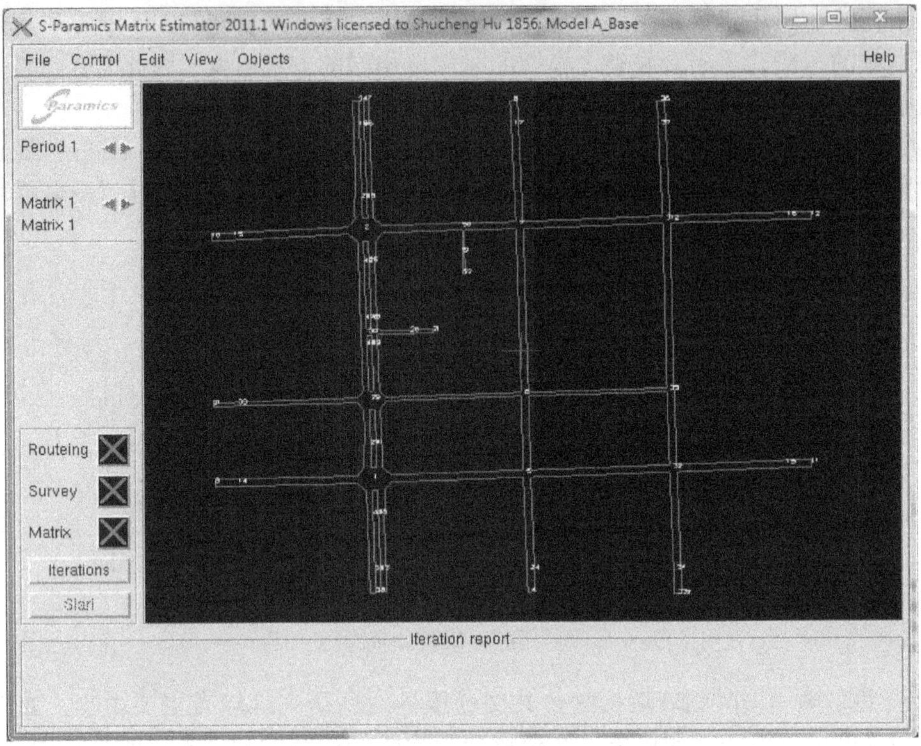

图 7-101　矩阵估计模块

出行通过重力模型生成填入。与假定的出行矩阵不同，该类型初始矩阵包含各个 OD 对的可能出行信息，因此更容易生成合理的出行矩阵。

本节模型中使用的初始矩阵如图 7-102 所示，初始矩阵中数值仅根据始发和终到小区所在的道路等级。

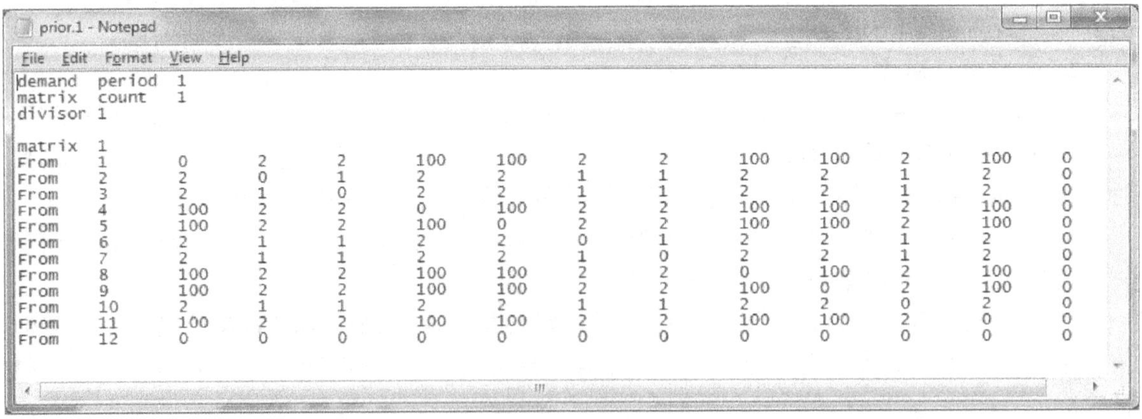


```
demand  period  1
matrix  count   1
divisor 1

matrix  1
From    1    0    2    2    100  100  2    2    100  100  2    100  0
From    2    2    0    1    2    2    1    1    2    2    1    2    0
From    3    2    1    0    2    2    1    1    2    2    1    2    0
From    4    100  2    2    0    100  2    2    100  100  2    100  0
From    5    100  2    2    100  0    2    2    100  100  2    100  0
From    6    2    1    1    2    2    0    1    2    2    1    2    0
From    7    2    1    1    2    2    1    0    2    2    1    2    0
From    8    100  2    2    100  100  2    2    0    100  2    100  0
From    9    100  2    2    100  100  2    2    100  0    2    100  0
From    10   2    1    1    2    2    1    1    2    2    0    2    0
From    11   100  2    2    100  100  2    2    100  100  2    0    0
From    12   0    0    0    0    0    0    0    0    0    0    0    0
```

图 7-102　初始矩阵

（2）交通调查文件　交通调查数据包含观测数据，它与路径信息文件一起用来构建初始矩阵，这是估计过程的重要环节。交通调查文件模板可以通过 ME 模块生成，或者通过其他第三方软件如 Excel 创建。需要估计的每个模拟时段、每层级矩阵都要有一个独立的交通调查文件。

这里使用了两条道路（峨眉街和华山街）的路段流量数据和三个路口的车辆转向计数数据（如图7-103所示），分别为：昆仑大街/湘江大街交叉口（节点2）；昆仑大街/闽江大街交叉口（节点1）；闽江道/华山街交叉口（节点32）。由这些数据生成的交通调查文件，如图7-104所示。

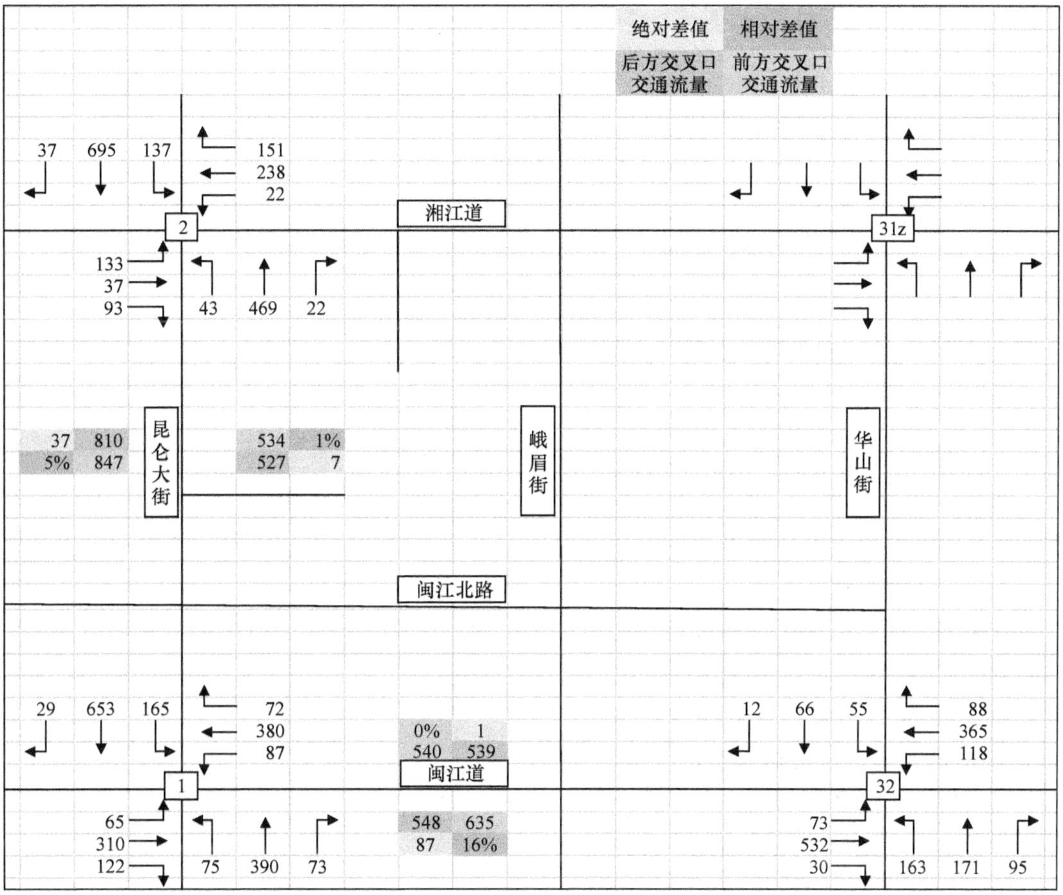

图7-103 交叉口调查数据

(3) 路径信息文件（Routeing Information File，RIF） 在矩阵预计过程中，路径信息文件提供每个路段行驶及转向车流占OD交通流的比例。这可以用于交通调查数据来判断观测车流的行驶路径及其起终点。路径信息文件很关键，应尽可能精确。

(4) 限制条件 限制条件允许用户限定初始矩阵内每个单元值、每行或每列的数值可以变化的幅度。限制条件可以采用百分比或者绝对差值进行设置，并以高、低范围的形式应用。通过使用限制条件来保证初始矩阵中的实际观测OD值可以在矩阵估计的过程保持不变。因此，在路边停车调查中观测到的OD值应保持初始值不变，而矩阵估计过程仅用来调整矩阵中没有观测到的OD数据。

(5) 收敛标准 在获得初始矩阵、交通调查文件以及路径信息文件后，就可以开始矩阵估计了，但在矩阵估计开始前应先设置好合适的收敛标准。收敛标准是一系列规则，用来判断矩阵估计过程是否成功。当这些标准在允许最大迭代次数范围内得到满足时，矩阵估计过程会立刻停止，不再执行迭代运算。如果在允许最大迭代次数范围内收敛标准无法满足，那么矩阵估计就会停止，并生成错误报告。

收敛标准可以采用以下三种方式之一：①模型交通流和观测交通流的 *GEH* 比较（*GEH* 标准）；②模型交通流和观测交通流差异百分比（相对值标准）；③模型交通流和观测交通流差异值（绝对值标准）。

GEH 统计量是数据比较中常用的卡方统计量，可用下式表示

$$GEH=\sqrt{\frac{(M+C)^2}{\frac{(M+C)}{2}}} \tag{7-1}$$

式中　M——模型输出的路段流量；

C——观测流量。

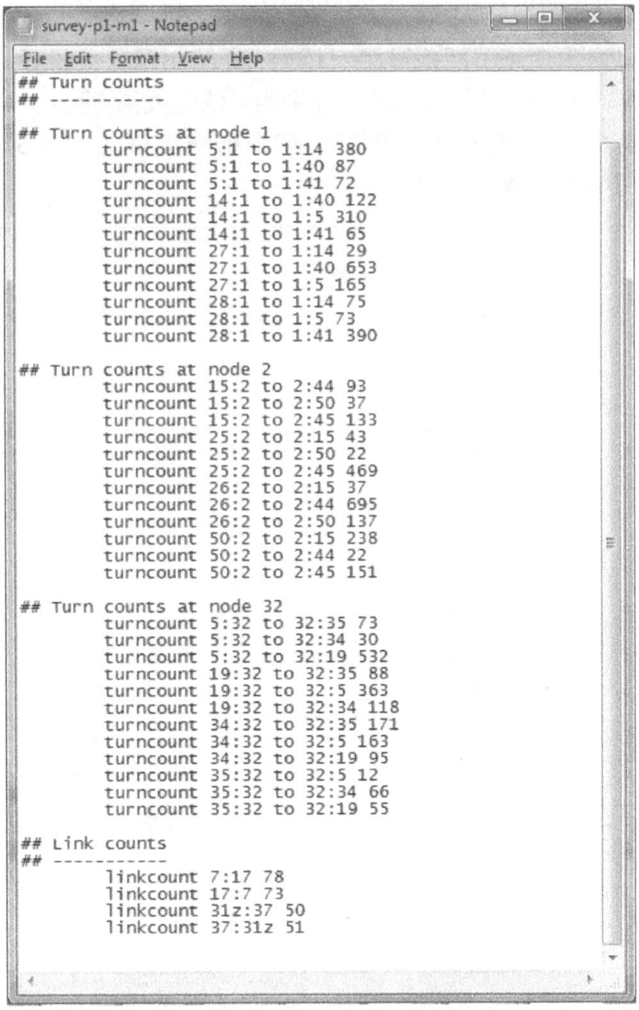

survey-p1-m1 - Notepad

File Edit Format View Help

```
## Turn counts
## -----------

## Turn counts at node 1
        turncount 5:1 to 1:14 380
        turncount 5:1 to 1:40 87
        turncount 5:1 to 1:41 72
        turncount 14:1 to 1:40 122
        turncount 14:1 to 1:5 310
        turncount 14:1 to 1:41 65
        turncount 27:1 to 1:14 29
        turncount 27:1 to 1:40 653
        turncount 27:1 to 1:5 165
        turncount 28:1 to 1:14 75
        turncount 28:1 to 1:5 73
        turncount 28:1 to 1:41 390

## Turn counts at node 2
        turncount 15:2 to 2:44 93
        turncount 15:2 to 2:50 37
        turncount 15:2 to 2:45 133
        turncount 25:2 to 2:15 43
        turncount 25:2 to 2:50 22
        turncount 25:2 to 2:45 469
        turncount 26:2 to 2:15 37
        turncount 26:2 to 2:44 695
        turncount 26:2 to 2:50 137
        turncount 50:2 to 2:15 238
        turncount 50:2 to 2:44 22
        turncount 50:2 to 2:45 151

## Turn counts at node 32
        turncount 5:32 to 32:35 73
        turncount 5:32 to 32:34 30
        turncount 5:32 to 32:19 532
        turncount 19:32 to 32:35 88
        turncount 19:32 to 32:5 363
        turncount 19:32 to 32:34 118
        turncount 34:32 to 32:35 171
        turncount 34:32 to 32:5 163
        turncount 34:32 to 32:19 95
        turncount 35:32 to 32:5 12
        turncount 35:32 to 32:34 66
        turncount 35:32 to 32:19 55

## Link counts
## -----------
        linkcount 7:17 78
        linkcount 17:7 73
        linkcount 31z:37 50
        linkcount 37:31z 51
```

图 7-104　交通调查文件

因为不管观测交通流数值的高低，模型交通流与观测交通流之间差异都可能会很大，所以使用第一种标准最容易完成矩阵估计。相对值标准比 *GEH* 标准较难满足，特别当观测数据包含大量数值较小的交通流数据时。如果相对值标准是 5%（系统默认值），对于观测值为 20 辆车的交通流，只有估测交通流量在 19 ~ 21 辆才会满足收敛条件，这个精确度要求是相当高的。然而，如果交通流量很大，比如 2000 辆车，该相对值标准的范围就可以到 ±100 辆。

当观测数据包含大量数值较大的交通流时，绝对值标准是最难满足的。对于交通量小的交通流，满足该收敛标准的难易度在 *GEH* 标准和相对值标准之间；如果绝对值收敛标准是 5 辆（系统默认值），观测的交通流为 20 辆车，估测交通流在 15 辆和 25 辆都满足收敛条件。较大的交通流量则非常难以满足该收敛条件，当观测的交通流量为 2000 辆车时，估测交通流只有在 1995 ~ 2005 辆才满足收敛条件。

当判断应该采用哪个收敛标准时，应该考虑交通调查文件中观测交通流的数值变化范围。如果存在大量的数值较小的交通流，采用绝对值标准会使模型在较少的迭代运算次数后成功收敛。如果存在大量的数值较大交通流，相对值标准比较合适。如果观测交通流变化范围比较大，既有数值较大交通流也有数值较小交通流，GEH 标准是最好的选择。

在准备好所需的文件之后，点击“Apply”运行矩阵估计模块，如图 7-105 所示。生成的 OD 矩阵可以直接保存到模型中。

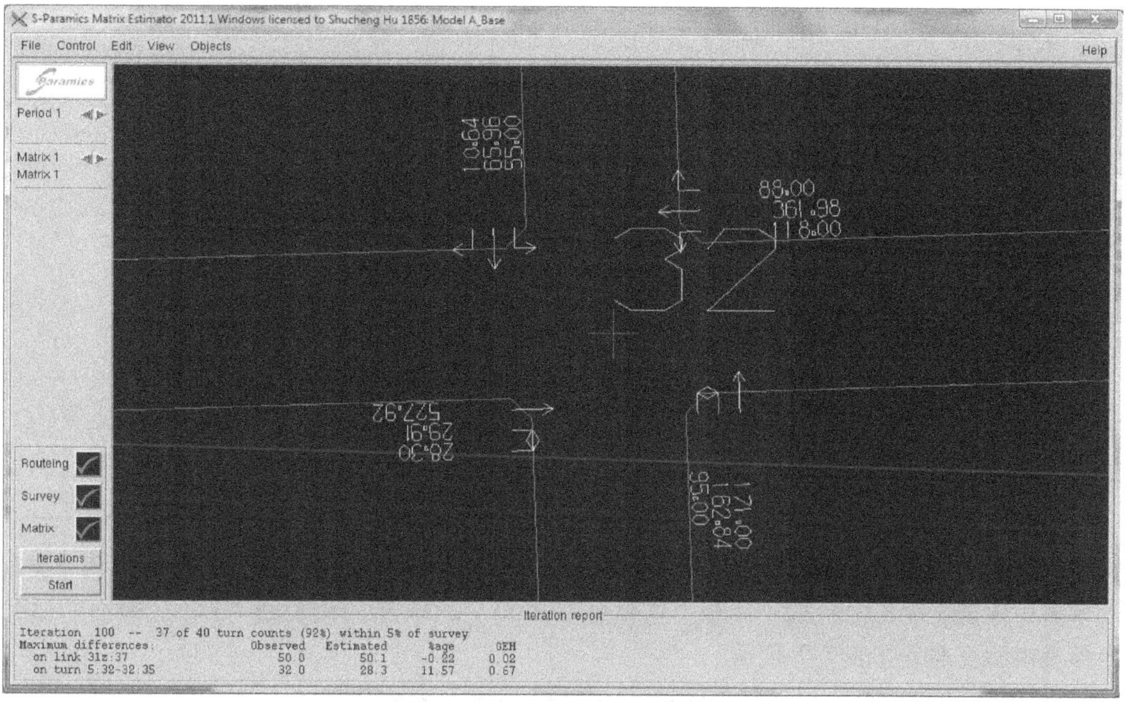

图 7-105　运行矩阵估计模块

当成功完成矩阵估计全过程，并将成果交通需求文件保存后，模型会生成报告文件。通过检查这些文件可以判断模型有没有满足收敛标准区域，并根据模型的应用情况判断成果矩阵是否可以接受。

例如，如果成果矩阵满足了收敛标准，如 85% 的分配交通流的 GEH 都在 5 以内，但生成的报告表明模型中某个特别重要的区域没有满足收敛标准，那么就需要重复估计过程。

模型中部分区域没有满足收敛标准的原因可能包括以下几种情况：调查数据不准确；路网标定错误影响生成的路径信息文件（如禁止转向、错误的行车限制和封闭车行道、交叉口不正确标定造成的不合理的车辆延误等）。

成果矩阵满足收敛标准，且报告文件表明没有满足收敛条件的各个路段和转向车流情况是可接受的，这时获得的成果矩阵就可以用于交通仿真了。

在成果矩阵应用于仿真之前应详细检查各 OD 对的交通出行以确保其合理性。

如果模型校准检查表明输出结果不满足要求，那么有必要重新进行出行矩阵估计。这种情况下，前一阶段的成果矩阵应作为输入数据生成新的路径信息文件，在下一阶段矩阵估计过程中使用，重复矩阵估计过程来生成新出行矩阵。

通过矩阵估计模块计算得出的现状年 OD 矩阵如表 7-6 所示。

3. 建立将来年模型

现状年模型建好后，对其进行复制，建立将来年模型。这里建立的将来年模型有三个：

表 7-6 现状年 OD 矩阵

		目的地												合计
		1	2	3	4	5	6	7	8	9	10	11	12	
出发地	1	0	0	2	72	3	0	1	351	34	1	75	0	539
	2	2	0	14	16	92	28	0	0	0	0	32	0	184
	3	17	75	0	95	168	3	2	1	0	0	69	0	430
	4	69	1	118	0	86	2	1	9	2	0	280	0	568
	5	0	33	50	52	0	5	49	137	220	0	0	0	546
	6	0	9	16	2	6	0	8	4	5	0	0	0	50
	7	0	0	2	1	39	7	0	10	13	0	0	0	72
	8	554	1	3	110	123	3	11	0	37	4	26	0	872
	9	64	0	1	26	30	2	5	133	0	0	3	0	264
	10	33	0	1	2	0	0	0	48	0	0	0	0	84
	11	122	2	8	302	1	0	0	59	6	0	0	0	500
	12	0	0	0	0	0	0	0	0	0	0	0	0	0
合计		861	121	215	678	548	50	77	752	317	5	485	0	4109

（1）参考模型　交通量为 2015 年交通量，不含建设项目新增交通量。交通量的年度增长率需要根据有关机构的规定计算。这里假设 2012～2015 年的增长量为 6%，得出的 2015 年参考模型交通量如表 7-7 所示。

表 7-7 2015 年参考模型交通量

		目的地												合计
		1	2	3	4	5	6	7	8	9	10	11	12	
出发地	1	0	0	2	76	3	0	1	372	36	1	80	0	571
	2	2	0	15	17	98	30	0	0	0	0	34	0	195
	3	18	80	0	101	178	3	2	1	0	0	73	0	456
	4	73	1	125	0	91	2	1	10	2	0	297	0	602
	5	0	35	53	55	0	5	52	145	233	0	0	0	579
	6	0	10	17	2	6	0	8	4	5	0	0	0	53
	7	0	0	2	1	41	7	0	11	14	0	0	0	76
	8	587	1	3	117	130	3	12	0	39	4	28	0	924
	9	68	0	1	28	32	2	5	141	0	0	3	0	280
	10	35	0	1	2	0	0	0	51	0	0	0	0	89
	11	129	2	8	320	1	0	0	63	6	0	0	0	530
	12	0	0	0	0	0	0	0	0	0	0	0	0	0
合计		913	128	228	719	581	53	82	797	336	5	514	0	4356

（2）项目模型　交通量为 2015 年交通量和建设项目新增交通量。新增小区交通量的分配方法有多种，由于篇幅限制，这里不再详细讨论。分配后的项目模型交通量如表 7-8 所示。现状年、参考模型和项目模型的交通量对比如表 7-9 所示。

表 7-8　项目模型交通量

		目的地												合计
		1	2	3	4	5	6	7	8	9	10	11	12	
出发地	1	0	0	2	76	3	0	1	372	36	1	80	13	584
	2	2	0	15	17	98	30	0	0	0	0	34	4	199
	3	18	80	0	101	178	3	2	1	0	0	73	10	466
	4	73	1	125	0	91	2	1	10	2	0	297	13	615
	5	0	35	53	55	0	5	52	145	233	0	0	13	592
	6	0	10	17	2	6	0	8	4	5	0	0	1	54
	7	0	0	2	1	41	7	0	11	14	0	0	2	78
	8	587	1	3	117	130	3	12	0	39	4	28	20	945
	9	68	0	1	28	32	2	5	141	0	0	3	6	286
	10	35	0	1	2	0	0	0	51	0	0	0	2	91
	11	129	2	8	320	1	0	0	63	6	0	0	12	542
	12	31	4	8	25	20	2	3	27	12	0	18	0	150
合计		944	133	236	743	601	55	84	825	348	5	532	96	4602

表 7-9　交通量对比

	现状年	参考模型	项目模型
模拟时段交通量	4109	4356	4602
变化量/车辆数	—	247	493
变化量（%）	—	6.0	12.0

（3）交叉口改善模型　交叉口改善模型交通量同项目模型，但对部分交叉口实施了改造（如图7-106所示），以及修建了港湾式公交车站（图7-107）。

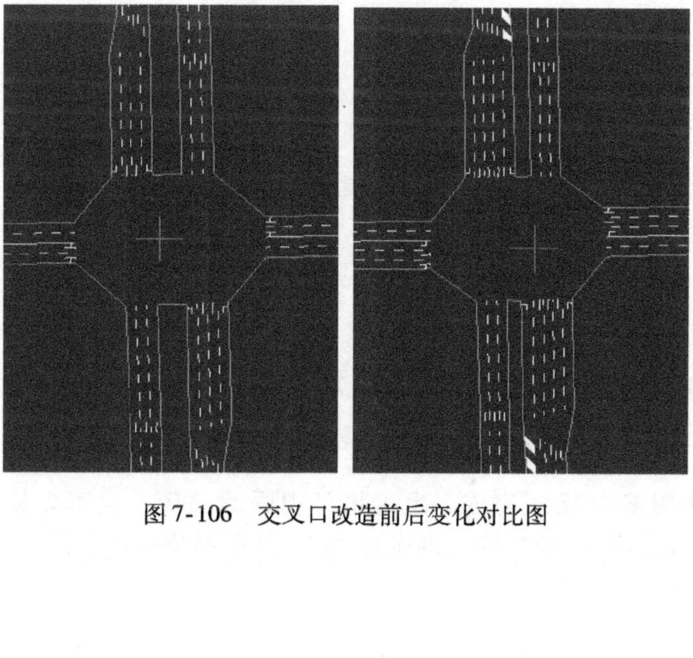

图7-106　交叉口改造前后变化对比图

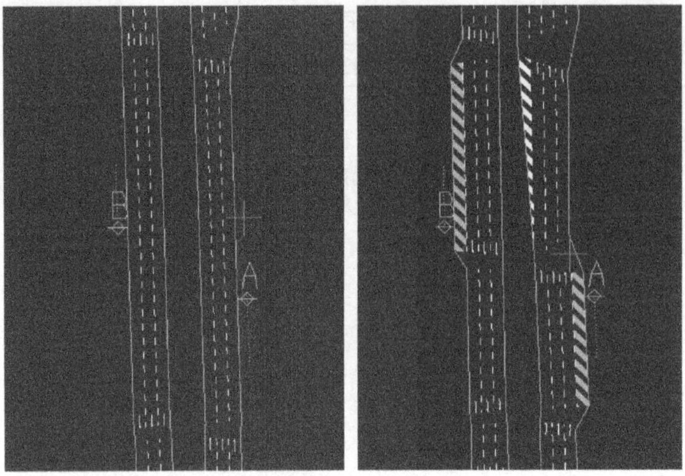

图 7-107　公交车改造前后变化对比图

4. 仿真结果分析

S-Paramics 能够输出不同类型的统计数据。建模人员可以根据需要进行定义，并有选择地输出这些数据，如交叉口转向车辆数、排队队列长度等。也可以根据需要设定所收集数据的时间间隔。点击屏幕左上方的“Edit”，选择“Measurements”，打开模型数据输出类型设置对话框，如图 7-108 所示。

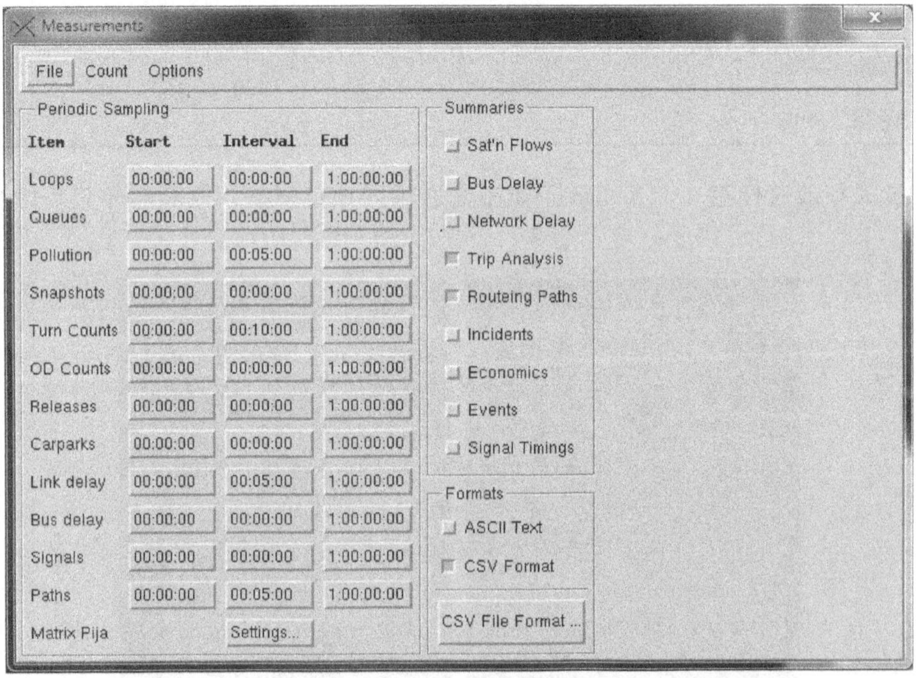

图 7-108　模型数据输出类型设置对话框

数据的收集使用 ESV 模式完成，也可将可视画面关闭，也可以使用批运行（Batch Run）或批处理器（Batch Farm）模式迅速地生成。运行结果将被保存在 Log 文件夹中。

模型运行之后，可以对运行结果，对模型进行进一步的分析，如经济评价（PEARS），或尾气排放评价（AIRE）。AIRE 可以用于处理微观交通仿真模型产生的各个时间步长的单个车辆的详细仿真结果。与传统的基于平均速度的分析方法相比，可提供更加详细的、非集计类型的车辆排放评估结果。AIRE 可以根据每个仿真车辆出行过程中的燃料消耗来计算氮氧化物、颗粒物和总的碳排放量。

同时，可以使用数据分析工具（DAT）对数据进行分析。DAT 的界面可以直接连接所有的数据类型，并可以对任意数量的模型运行结果进行汇总和统计分析，如计算平均值、标准偏差和置信区间等。DAT 可以很容易地对方案在使用不同随机因子的多次运行结果进行分析，使统计分析结果更可靠。

这里列出了部分指标的分析结果。

1）路网总体性能指标，如表 7-10 所示。

表 7-10　路网平均旅行时间

	平均旅行时间/(mm:ss)	旅行总距离/m	出行次数/辆
参考模型	02:55	4087411	4353
项目模型	03:10	4291340	4599
交通改善模型	02:25	4290384	4599

特定路段的旅行时间变化，如表 7-11 及图 7-109、图 7-110 所示。

表 7-11　昆仑大街平均旅行时间

	南向			北向		
	旅行时间(mm:ss)	差值(mm:ss)	变化百分比	旅行时间(mm:ss)	差值(mm:ss)	变化百分比
参考模型	02:32	—	—	02:21	—	—
项目模型	02:34	00:02	1.11%	02:22	00:01	0.88%
交通改善模型	02:24	-00:09	-5.98%	02:09	-00:12	-8.48%

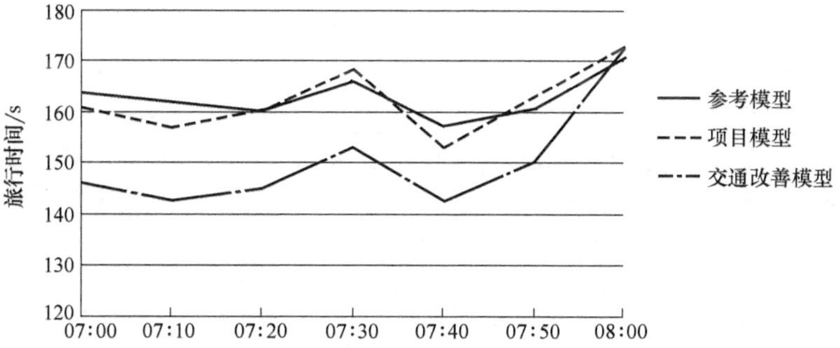

图 7-109　昆仑大街旅行时间（北向）

2）路段流量变化对比图，如图 7-111 所示。图中用宽度表示增加量的大小，随着流量变化的增加，条形的宽度由窄变宽。

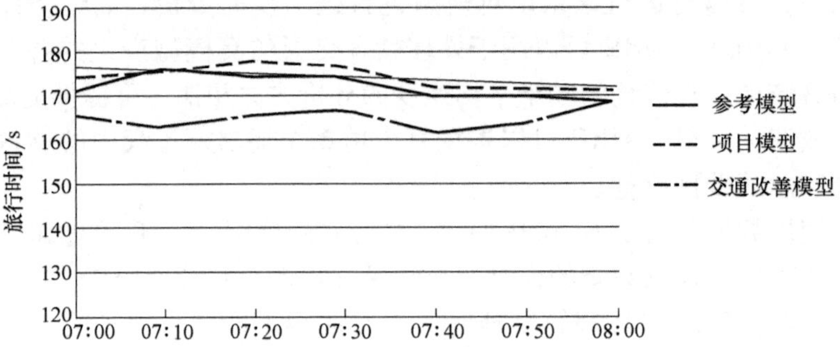

图 7-110　昆仑大街旅行时间（南向）

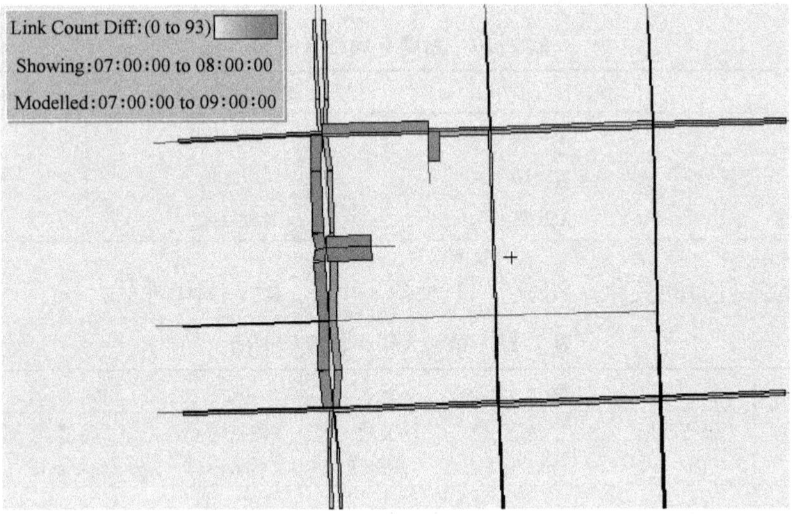

图 7-111　路段流量变化图

3）交叉口停车线平均排队长度，如图 7-112 和图 7-113 所示。

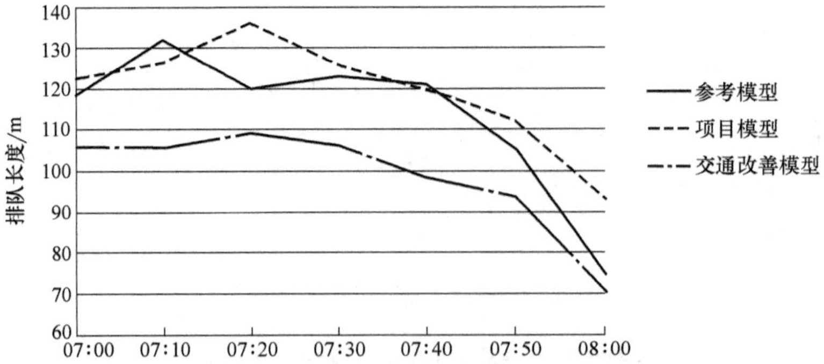

图 7-112　昆仑大街/湘江大街交叉口排队长度（北进口）

4）尾气排放的变化，如表 7-12 所示。

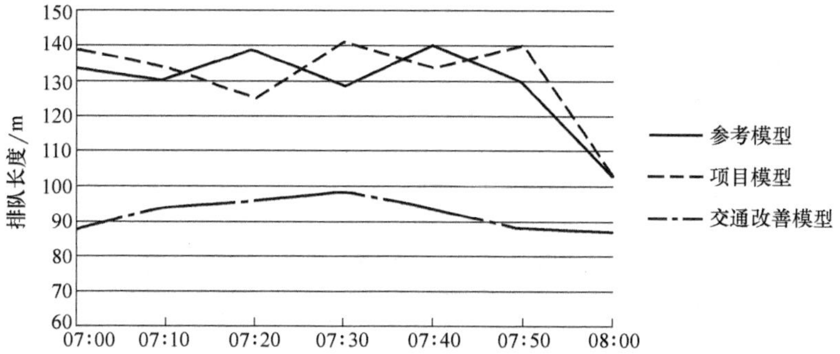

图7-113 昆仑大街/湘江大街交叉口排队长度（南进口）

表7-12 尾气排放的变化

模　　型	氮氧化物（NOx）/mg	变化百分比	颗粒物（PM10）/mg	变化百分比	总碳排放量/mg	变化百分比
参考模型	3896805	—	82524	—	474062969	—
项目模型	4470337	14.7%	92798	12.4%	527237178	11.2%
交能改善模型	3837145	-1.5%	83363	1.0%	463044059	-2.3%

注：车辆排放指标的计算采用了模型默认值。

思　考　题

1. 目前比较常用的交通需求预测软件有哪些?
2. 能用于交通影响评价的交通软件有哪些?
3. 交通规划软件与交通仿真软件在交通影响评价工作中有哪些作用?
4. 目前常用的交通仿真软件有哪些功能漏洞?
5. 研发专门的交通影响评价软件有没有必要？请详细说明理由。

第 8 章

交通影响评价案例

8.1 某居住小区建设项目交通影响评价

8.1.1 项目概述

某居住小区位于雁塔路与雁塔南路十字路口的东南角，如图 8-1 所示。依据该项目建筑规划总平面图，规划用地面积 44254.40m^2，总建筑面积 99044.93m^2，建筑密度为 30.9%，建筑容积率为 1.74%，绿地率 32.0%，停车泊位数为 393 个。项目用地综合技术经济指标如表 8-1 所示。

表 8-1　项目用地综合技术经济指标

项　目	单　位	数　量
总用地面积	m^2	44254.40
总建筑面积	m^2	99044.93
住宅建筑面积	m^2	76099.78
公建总建筑面积	m^2	1010.00
地下总建筑面积	m^2	21935.15
人防建筑面积	m^2	5449.44
总建筑占地面积	m^2	13705.39
绿化面积	m^2	14158.44
容积率	%	1.74
绿地率	%	32.0
建筑密度	%	30.9
规划户数	户	942
停车泊位数	个	393

该住宅小区当时预计于 2007 年 10 月左右建成开始投入使用，考虑到住宅销售和房屋装修等因素制约，小区内住户完全入住还需一段时间，而且该项目及其周围地区均为大片规划中的居住用地，其对交通量的吸引必将在随后的时间内达到更大，故确定 2010 年为项目的

目标年。基于建设项目规模，结合周边路网结构，确定本项目的主要影响范围为雁南三路、雁塔南路、雁南四路、唐芙三路所围成的方形区域，影响道路主要为雁南三路、雁塔南路、雁南四路、唐芙三路。

8.1.2　项目建设背景与现状交通分析

1. 项目周边土地利用状况

通过对实地进行调查，从用地功能的分布、土地使用强度来看，研究区域土地性质相对单一，建筑密度不大，项目周边土地利用基本上以居住用地为主。项目东侧都是丽景花园、湖滨花园、钻石王朝等高档居住小区，南侧是体育用地省射击场，西侧主要包括曲江宾馆和惠苑宾馆等商贸、酒店用地以及世纪花园、泛美花园等住宅用地；北临雁南三路，雁南三路和雁南二路之间为唐城墙遗址，是规划中的道路绿带，再往北则是庙坡头村居民安置小区，多为 2 ~ 6 层住宅。从用地性质来看，目前的用地匹配及规模不具有产生和吸引较高强度交通量的能力。根据相关规划，研究区域土地利用规划如图 8-1 所示。

2. 项目影响范围内现状路网

项目交通影响范围内的路网布局基本呈方格状，根据现场调查，区域内主要道路包括雁塔南路、雁南三路、唐芙三路、雁南四路、芙蓉西路等。现状路网结构如图 8-2 所示。

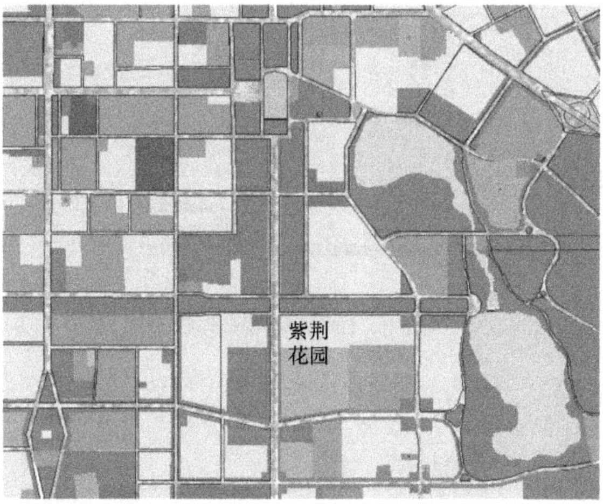

图 8-1　研究区域土地利用规划

图 8-2　项目周边现状路网结构图

（1）道路状况

1）雁塔南路：该市主要的南北方向主干路之一，在大雁塔南广场出口连接起环塔南路，向南与雁南一路、雁南二路（规划中）、雁南三路、雁南四路、会展路相交，为曲江新区和城市的内外联系和集散服务；道路红线宽度 60m，其中机动车道为双向四车道 15m（中央无设施隔离），两侧通过 6m 的分隔带与非机动车道分离，非机动车道宽 6.5m，路面状况良好。

2）雁南三路：东西方向主干路，与翠华南路、雁塔南路、慈恩东路、慈恩西路、芙蓉西路相交；道路红线宽度 20m，为一块板形式，两个机动车车道，机非混行，无设施隔离。

3）唐芙三路：南北向支路，连接雁南三路和雁南四路，道路红线宽度16m，机动车道为双向两车道。

4）雁南四路：东西方向主干路，该路与雁塔南路、芙蓉西路相交，连接上林苑路；道路红线宽度40m，其中机动车道为双向四车道15m（中央无设施隔离），两侧通过2.5m的分隔带与非机动车道分离，非机动车道宽5m。

（2）交叉口状况

1）雁塔南路与雁南三路交叉口：该交叉口为渠化交叉口。由于雁南三路与雁南二路之间的唐城绿带尚未动工，雁南三路西段周围是大片在建住宅项目空地，东段为别墅群和花园式住宅小区，所以该交叉口东西向车流量较小。根据实际观测发现，雁塔南路双向机动车流量较大、车速较高。雁塔南路与雁南三路交叉口采取了渠化措施，交通量小，左转车辆对直行交通干扰也较小，行人交通量较小，交叉口通行效率较高。

2）雁南三路与唐芙三路交叉口：该交叉口与该项目距离较近，为平交路口，无信号控制，由于周边均为在建或待建项目，目前仅有极少量机动车通行。

3）雁南四路与唐芙三路交叉口：该交叉口为平交路口，无信号控制，由于周边均为在建或待建项目，目前仅有少量机动车通行。

4）雁塔南路与雁南四路交叉口：该交叉口为灯控交叉口。根据实际观测发现，雁塔南路双向机动车流量较大、车速较高。左转车辆对直行交通干扰也较小，行人交通较少，交叉口通行效率较高。

图8-3　研究区域规划道路网

3. 项目影响范围内规划路网

根据该市城市总体规划和相关的控制性详细规划资料，研究区域规划道路网络结构如图8-3和表8-2所示。

表8-2　项目影响范围内规划道路指标

名　称	道路等级	道路红线	结　构	横断面	备　注
雁塔南路	主干路	60m	三块板	双向四车道	机非分离
雁南二路	主干路	20m	一块板	双向两车道	机非混行
雁南三路	主干路	20m	一块板	双向两车道	机非混行
唐芙三路	支　路	16m	一块板	双向两车道	机非混行
芙蓉西路	次干路	30m	一块板	双向四车道	机非混行
雁南四路	主干路	40m	三块板	双向四车道	机非分离

4. 项目周边道路交通现状分析

（1）交通调查　该项目于2006年5月12日组织人力对研究范围内重要路段、路口进行了实地机动车流量调查。针对项目所处的位置关系、现状道路网情况和交通影响分析的需要，交通调查选择在雁塔南路-雁南三路交叉口、雁南三路-唐芙三路交叉口和雁南四路-雁塔南路交叉口，具体分布如图 8-4 所示。

（2）调查数据分析

1）车型比例。该区域中小客车在机动车出行中所占的比例最高，已达到 65.2%。由于该区域内的大部分项目正在开发建设中，因此所调查的货车中有部分是在建项目的运输车辆。

2）时间分布。交通量观测结果表明，机动车高峰小时为 17:30 ~ 18:30，各观测路段的双向分时段的机动车交通量变化如图 8-5 至图 8-8 所示。

图 8-4　交通量调查点分布图

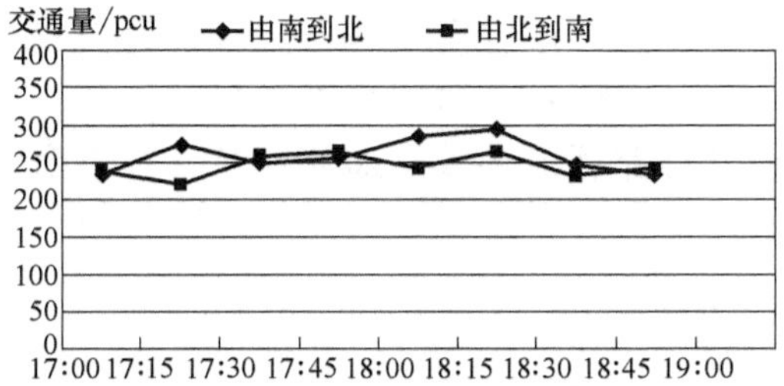

图 8-5　雁塔南路机动车交通量时变图

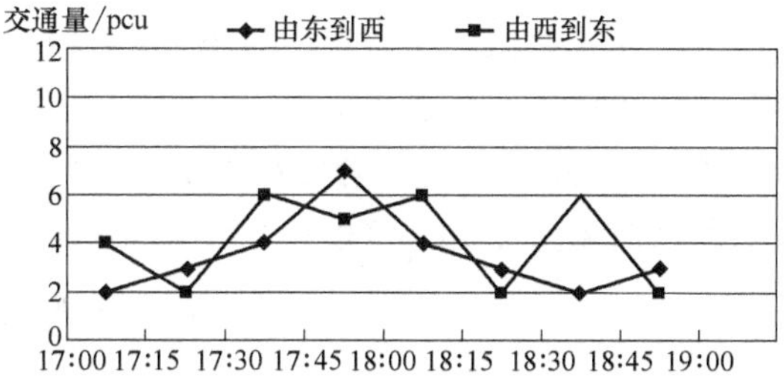

图 8-6　雁南三路机动车交通量时变图

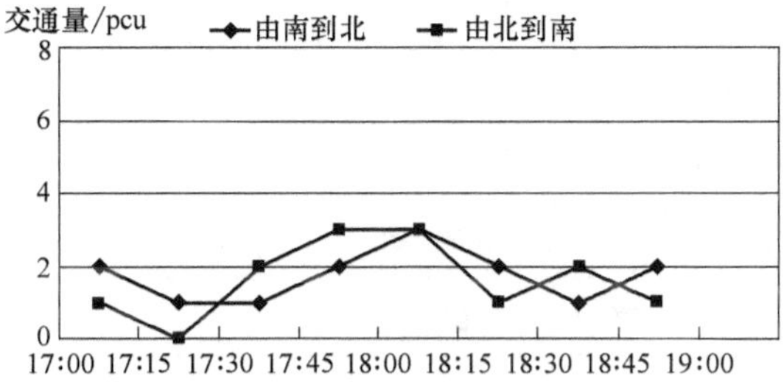

图 8-7　唐芙三路机动车交通量时变图

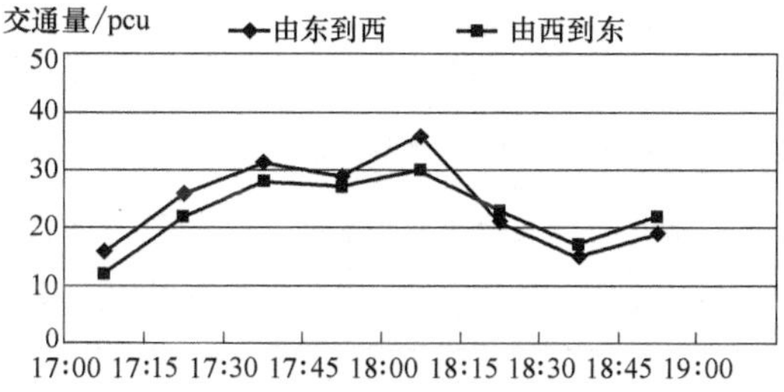

图 8-8　雁南四路机动车交通量时变图

3）道路服务水平。由表 8-3 可以看出：研究区域内雁塔南路的交通负荷比较大，饱和度在 0.5 左右，道路车流比较大；雁南三路和唐芙三路的车流量很少，在实际观测过程中发现，偶尔有车通过，车速较高，车辆运行良好，其饱和度（道路上实际交通流量与理论通行能力的比值，V/C）不到 0.1，车流基本处于自由流状态；雁南四路道路通行能力大，车流量不是很多，车速较高。

4）交叉口分析。在实际调查过程中发现，该项目周边的道路交叉口车流都比较顺畅，其中雁塔南路上的两个交叉口交通量比较大，其余交叉口交通量均很小。

表 8-3　建设项目周边道路现状高峰小时流量及饱和度

道路名称	行驶方向	高峰小时交通量/(pcu/h)	饱和度（V/C）
雁塔南路	南→北	1082	0.57
	北→南	1032	0.54
雁南三路	东→西	18	0.02
	西→东	19	0.02
唐芙三路	南→北	8	0.01
	北→南	9	0.02
雁南四路	东→西	117	0.07
	西→东	108	0.06

5）公交系统分析。公交出行是居民出行首选的交通出行方式，而上下班时段是居民出行最为集中的时段，2006 年 5 月 12 日进行了公交现状调查。调查内容包括附近道路上双向经过的公交车数以及抽样的公交车载客率情况。调查结果表明：影响区域内公交线路主要集中在雁塔南路，与项目密切相关的公交线路有 6 条（见表 8-4），这些线路发车间隔平均为 10～15min，公交线路布局相对集中，雁南三路和唐芙三路暂时还没有通公交车。雁塔南路上双向通过公交车为 52 辆/h，平均载客率为 60.6%。

表 8-4　研究区域内主要公交线路分布

序号	线路	首末站	主要途经大站
1	212	邓家村-大唐芙蓉园南门	汉城路-桃园路-高新路-电子商城-电视塔-省射击场
2	224	城西客运站-曲江水厂	劳动路-西门-小雁塔-长安路-大雁塔-省射击场
3	320	金花北路-秦岭野生动物园	金花南路-大雁塔-省射击场-电视塔-官路村
4	407	射击场-城西客运站	射击场-小寨-黄雁村-西门-丰登路-丝绸群雕
5	500	火车站-零六七基地	大差市-大雁塔-省射击场-杜陵东路-宇航基地
6	504	印刷厂-邓家村	瓦胡同村-小寨-西门-丰登路-土门-沣惠路

通过对原始数据的分析可以得出以下结论：

① 根据不同时段的路段交通流量，说明影响范围内的出行以工作出行为主，高峰小时出现在上、下班期间。

② 雁南三路、唐芙三路高峰小时交通流量均很小，车辆运行良好。

③ 各条道路上非机动车和行人交通都比较少。

④ 该项目周边道路公交车内服务水平较高，平均实载率为 60.6%，能够满足当前乘公交出行者的需要，但线路过于集中雁塔南路，随着周边各个项目的开发建设，需要在其他道路上开辟一些公交线路。

由以上分析可以看出，交通影响范围内现状的道路交通系统完全可以满足现状的交通需求。

8.1.3　交通需求预测

1. 背景交通量预测

项目背景交通量将以现状调查流量为基础，根据该项目所在区域控制规划资料，采用增长率与用地产生率法相结合进行目标年的预测。根据该市未来机动化发展趋势以及项目所在区域的城市空间发展态势和社会经济发展规划，结合相关城市道路的建设和改造计划，推测所预测道路交通量的变化特征，同时结合道路规划方案中确定的道路等级、道路通行能力等指标，确定相应路段未来交通量的增长，此外还要充分考虑到项目所在地为开发新区，周边建设项目竣工入住后产生的新的交通量，据此预测各路段目标年的背景交通量如表 8-5 所示。

表 8-5　2010 年该项目影响范围内主要路段背景交通量预测值

道路名称	行驶方向	现状交通流量/(pcu/h)	预测背景交通流量/(pcu/h)
雁塔南路	南→北	1082	1302
	北→南	1032	1229
雁南三路	东→西	18	351
	西→东	19	441
唐芙三路	南→北	8	263
	北→南	9	282
雁南四路	东→西	117	529
	西→东	108	632

2. 项目交通量预测

项目交通量预测是指根据有关数据确定土地开发项目产生的新增交通量，这里主要考虑开发此建设项目将新增的机动车交通量。预测采用四阶段法，思路是：首先利用出行强度和小区人口预测该项目的出行生成量，再进行出行方式划分，求出该项目新生成的各种出行方式的出行量，进而可换算出新增机动车交通量，最后对新增交通量在研究范围内进行交通分布和交通分配。

（1）出行生成

1）小区人口规模预测。该住宅小区预计开发 942 户，结合该市平均每户的规模，该项目按 3.2 人/户计算可得小区的居住总人口为 3014 人。

2）总出行量。目前，该市居民日平均出行次数为 2.2 次/(人・日)，由于该项目居民大都属工薪阶层，属于上班族，为高出行群体，因此确定该项目目标年 2010 年居民日平均出行次数为 2.8 次/(人・日)，由此推算得到小区全日出行总量为 8440 人次。

3）高峰小时总出行量。该项目为住宅小区，根据对类似用地的调查资料，该项目高峰小时交通出行量占全日出行量的比例一般可高达 15% 左右，故本项目高峰小时出行总量为 1266 人次。人们日常基于家庭的出行，在早高峰时段，其出行产生量远大于吸引量；而晚高峰返程回家时又恰恰相反，出行吸引量远大于发生量；但从全天的角度考虑，则其出行的发生吸引量是平衡的。

（2）方式划分　影响出行方式选择的因素主要有出行者收入、交通工具拥有状况、出行者偏好、出行目的、交通设施服务水平等。根据2000年该市居民出行调查中对住宅区的相关调查数据统计分析得到，该项目高峰小时人员出行的出行方式比例构成如表8-6所示。

表8-6 该项目高峰小时人员出行的出行方式比例构成

出行方式	小客车	公交	自行车	步行	合计
出行方式比重	30%	32%	26%	12%	100%
高峰发生量/(人次/h)	101	108	87	40	336
高峰吸引量/(人次/h)	279	298	242	112	930

根据调查，该小汽车的平均载客量为1.5人/车，因此，该项目在高峰小时小汽车出行总量为253pcu/h，其中发生量（离开项目地）为67pcu/h，吸引量（进入项目地）为186pcu/h。

该项目在高峰小时新增公交出行量405人次/h，其中发生量108人次/h，吸引量298人次/h。

（3）交通分布　交通分布是根据建设项目的发生吸引量，确定各小区间的出行量，即确定OD表。采用TransCAD软件中的交通分布模块进行分布预测，具体采用的分布预测方法为双约束重力模型。

（4）交通分配　交通分配主要是将项目产生的新增出行量分配到具体的路段上，得出各路段由于项目建设而产生的新增交通量，从而分析该项目对周围路网服务水平的影响。主要思路如下：先将背景交通量加载到未来特征年路网上，在此基础之上，根据该项目与其他分区的出行分布规律以及路网交通流量的流向比例，将项目的产生吸引交通量分配到路网上。分配方法主要采用容量限制的全有、全无模型，并应用TransCAD交通分析软件进行建模与计算。

8.1.4 项目交通影响评价

1. 项目周边道路的适应性

将项目背景交通流量与项目新增交通流量进行叠加，即可得到2010年研究范围内道路的机动车流量和饱和度指标，结果如表8-7所示。

表8-7 2010年高峰小时各道路分向流量及饱和度

道路名称	行驶方向	预测背景流量/(pcu/h)	项目新增流量/(pcu/h)	叠加后流量/(pcu/h)	项目建成前饱和度(V/C)	项目建成后饱和度(V/C)
雁塔南路	南→北	1302	46	1348	0.69	0.71
	北→南	1229	95	1324	0.65	0.70
雁南三路	东→西	351	32	383	0.44	0.48
	西→东	441	78	519	0.55	0.65
唐芙三路	南→北	263	14	277	0.44	0.46
	北→南	282	20	302	0.47	0.50
雁南四路	东→西	529	9	538	0.31	0.32
	西→东	632	13	645	0.37	0.38

道路上实际交通流量与理论通行能力的比值（V/C），即道路交通饱和度，是衡量道路承载强度及服务水平的重要指标。通过项目的有、无对比，发现该项目的建设对道路饱和度的影响程度比较微小。根据城市道路交通服务水平划分标准（见表8-8），可以看出项目的建设基本没有改变道路服务水平，雁南四路的道路交通服务水平维持在A级服务水平，雁南三路和唐芙三路的道路交通服务水平则基本处于B级服务水平，交通量最大的雁塔南路的道路交通服务水平则维持在C级服务水平。根据预测交通增长幅度以及路段交通负荷变化来看，该项目新增交通量并未使道路系统服务水平显著降低，道路完全能够承受交通需求。

表8-8 城市道路路段及交叉口服务水平划分标准

服务水平	A	B	C	D	E	F
V/C	<0.4	0.4~0.6	0.6~0.75	0.75~0.9	0.9~1.0	>1.0

2. 公共交通的适应性

该项目在高峰小时新增公交出行量405人次/h，其中发生量108人次/h，吸引量298人次/h。

根据城市总体规划，雁塔南路和雁南四路将成为公交干线，此外芙蓉西路也将通公交车，因此项目区域内的公交服务水平还会大幅度地提高，可进一步提供居民出行的便利性和舒适性，从而使该项目的居民能够享受更好的公交服务。估计届时项目所在区域至少有12条公交线路，按平均发车间隔12min，单车理论载客量按80人计，预计无该项目状态下，公交车的平均载客率将达到70%，项目产生的公交出行量将使公交车的平均载客率达到74.2%。该项目对区域整体公交服务水平的影响比较小。

3. 非机动车影响分析

项目周边目前仅有很少非机动车出行，由于紫荆花园定位为高档居住区，将来自行车流量也不会太大，其中晚高峰产生的自行车流量为329辆/h，这对周边良好的自行车通行环境（雁塔南路和雁南四路均为机非分离道路，且非机动车道较宽、路面平整、骑车条件良好）来说造成的额外压力很小。项目建设过程中也不会产生非机动车交通流，因此，非机动车交通流不会对项目运营产生较大影响。

4. 项目所产生的交通量所占比重的合理性分析

由新建项目所产生的交通量在周边相关路段所占的比重是衡量该项目对周边交通影响程度的重要指标之一，参照该市的建设项目交通影响评价准则和要求所依据的评价指标，如果项目产生、吸引的交通量在周边道路上所占比例超过了一定的量值，即主干路30%、次干路40%、支路70%，则认为是超出了合理的范畴。从表8-7可以看到，对于该项目周边的道路而言，项目生成的机动车交通量在总交通量中所占的比重比较小，其中，雁塔南路（主干路）为5.3%，雁南三路（主干路）为11.7%，唐芙三路（支路）为5.8%，雁南四路（主干路）为1.8%。说明该项目对周边道路的交通产生了一定的影响，但这些影响都是在允许范围之内的，且道路交通负荷较低。

就公共交通而言，该项目生成的公交客流量占公交载客能力的比例也不大，仅为

4.2%。因此，由该项目在高峰时段所产生的公交客流对公交不会产生太大的影响，完全在可接受范围之内。

5. 项目区内停车设施供需分析

（1）停车系统供给分析　结合用地和建设条件，该居住小区共设停车泊位393个，其中地上121个，地下272个。

（2）停车系统供需平衡分析　该居住小区规划用地面积44254.40m²，总建筑面积99044.93m²，住宅建筑面积76099.78m²，其中户型面积在90m²以上的住宅建筑面积为22325.91m²（占住宅建筑面积的29.3%），户型面积在90m²以下的住宅建筑面积为53773.87m²（占住宅建筑面积的70.7%），绿地率32.0%，停车泊位数为393个。

该居住小区预计开发942户，其中户型面积大于150m²的住宅92套、户型面积在80～100m²的住宅190套，户型面积小于80m²的住宅660套，按照该市建设项目停车泊位配建标准中对住宅类项目的要求，该居住小区至少需要配建144个停车泊位。

另外，按交通量预测方法推测停车需求，根据项目的用地性质、开发规模和出行特征等进行的交通预测结果表明，2010年项目运行后的高峰时段的停车需求接近253车次。

按最不利条件考虑，该居住小区在建成后，其配建停车场规划也完全能满足停车需求，并且具有较强的抗风险能力，能够较好地适应未来机动车发展的需要。

8.1.5　项目交通组织方案

1. 道路系统规划方案

根据该城市总体规划和市区道路网系统规划，将项目研究范围内的道路系统按功能划分为快速路、主干路、次干路和支路。项目交通影响范围内的路网布局基本呈方格状，区域内雁塔南路、雁南三路、唐芙三路、芙蓉西路、雁南四路、雁南五路等为已建道路；为带动区域土地开发，还将规划建设雁南二路、上林苑路、慈恩东路等道路。

根据道路分级依据，该项目周围道路功能等级可划分为：

1）城市主干路：雁塔南路、雁南四路、雁南三路、雁南二路。

2）城市次干路：芙蓉西路、雁南五路、上林苑路。

3）城市支路：唐芙三路、慈恩东路。

如果按照规划实施道路的建设与改造，项目区内路网的棋盘式结构将更加完善，这将进一步提高该地区道路网络系统的通行能力和交通服务水平。

2. 机动车交通组织分析

（1）外部交通组织方案　对机动车交通进行区域性联系交通和区内到达交通的区分与组织，有利于优化道路的不同交通功能，充分发挥整体路网的作用。规划路网形成后，根据区域出行特点和该项目产生的出行特点，结合路网特征，对机动车出行做一定的交通组织管理：

1）由于雁南二路（当时在规划中）、雁南三路为平行的东西走向道路，且间距比较小，待雁南二路建成后，建议组织成配套的单向交通系统，即雁南三路为由西向东单向行驶，雁南二路为由东向西单向行驶。利用该单向交通系统，该居住小区在雁南三路上所设置的出入口进出小区的机动车辆将强制实行右进右出，一方面便于小区出入口交通组织，另一方面也尽量减少了小区产生的机动车交通对外部道路交通的影响。

2）对于小区在雁塔南路上所设置的地下停车库出入口的交通也尽量实行右进右出原则。

3）对于区域性交通利用主次干路和外围支路组织，利用唐芙三路来分流雁南三路东段上的交通量，利用芙蓉西路和慈恩东路来分流雁塔南路上的交通量。

4）在公共交通线网布置上，增加芙蓉西路、雁塔南路、雁南四路上的公交线网密度，公交港湾站点的设置靠近交叉口附近，提高项目附近公交乘客的方便程度。

（2）内部交通组织方案　该项目内部的机动车采用双向行驶的组织方式，在进出口划设标线，将进出车辆分离；在停车场内按不同的车型分别设置停车区，使小型汽车与其他车型分开，使场地得到充分利用，并且使车辆出入方便。

小区内部停车设施供给充足且布局分散，不致产生高峰时间停车拥堵现象。由于小区提供了足够的停车位，因此在小区内部道路上除了临时的短暂性停车（约 15min 左右，比如为了等待家人下楼等原因临时需要停车）外，严禁一切机动车辆在道路上停放。

3. 非机动车和行人交通组织分析

（1）非机动车交通组织

1）小区外部的非机动车交通组织。未来研究区域内的出行主要是公交车（含班车）等机动车，非机动车比例较小，外围非机动车交通组织路线基本和机动车交通组织路线相同，只是未来应加强管理非机动车进入雁南三路的逆行车辆，可在道路上设置机非分隔设施，提高非机动车的安全性。

2）小区内部的非机动车交通组织。项目区内自行车采用双向行驶的组织方式，自行车的行车路线都能直接到达每栋住宅楼前，使其和自行车的停放点较好衔接。非机动车的出入口和行人在一起，由于雁塔南路为机非分离道路，自行车行驶环境比较好，且安全性高，建议非机动车的出入口以雁塔南路上的出入口为主，雁南三路的出入口为辅，并且在自行车停放管理上尽量引导用户通过雁塔南路出入小区。

非机动车应采取集中停放管理措施，减少对居民出入的交通干扰。

（2）行人交通组织　根据项目区的规划设计方案，在小区的各个重要进出口和车流比较集中的地下停车场出入口设立人行横道线和人行专用通道；同时未来小区物业管理时应加强内部交通管理，加大宣传力度，根据具体情况设置必需的交通标志标线，以保证过街行人的安全。

设计中所体现的住宅小区出入口行人交通组织形式比较合理，基本上体现了行人交通与机动车交通互相分离的原则。以雁塔南路上的出入口为行人主出入口，这样比较接近公交车站，便于小区居民的乘车，缩短步行距离。

该项目内部的道路宽阔，行人与机动车分道行驶，能够保障必要的交通安全的要求。

8.1.6　结论与建议

根据以上分析，该项目交通影响指标分析如下表 8-9 所示。

表 8-9　项目建设交通影响指标分析

<table>
<tr><td rowspan="12">交通影响评价指标</td><td rowspan="9">道路饱和度（V/C）</td><td>道路</td><td>行驶方向</td><td>无该项目饱和度（V/C）</td><td>有该项目饱和度（V/C）</td><td>服务等级</td></tr>
<tr><td rowspan="2">雁塔南路</td><td>南→北</td><td>0.69</td><td>0.71</td><td rowspan="8">A 级：<0.4
B 级：0.4～0.6
C 级：0.6～0.75
D 级：0.75～0.9
E 级：0.9～1.0
F 级：>1.0</td></tr>
<tr><td>北→南</td><td>0.65</td><td>0.70</td></tr>
<tr><td rowspan="2">雁南三路</td><td>东→西</td><td>0.44</td><td>0.48</td></tr>
<tr><td>西→东</td><td>0.55</td><td>0.65</td></tr>
<tr><td rowspan="2">唐芙三路</td><td>南→北</td><td>0.44</td><td>0.46</td></tr>
<tr><td>北→南</td><td>0.47</td><td>0.50</td></tr>
<tr><td rowspan="2">雁南四路</td><td>东→西</td><td>0.31</td><td>0.32</td></tr>
<tr><td>西→东</td><td>0.37</td><td>0.38</td></tr>
<tr><td rowspan="2">停车需求分析</td><td>规划泊位</td><td>需求泊位</td><td colspan="3">备　注</td></tr>
<tr><td>393 个</td><td>253 个</td><td colspan="3">停车泊位数能满足项目的停车需求</td></tr>
<tr><td>出入口分析</td><td colspan="5">项目出入口距离交叉口均大于 70m，对交叉口交通的影响较小</td></tr>
<tr><td>主要结论</td><td colspan="6">1. 道路交通：在目标年项目实施后，影响范围内雁南四路的交通服务水平为 A 级，雁南三路和唐芙三路的交通服务水平为 B 级，雁塔南路的交通服务水平为 C 级，均可保持道路正常运行；项目所诱发的机动车交通量在各相关道路所占的比例也在允许范围之内
2. 公共交通：目标年项目新增的公交客流量占各条公交线路运载能力的比例较小；项目产生的公交出行对周边道路公共交通的影响均在完全可接受的范围之内
3. 静态交通：目标年项目实施后，停车供给能满足停车需求，并且具有较强的抗风险能力，能够较好地适应未来机动车化发展的需要</td></tr>
<tr><td>相关建议</td><td colspan="6">1. 进入项目的出入口利用右进右出的原则进行交通组织
2. 合理安排居民的自行车停放场所</td></tr>
</table>

8.2　某体育场建设项目交通影响评价

8.2.1　项目概述

某体育场位于西五路东段，北临城市主干路西五路，西临皇城东路，东临尚德路，体育场南侧将紧邻体育场规划一条红线宽度为 9m 的道路（该道路暂时还未命名，为了行文方便，这里称之为规划路），周边区域交通便利，配套设施完善。项目位置如图 8-9 所示。

建设项目用地呈矩形狭长地带，南北长约 135m，东西长约 45m，包括体育馆主副馆东侧的露天篮球场（主要用作停车场），总规划用地面积约 20500m^2，总建筑面积为 24420m^2，其中主馆建筑面积 8666m^2，副馆建筑面积 15754m^2。主馆为两层，可同时容纳 2000 多位观众观看体育赛事。副馆总共四层，以训练为主，设跆拳道馆一个，瑜伽馆一个，健身中心一个，网球场地 4 个，羽毛球场地 32 个，夹层作为办公用途。东侧既有的露天篮球场改为停车场地，总平面规划如图 8-10 所示。

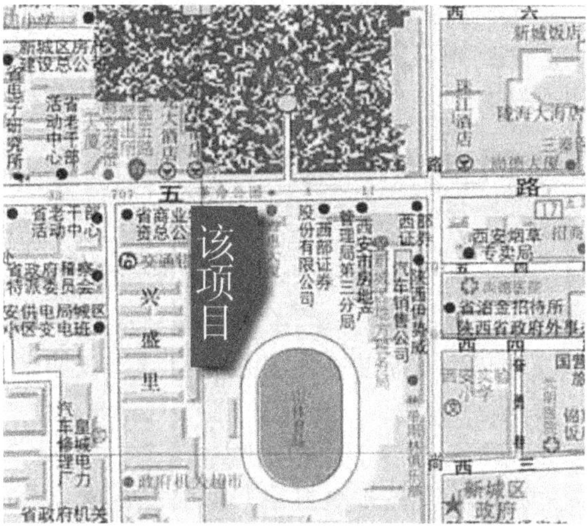

图 8-9　某体育场建设位置示意图

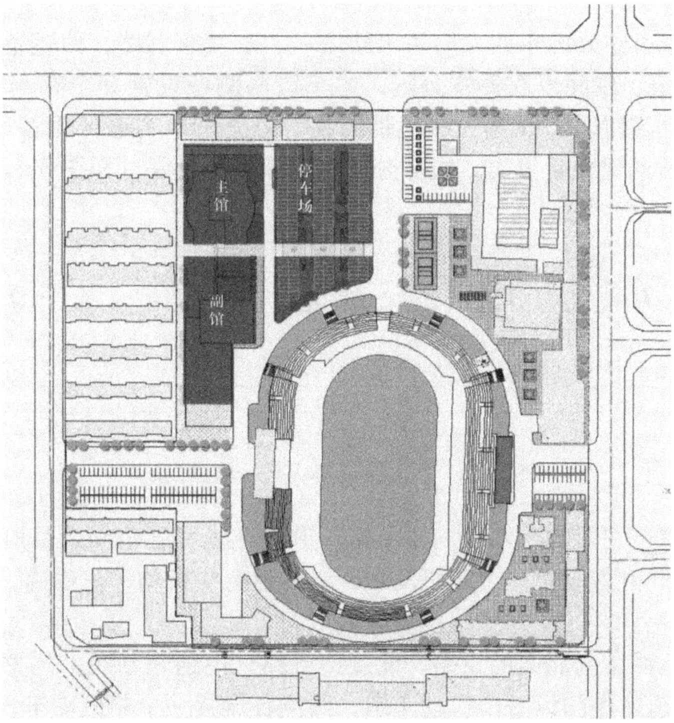

图 8-10　项目规划总平面图

8.2.2　目标年与影响范围确定

考虑到整个项目完全投入运营使用还需一段时间，其对交通的吸引必将在随后的时间内达到更大，故确定 2010 年为该项目的交通影响分析目标年。

城市干路系统主要起“通”的作用，而支路系统则是起“达”的作用。机动车产生源通过支路系统汇集到干道系统后，利用四通八达的干路系统到达目的地，因此本次影响分析的交通影响范围界定于周边主要城市道路系统。从本项目的实际交通组织情况分析，交通影响分析的道路主要包括西五路、皇城东路、尚德路、东新街、规划路等。

8.2.3 项目建设背景与现状交通分析

1. 项目周边土地利用状况

项目所处的区域以居住用地、行政办公用地、商业金融用地和公共绿地为主。从用地匹配来看，该地区属于重要的交通吸引源，从目前的道路交通来看，周边的路网完全能承受这些用地所产生的交通量，并还具有一定的富余能力。项目所在地区属于城市发展成熟地区，其用地很难发生大规模的颠覆性的改变。

2. 项目影响范围内现状路网

项目交通影响范围内的路网布局基本呈方格状，根据现场调查，区域内主要道路包括西五路、皇城东路、尚德路、东新街、五四路、西四路、西三路、西二路等。现状路网结构如图 8-11 所示（见书后彩色插页）。

（1）道路状况

1）西五路。城市主要的东西方向主干路之一，东接东五路，西接莲湖路。道路红线宽度 50m，双向 8 车道，中间以双黄线分隔，主车道两侧各设置一个宽 5m 的公交车专用道，公交车专用道与主车道以 1.5m 宽的绿化带隔离，公交车专用道外侧各设一个非机动车道，两者之间以 1.0m 宽的绿化带隔离，机非分离，路面状况良好，如图 8-12 所示。

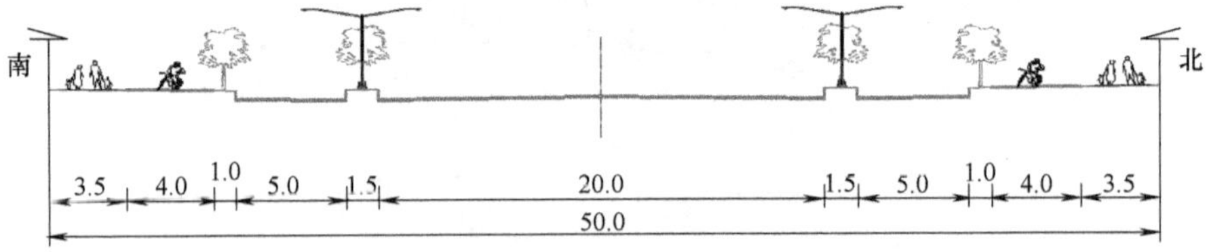

图 8-12　西五路道路状况（单位：m）

2）东新街。城市主要的东西方向主干路。道路红线宽度 70m，目前道路断面双向 6 车道，三块板形式，两侧各设置一个非机动车，以行道树与机动车道隔离，机非分离，路面状况良好。

3）皇城东路。城市南北向的支路，北接西五路，南通东新街。道路红线宽度 20m，由北向南单向通行，道路中间设一个机动车道，两侧各设置一个非机动车，以标线与机动车道隔离，机非混行（如图 8-13 所示）。

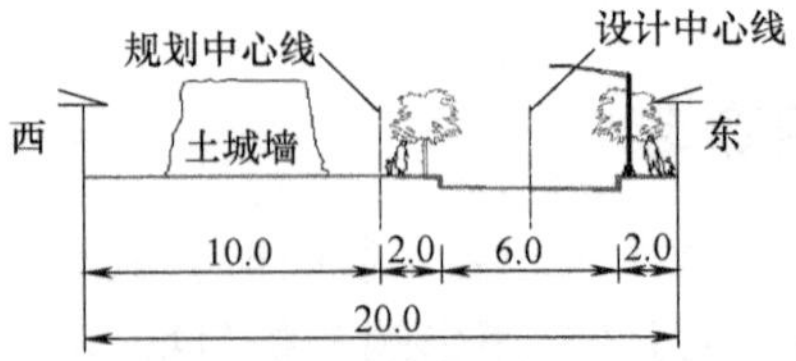

图 8-13　皇城东路道路状况（单位：m）

4）尚德路。城市南北向的次干路。道路红线宽度 30m，由南向北单向通行，道路中间设 3 个机动车道，两侧各设置一个非机动车，以标线与机动车道隔离，机非混行（如图 8-14所示）。

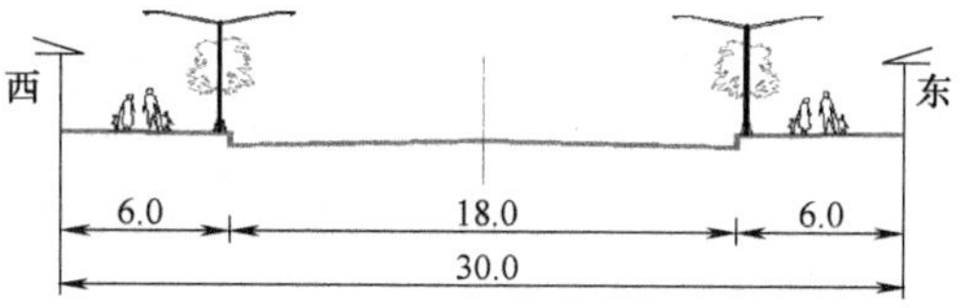

图 8-14　尚德路道路状况（单位：m）

（2）交叉口状况

1）西五路-皇城东路。该交叉口为信号控制交叉口，交叉口交通量比较大，主要来自于西五路东西向的车流，由于部分行人和非机动车过街还遵守信号灯的指示，导致交通秩序比较混乱，存在一定的交通安全隐患。

2）西五路-尚德路交叉口。该交叉口为信号控制交叉口，根据实际观测发现东西向机动车流量较大，西五路为主要交通方向，由于尚德路由南向北单向通行，因此，交通组织相对比较简单，交叉口通行效率比较高。

3）东新街-皇城东路。该交叉口为无信号交叉口，由于皇城东路为自北向南单向通行，并且是一个 T 形的交叉口，因此交通冲突点比较少，虽然没有信号灯控制，但是交通秩序井然，运行效率比较高，行人和自行车也能遵守交通规则。交叉口电动自行车比较多，且多行驶在机动车道上，存在一定的安全隐患。

4）东新街-尚德路交叉口。该交叉口为信号控制交叉口，根据实际观测发现东西向机动车流量较大，交叉口交通运行效率较高。

3. 项目影响范围内规划路网

根据城市总体规划和相关的控制性详细规划资料，研究区域规划道路网络结构如图8-15和表 8-10 所示。

表 8-10　项目影响范围内主要规划道路指标

名　称	道路等级	道路红线	结　构	横断面	备　注
西五路	主干路	50m	五块板	双向八车道	机非分离
东新街	主干路	70m	三块板	双向六车道	机非分离
尚德路	次干路	30m	一块板	单向三车道	机非混行
皇城东路	支路	20m	一块板	单向一车道	机非混行
规划路	支路	9m	一块板	双向两车道	机非混行

从图 8-15（见书后彩色插页）可以看出，项目影响范围内的城市道路网比较发达，其中主次干路已基本实现规划目标，因此该区的城市道路网规划重点在于对支路的改造拓宽，完善路网的连通性和可靠性，而支路的完善对于小区域内局部的交通组织是十分有利的。因此，规划路网的实施将对本项目的交通组织提供良好的道路环境。

4. 项目周边道路交通现状分析

（1）交通调查　该项目于 2007 年 10 月 29 日组织人力对研究范围内重要路段、路口内进行了实地机动车流量调查。针对项目所处的位置关系、现状道路网情况和交通影响分析的需要，交通调查地点选择在西五路-皇城东路交叉口、西五路-尚德路交叉口、东新街-皇城东路交叉口、东新街-尚德路交叉口。

(2) 调查数据分析

1) 车型比例。该项目位于城市的繁华地带，小型车在机动车出行中所占的比例最高，已达到51.38%，若计入出租车则比重更是高达84.11%。同时，公交车的比重相对较高，达到12.34%。公交车主要集中在西五路和东新街上。

2) 时间分布。根据在该项目所在地区的24小时交通量观测结果表明，研究区域机动车早高峰时间为7:45~8:45，晚高峰为17:20~18:20区域内机动车交通流量变化如图8-16所示。报告以该项目比赛结束时为高峰时段加以研究分析。比赛的结束时间一般与城市道路交通高峰时段不相吻合，这里考虑到赛事的时段安排，为了分析最不利的情况，按比赛结束时间与城市道路交通晚高峰时段一致考虑，因此对背景交通量该报告着重分析晚高峰时段。

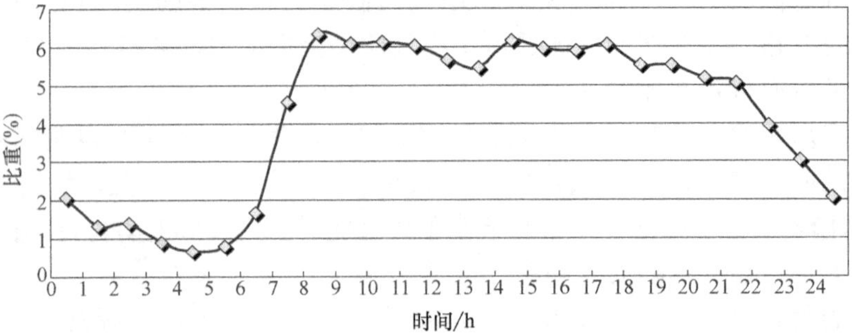

图8-16 区域机动车交通流量时变图

3) 道路交通量及服务水平。由表8-11可以看出：研究区域内西五路的交通流量比较大，但是西五路经拓宽后通行能力提高很多，因此，西五路交通饱和度还不是很高，说明西五路通行能力还有较大的富余。从调查中发现，道路上车流量的方向分布不均衡性比较高，主要是由于火车站、省政府、市政府等重大交通吸引点所造成。整个区域总体上来说交通负荷不大，对额外的交通还有较大的容纳空间。

表8-11 建设项目周边道路现状高峰小时流量及饱和度

道路名称	行驶方向	高峰小时交通量/(pcu/h)	饱和度 (V/C)
西五路（尚德路以东）	东→西	2194	0.69
	西→东	1738	0.54
西五路	东→西	2142	0.67
	西→东	1628	0.51
西五路（皇城东路以西）	东→西	1866	0.58
	西→东	1809	0.57
东新街（尚德路以东）	东→西	1470	0.61
	西→东	1786	0.74
东新街	东→西	1358	0.57
	西→东	1559	0.65
东新街（皇城东路以西）	东→西	1773	0.74
	西→东	1517	0.63
皇城东路	南→北	—	—
	北→南	458	0.57

（续）

道路名称	行驶方向	高峰小时交通量/(pcu/h)	饱和度（V/C）
尚德路（西五路以北）	南→北	1182	0.53
	北→南	—	—
尚德路	南→北	1235	0.55
	北→南	—	—
尚德路（东新街以南）	南→北	1329	0.59
	北→南	—	—

4）交叉口交通分析。项目附近交叉口高峰小时机动车流量流向如图 8-17 ~ 图 8-20 所示。项目附近的各个交叉口中，西五路-尚德路交叉口的交通最为繁忙，高峰小时该交叉口车流量达到 5053pcu/h，其次为东新街-尚德路交叉口，高峰小时该交叉口车流量达到 4375pcu/h。

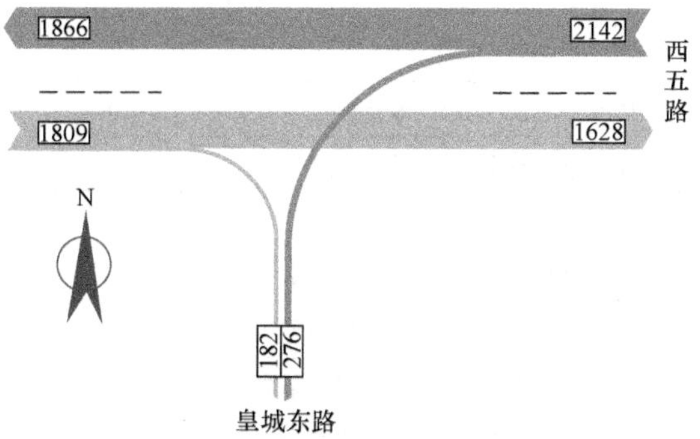

图 8-17　西五路-皇城东路交叉口机动车流量流向

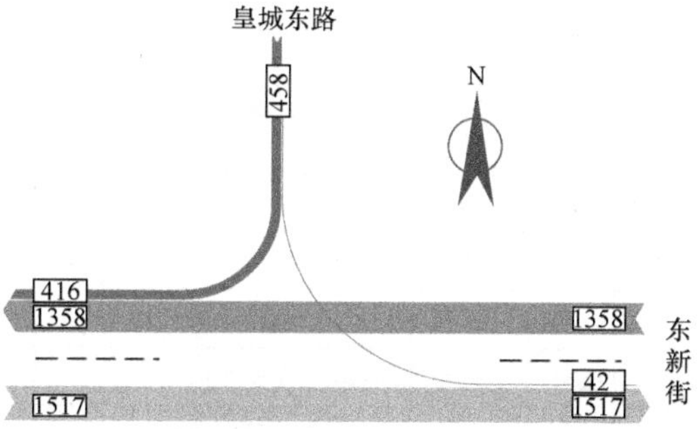

图 8-18　东新街-皇城东路交叉口流量流向

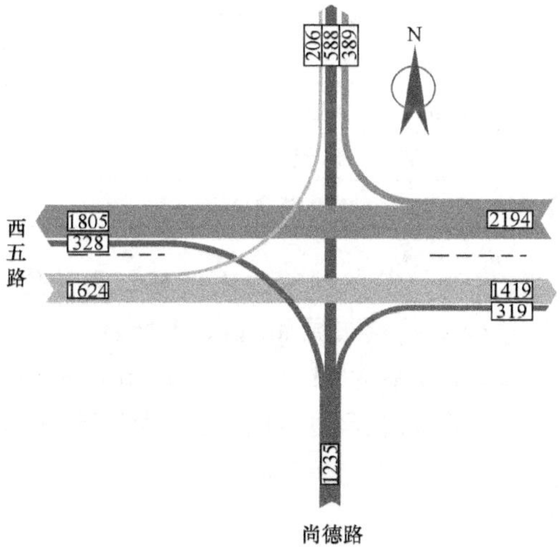

图 8-19　西五路-尚德路交叉口机动车流量流向

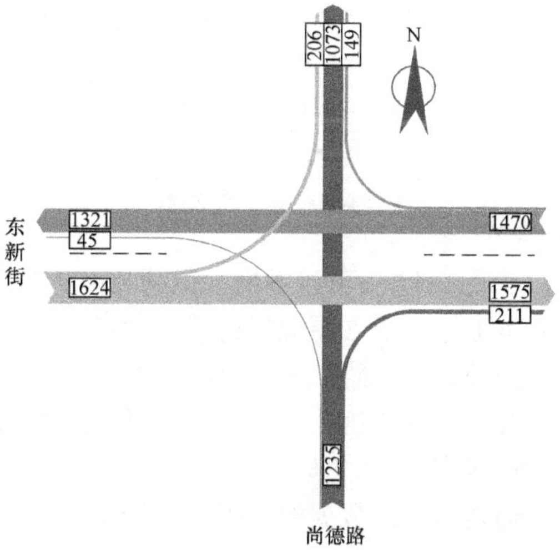

图 8-20　东新街-尚德路交叉口机动车流量流向

5）公交系统分析。公交出行是居民出行首选的交通出行方式，而上下班时段是居民出行最为集中的时段，2007 年 10 月 29 日进行了公交现状调查。调查内容包括附近道路上双向经过的公交车数以及抽样的公交车载客率情况。调查结果表明：影响区域内公交线路主要集中在西五路和东新街上，与项目密切相关的公交线路有 22 条，具体公交线路如表 8-12 所示。

表 8-12　研究区域内主要公交线路分布

序号	线路	首　末　站	主要途经大站
1	4	万寿路-桃园路	金花路　革命公园　钟楼　西稍门
2	10	金花北路-西大新区	康复路　革命公园　玉祥门　西工大　桃园路
3	11	国棉五厂-南门	堡子村　长乐坡　金花路　革命公园　钟楼
4	15	水泥厂-昆明池路	半坡　金花路　新城广场　西门　昆明路
5	16	辛家庙-边家村	石家街　太华路　新城广场　小南门
6	32	高新水晶岛-华清立交西	电子二路　含光路　朱雀门　新城广场　华清村
7	33	经九路南段-郭家村	沙坡　东门　革命公园　龙首村　城北客运站
8	46	大明宫建材家居城-明德门	含元殿　五路口　新城广场　小雁塔　吉祥村
9	102	公园南路北口-劳动路	兴庆路　大差市　革命公园　洒金桥
10	103	汉城路-火车站	丝绸群雕　劳动路　红湖街　革命公园
11	117	西安中学-五路口	雅荷花园　龙首村　北门　革命公园
12	251	丈八宾馆-火车站	丁家桥　玫瑰大楼　含光门　广济街　新城广场
13	303	城西客运站-万寿路	丝绸群雕　劳动路　莲湖公园　革命公园　康复路
14	502	东小寨村-科技商贸学院	万年路　朝阳门　新城广场　含光门　草阳村
15	601	西安中学-大唐芙蓉园南门	城北客运站　龙首村　新城广场　鲁家村
16	603	电视塔-火车站	八里村　草场坡　钟楼　新城广场
17	702	西航福利区-阳光小区	尤家庄　文景路　洒金桥　新城广场　太乙路
18	706	欧亚学院-陕汽总厂福利区	北山门　吉祥村　南门　新城广场　火车站　胡家庙
19	707	金裕青青家园-丈八办	杜家街　八府庄　火车站　革命公园　粉巷　边家村
20	游4	大唐芙蓉园南门-汉阳陵	大雁塔　和平门　新城广场　龙首村
21	游7	火车站-西辛庄	新城广场　小雁塔　白庙村　枫叶新都市
22	游8	大唐芙蓉园南门-火车站	大雁塔　草场坡　朱雀门　钟楼　革命公园

从表 8-12 中可以看出，该项目附近公交系统比较发达，发车频率也比较高，通过公交车基本上可以很方便地到达城市的各个方向。项目周边公交站点布局如图 8-21 所示。

另外，西五路双向经过的公交车为 291 辆/h，平均载客率为 71.1%；东新街双向经过的公交车为 318 辆/h，平均载客率为 72.3%；尚德路由南向北经过的公交车为 102 辆/h，平均载客率为 68.3%。

通过对原始数据的分析可以得出以下结论：

1）根据不同时段的路段交通流量，说明影响范围内的出行以工作出行为主，高峰小时出现在上下班期间。

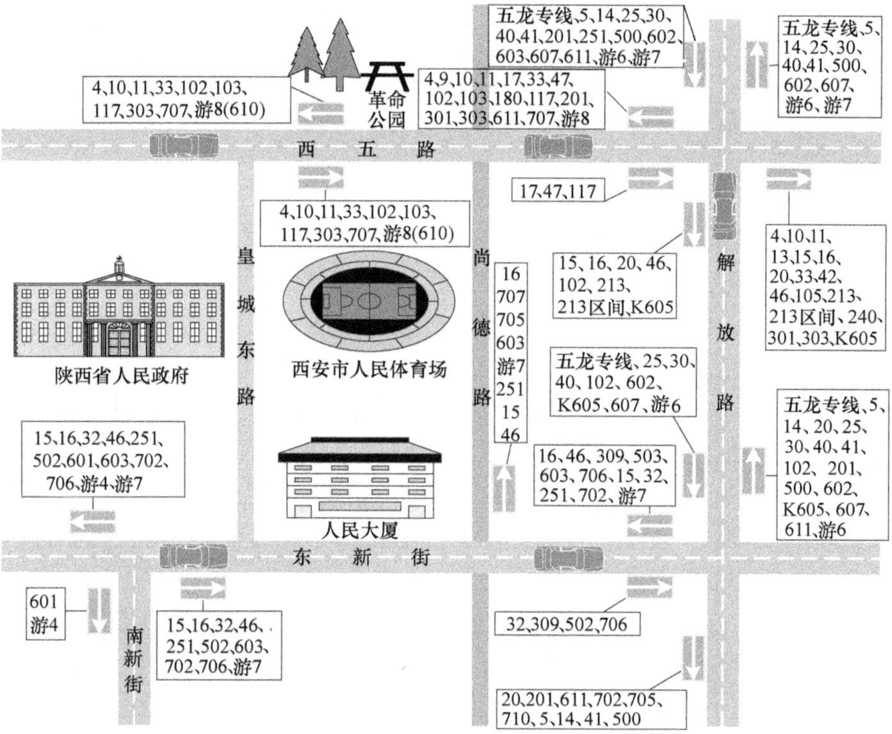

图 8-21　项目周边公交站点布局图

2）区域内车辆运行良好。小客车在机动车出行中所占的比例最高，与城市其他区域相比公交车的比重也相对较高。

3）整个区域总体上来说交通负荷不大，对额外的交通还有较大的容纳空间。

4）各条道路上非机动车和行人交通都比较多。

5）该项目周边道路公交车内服务水平较高，能够满足当前乘公交出行者的需要，线路集中于西五路和东新街上。

由以上分析可以看出，交通影响范围内现状的道路交通系统完全可以满足现状的交通需求。

8.2.4　交通需求预测

1. 背景交通量预测

（1）机动车　项目背景交通量将以现状调查流量为基础，根据该项目所在区域控制规划资料，采用增长率与用地产生率法相结合进行目标年的预测。根据该市未来机动化发展趋势以及项目所在区域内的城市空间发展态势和社会经济发展规划，结合相关城市道路的建设和改造计划，推测所预测道路交通量的变化特征，同时结合道路规划方案中确定的道路等级、道路通行能力等指标，确定相应路段未来交通量的增长，据此预测各路段目标年的背景交通量如图 8-22（见书后彩色插页）和表 8-13 所示。

表 8-13　2010 年该项目影响范围内主要路段背景交通量预测值

道路名称	行驶方向	背景交通量/(pcu/h)	饱和度（V/C）
西五路（尚德路以东）	东→西	2418	0.76
	西→东	1976	0.62
西五路	东→西	2410	0.75
	西→东	1936	0.60
西五路（皇城东路以西）	东→西	2049	0.64
	西→东	2025	0.63
东新街（尚德路以东）	东→西	1687	0.70
	西→东	1945	0.81
东新街	东→西	1589	0.66
	西→东	1828	0.76
东新街（皇城东路以西）	东→西	1915	0.80
	西→东	1640	0.68
皇城东路	南→北	—	—
	北→南	543	0.68
尚德路（西五路以北）	南→北	1250	0.56
	北→南	—	—
尚德路	南→北	1336	0.59
	北→南	—	—
尚德路（东新街以南）	南→北	1494	0.66
	北→南	—	—

（2）公交车背景客流量预测　根据通过线路沿线土地开发状况以及区域内的社会经济发展状况，结合该市居民出行交通方式发展趋势综合分析，推测确定各路段上公交客流量在目标年的增长变化情况，在现状调查修正后的数据基础上预测目标年的公交客流量（见表 8-14）。

表 8-14　2010 年背景公交客流量预测表

道路名称	西五路	东新街	尚德路
载客率	73.8%	74.2%	69.5%

2. 该项目交通量预测

（1）出行生成

1）体育场馆的交通需求特点　体育场馆的交通需求主要有两个特点——变化性和集中性，具体阐述如下：

① 变化性。由于体育场馆的建设需要投入大量的人力和物力，因此除举行比赛时作为赛场外，在不举行比赛时则一般用作居民的日常体育活动场所。因此，体育场馆吸引的交通量由其性质不同而呈现出变化性。赛事期：吸引的交通量主要由观众、参赛人员以及后勤保安等组成，其大小主要由，场馆的最大容纳量决定，相对于非赛事期交通量高出很多。赛事期是体育场馆交通量最大的时期。非赛事期：吸引的交通量主要由上下班和来场馆进行体育

锻炼两部分交通量组成。上下班交通量主要是场馆的工作人员，这部分交通量基本保持稳定；进行体育锻炼的交通量是来场馆进行锻炼的人员，是非赛事期的主要交通量，其特点是除节假日有较小波动外，总体上随时间变化不明显。

总的来说，由于体育场馆的使用由赛事期和非赛事期两种情况构成，其吸引的交通量性质会随赛事的举行与否发生变化，交通量大小也随之呈现出明显的高峰和平峰。

② 集中性。赛事期间交通需求主要以观看比赛为主，体育场馆的交通量随赛事的举行进入高峰期，时间不但集中在一年中有赛事的日期内，更集中在比赛当日赛前和赛后一段较短时间内。开赛前观众一般会在1～2h内汇聚到体育场馆，而在比赛结束后0.5～1h内集中散去，高峰时段十分明显。

2）本项目交通出行量预测

① 非赛事期。根据对市体育用地的交通出行产生调查，体育场馆用地出行产生率为2843人次/日/公顷用地面积。该项目规划用地20500m^2，因此本项目平均每天将产生出行量5828人次（包含全天的发生量和吸引量），就全天而言，发生量和吸引量基本相等，因此该项目全天可吸引出行量2914人次，按12%的高峰小时流量比计算，则高峰小时吸引出行量为350人次/h。

② 赛事期。体育场馆对周围道路网络产生最大交通影响的时间为赛事期间，这一时间内又集中表现在赛后散场时观众的及时疏散上。体育场馆观众的最大容量是固定的，由其规模大小而定，最大吸引交通量也随之而定。

在赛事期间，吸引的交通量主要由观众、参赛人员以及后勤保安等组成，根据场馆的观众容纳规模，并考虑到参赛人员以及后勤保安等人员，预计赛事期间吸引出行量大约在2100人次左右，在比赛结束后0.5～1h内这些人员集中散去，形成该项目的交通高峰时段。

按照最不利的条件要求，报告以比赛结束时为高峰时段加以研究分析。当然，比赛的结束时间往往与城市道路交通高峰时段不相吻合，这里为了分析最不利的情况，按比赛结束时间与城市道路交通晚高峰时段一致加以考虑。

（2）方式划分　影响出行方式选择的因素主要有出行者收入、交通工具拥有状况、出行者偏好、出行目的、交通设施服务水平等。根据对相关用地在高峰小时出行方式的调查，结合该项目入住人员的社会特性，项目高峰时段人员出行的出行方式比例如表8-15所示。

表8-15　项目高峰时段人员出行的出行方式比例构成

出行方式	私家车	公交	自行车	步行	出租车	电动自行车	合　计
出行方式比重	10%	45%	25%	8%	7%	5%	100%
高峰出行量（人次/h）	210	945	525	168	147	105	2100

根据调查，该市汽车的平均载客量为1.5人/车，因此，该项目在高峰时段小汽车出行总量为238pcu/h，其中私家车140pcu/h，出租车98pcu/h。

项目在高峰时段公交出行量945人次/h。

在未来地铁二号线、一号线建成正式运营后，该项目的出行方式将会有较大变化，大量的人员出行将会采用地铁方式。

(3) 交通分布　交通分布是根据建设项目的发生吸引量，确定各小区间的出行量，即确定 OD 表。本文采用 TransCAD 软件中的交通分布模块进行分布预测，具体采用的分布预测方法为双约束重力模型，预测模型结构如下式所示

$$T_{ij}=\frac{K_iK_jG_iA_j}{f(c_{ij})} \tag{8-1}$$

$$K_i=[\sum K_jA_j/f(c_{ij})]^{-1}$$

$$K_j=[\sum K_iA_i/f(c_{ij})]^{-1}$$

式中　T_{ij}——全日从区 i 到区 j 的出行总量（次/日）；

G_i——i 区一日产生的出行总量；

A_j——j 区一日吸引的出行总量；

c_{ij}——交通区 i 到 j 的出行时间；

$f(c_{ij})$——i 区到 j 区的阻抗函数，采用式（8-2）所示的负指数函数形式。

$$f(c_{ij})=e^{-\beta c_{ij}} \tag{8-2}$$

式中　β——阻抗函数的参数。

(4) 交通分配　交通分配主要是将项目产生的新增出行量分配到具体的路段上，得出各路段由于项目建设而产生的新增交通量，从而分析该项目对周围路网服务水平的影响。主要思路如下：先将该背景交通量加载到未来特征年路网上，在此基础之上，根据该项目与其他分区的出行分布规律以及路网交通流量的流向比例，将项目的产生吸引交通量分配到路网上。分配方法主要采用容量限制的全有全无模型，首先进行全有全无流量分配，再根据拥挤函数（反映路段的能力）重新计算路段的出行时间，并且进行多次迭代。应用 TransCAD 交通分析软件进行建模与计算，得到结果如图 8-23 和表 8-16 所示。

图 8-23　有该项目交通量分配结果

表 8-16　2010 年高峰时段各道路分向流量

路段名称	行驶方向	预测背景流量/(pcu/h)	项目新增流量/(pcu/h)	叠加后流量/(pcu/h)
西五路（尚德路以东）	东→西	2418	0	2418
	西→东	1976	82	2058
西五路	东→西	2410	46	2456
	西→东	1936	76	2012
西五路（皇城东路以西）	东→西	2049	46	2095
	西→东	2025	0	2025
东新街（尚德路以东）	东→西	1687	41	1728
	西→东	1945	0	1945
东新街	东→西	1589	0	1589
	西→东	1828	17	1845
东新街（皇城东路以西）	东→西	1915	0	1915
	西→东	1640	17	1657
皇城东路	南→北	—	—	—
	北→南	543	58	601
尚德路（西五路以北）	南→北	1250	52	1302
	北→南	—	—	—
尚德路	南→北	1336	65	1401
	北→南	—	—	—
尚德路（东新街以南）	南→北	1494	0	1494
	北→南	—	—	—

8.2.5　项目交通影响评价

1. 项目周边道路的适应性

将项目背景交通流量与项目新增交通流量进行叠加后，结合道路通行能力大小，即可得到 2010 年研究范围内道路的机动车负荷度指标，结果如表 8-17 所示。

表 8-17　2010 年高峰时段各道路负荷度分析

路段名称	行驶方向	项目建成前单向饱和度（V/C）	项目建成后单向饱和度（V/C）	项目建成前双向饱和度（V/C）	项目建成后双向饱和度（V/C）
西五路（尚德路以东）	东→西	0.76	0.76	0.69	0.70
	西→东	0.62	0.64		
西五路	东→西	0.75	0.77	0.68	0.70
	西→东	0.60	0.63		
西五路（皇城东路以西）	东→西	0.64	0.65	0.64	0.64
	西→东	0.63	0.63		

（续）

路段名称	行驶方向	项目建成前单向饱和度（V/C）	项目建成后单向饱和度（V/C）	项目建成前双向饱和度（V/C）	项目建成后双向饱和度（V/C）
东新街（尚德路以东）	东→西	0.70	0.72	0.76	0.77
	西→东	0.81	0.81		
东新街	东→西	0.66	0.66	0.71	0.72
	西→东	0.76	0.77		
东新街（皇城东路以西）	东→西	0.80	0.80	0.74	0.74
	西→东	0.68	0.69		
皇城东路	南→北	—	—	0.68	0.75
	北→南	0.68	0.75		
尚德路（西五路以北）	南→北	0.56	0.58	0.56	0.58
	北→南	—	—		
尚德路	南→北	0.59	0.62	0.59	0.62
	北→南	—	—		
尚德路（东新街以南）	南→北	0.66	0.66	0.66	0.66
	北→南	—	—		

通过项目的有无对比，发现该项目的建设对道路饱和度的影响幅度比较微小。根据城市道路交通服务水平划分标准（见表8-8），可以看出项目的建设基本没有改变道路服务水平，如表8-18所示。

表8-18　项目建设前后周边道路的交通服务水平对比

道路名称	项目建成前交通服务水平	项目建成后交通服务水平
西五路（尚德路以东）	C	C
西五路	C	C
西五路（皇城东路以西）	C	C
东新街（尚德路以东）	D	D
东新街	C	C
东新街（皇城东路以西）	C	C
皇城东路	C	D
尚德路（西五路以北）	B	B
尚德路	B	C
尚德路（东新街以南）	B	B

根据预测交通增长幅度以及路段交通饱和度变化来看，该项目新增交通量并未使道路系统服务水平显著降低，道路完全能够承受交通需求。

2. 公共交通的适应性

项目在高峰时段新增公交出行量 945 人次/h。而项目周围公交线路密集，多达 22 条线路，且发车频率较高。如果在目标年仍维持现状道路和公交车的线路和发车频率不变，单车理论载客量按 80 人计，则项目产生的公交出行量对区域整体公交服务水平的影响比较小，完全在公交运输承载能力范围内，具体数据如表 8-19 所示。当地铁一、二号线正式投入运营后，该项目对公交系统地影响将进一步降低，该项目的不少出行都将由地铁方式来承担。

表 8-19　2010 年项目对高峰时段公交运输的影响对比

道路名称	西五路	东新街	尚德路
双向发车频率/(车次/h)	291	318	102
无本项目的公交载客率	73.8%	74.2%	69.5%
有本项目的公交载客率	75.9%	75.4%	71.5%

3. 非机动车影响分析

项目周边目前非机动车出行量比较大，项目将来在高峰期产生自行车流量大约为 525 辆/h，电动自行车 105 辆/h。但是由于周边道路的非机动车交通环境较好，西五路和东新街的非机动车道很宽、路面平整、骑车条件良好。项目建设过程中也不会产生非机动车交通流，因此，非机动车交通流不会对项目运营产生较大影响。

4. 项目所产生的交通量所占比重的合理性分析

由新建项目所产生的交通量在周边相关路段所占的比重是衡量该项目对周边交通影响程度的重要指标之一，参照该市建设项目交通影响评价准则和要求中所依据的评价指标，如果项目产生、吸引的交通量在周边道路上所占比例超过了一定的量值，即主干路 30%，次干路 40%，支路 70%，则认为是超出了合理的范畴。从表 8-16 可以看到，对于该项目周边的道路而言，项目生成的机动车交通量在总交通量中所占的比重比较小，其中，西五路（主干路）为 1.1% ~2.8%，东新街（主干路）为 0.5% ~1.2%，皇城东路（支路）为 9.6%，尚德路（次干路）为 4.0% ~4.6%。说明该项目对周边道路的交通产生了一定的影响，但这些影响都比较小，是在允许范围之内的，且道路交通负荷较低。

就公共交通而言，该项目生成的公交客流量占公交载客能力的比例也不大，为 1.66%。因此，由该项目在高峰时段所产生的公交客流对公交产生的影响比较微小，在可接受范围内。

5. 项目区内停车设施供需分析

结合用地和建设条件，该项目共设停车泊位 185 个，主要是将原来的露天篮球场改成停车场。

该项目为体育馆，总建筑面积 24420m^2，其中主馆建筑面积 8666m^2，设座位 1736 个；副馆面积 15754m^2，其中训练馆面积 10625m^2，办公面积 3656m^2，客房面积 1473m^2。按照该市建设项目停车泊位配建标准（陕建发［2006］143 号文件及市规发［2007］19 号文件）中分别对体育馆、办公及客房类项目的要求，该项目至少需要配建停车泊位数如表 8-20 所示，因此，该项目至少需要为体育馆用地配建停车泊位 142 个。

表 8-20 该项目停车位配建泊位数

项目组成	项目规模	配建标准	需配建停车泊位数
主馆	座位 1736 个	2 车位/百座	35
副馆	办公面积 $3656m^2$	0.007 车位/$100m^2$	26
	客房面积 $1473m^2$	0.004 车位/$100m^2$	6
	训练馆面积 $10625m^2$	0.007 车位/$100m^2$	75
合计	—	—	142

考虑到停车的实际需求，该项目在高峰时段小汽车出行总量为 238pcu/h，其中私家车 140pcu/h，出租车 98pcu/h。对于出租车实际上不需要停车泊位，只需要有临时停车上下客的场所即可，因此，高峰时段实际需要 140 个停车泊位。

因此，该体育场建成后，其配建停车场规划完全能满足停车需求，并且具有较强的抗风险能力，能够较好地适应未来机动车化发展的需要。

8.2.6 项目交通组织方案

1. 道路系统规划方案

项目交通影响范围内的路网布局基本呈方格状，区域内西五路、东新街、皇城东路、尚德路等为已建道路。

根据道路分级依据，该项目周围道路功能等级可划分为：

1）城市主干路：西五路、东新街、解放路、北大街、南新街。

2）城市次干路：尚德路、北新街。

3）城市支路：规划路、黄城东路、西四路、西三路、西二路、五四巷。

如果按照规划实施道路的建设与改造，项目区内路网的棋盘式结构将更加完善，这将进一步提高该地区道路网络系统的通行能力和交通服务水平。

2. 机动车交通组织分析

交通影响分析的目标是为了降低该项目对局部路网的影响，而合理的交通组织是实现这一目标的有效途径。交通组织分析根据该项目所产生、吸引的交通量及该项目出入口的布置对周边车辆及行人进行组织，确保其安全、有序。

如何合理利用项目外部路网，针对其出行特征，均衡地进行流量分配，同时尽可能减小对拥挤路段的依赖，缩短绕行距离，使之形成一个通畅、便捷的进出交通路线是交通组织方案考虑的重点。

（1）外部交通组织方案　对机动车交通进行区域性联系交通和区内到达交通的区分与组织，有利于优化道路的不同交通功能，充分发挥整体路网的作用。规划路网形成后，根据区域出行特点和该项目产生的出行特点，结合路网特征，对机动车出行做一定的交通组织管理：

1）西五路上交通流量十分大，为了减少该项目产生的机动车交通对外部道路交通的影响，进出体育场的机动车辆尽量实行右进右出。

2）项目附近支路比较多，尤其是东侧有五四巷、西四路、西三路、西二路等，南侧有一条规划，西侧有黄城东路，这些支路道路断面宽度较窄，道路通行能力有限，为了提供整个区域的交通运行能力，对这些支路组织单向交通。

图 8-24 所示为该项目机动车交通组织示意图。

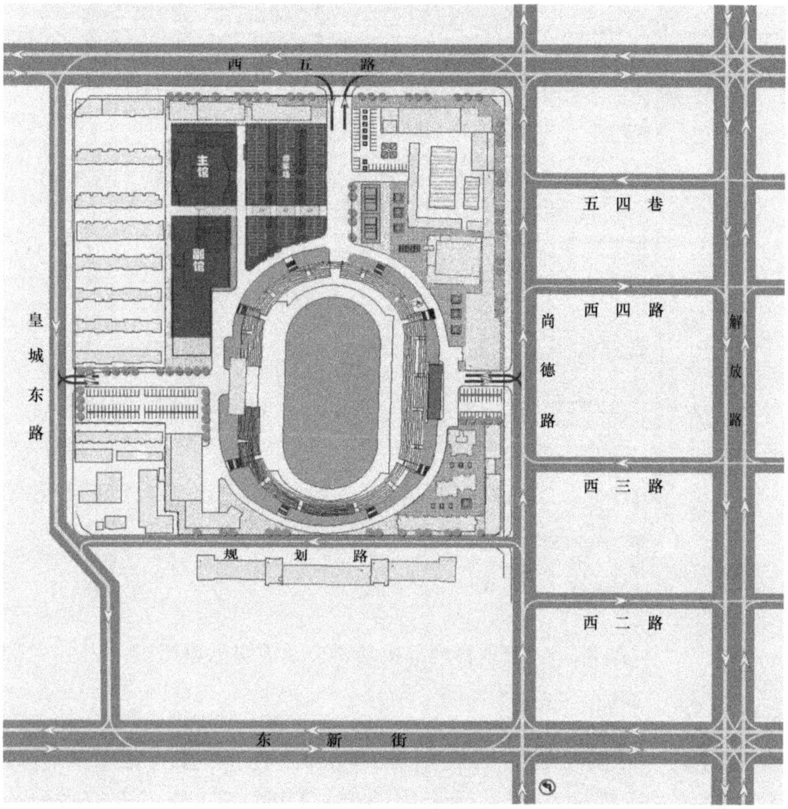

图 8-24　该项目外部机动车交通组织示意图

（2）内部交通组织方案　该项目内部的机动车采用双向行驶的组织方式，在进出口划设标线，将进出车辆分离；在停车场内按不同的车型分别设置停车区，使小型汽车与其他车型分开，使场地得到充分利用和车辆出入方便。

由于体育场内提供了足够的停车位，因此在项目内部道路上除了临时的短暂性停车外，严禁一切机动车辆在道路上停放。

为了提高安全性能，机动车出入停车场采用单向交通形式组织，单进单出。

图 8-25 为该项目内部机动车交通组织示意图。

3. 非机动车和行人交通组织分析

（1）非机动车交通组织

1）在各个出入口附近设置一定数量的自行车停车场，避免自行车的集中停放，以便于比赛结束后，骑自行车的观众能够快速分散，减少自行车对行人、机动车流的干扰。

2）西五路上自行车过街应尽量在两侧两个交叉口，这两个交叉口均有信号灯控制，可避免自行车过街对机动车流造成干扰。

3）应进一步改善尚德路上的非机动车行驶条件，可在道路上设置机非分隔设施，提高

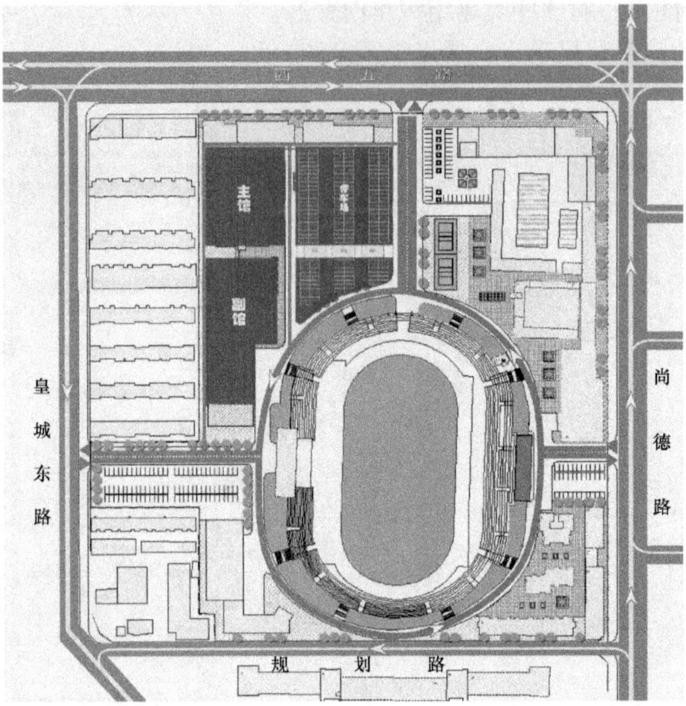

图 8-25　该项目内部机动车交通组织示意图

非机动车的安全性。

（2）行人交通组织　根据项目区的规划设计方案，在项目的各个进出口和车流比较集中的停车场出入口设立人行横道线和人行专用通道；同时应加强内部交通管理，加大宣传力度，根据具体情况设置必需的交通标志标线，以保证过街行人的安全。该项目内部的道路宽阔，行人与机动车分道行驶，能够保障必要交通安全要求。

1）将西五路上开辟专门的行人出入口，一则有利于人流与车流的分离，提高机动车通行效率，也增强行人的安全性；二则便于居民接近西五路上的公交车站，方便乘坐公交车，也便于未来与地铁衔接，吸引出入的观众乘坐地铁出行。

2）在西五路上出入口（革命公园对面）处设置一定的障碍设施，禁止行人在该处穿越街道，提醒行人过街通过西侧的人行天桥。

8.3　某学校建设项目交通影响评价

8.3.1　项目概述

1. 建设项目概况

某小学建设项目位于某市高新区，科技三路以南、高新二路以东，规划总用地面积 3.4785ha（$1ha=10^4m^2$），该总建筑面积 42639.2m^2。该项目总平面图如图 8-26 所示，该项目位置图如图 8-27 所示。

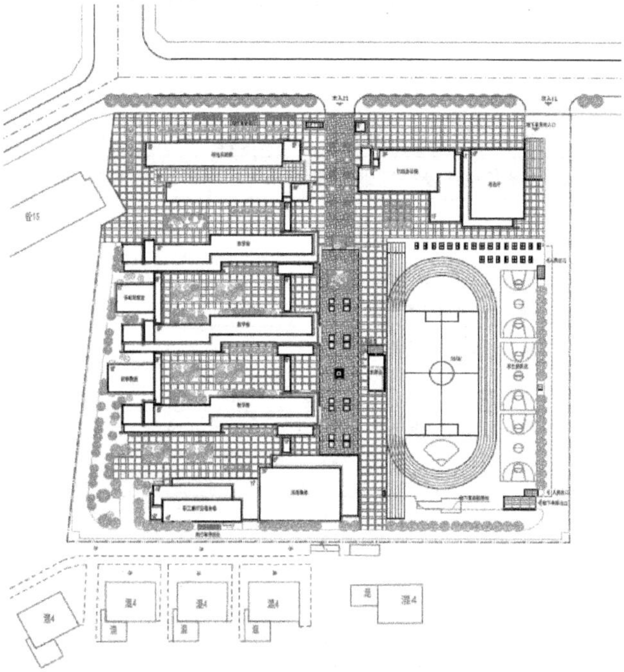

图 8-26　项目总平面图

图 8-27　项目位置图

该项目为小学新建项目，主要包括教学楼、行政办公楼及报告厅、综合实验楼、体育馆及教师宿舍等，规划学生总人数 3000 人（每班 50 人），其主要经济技术指标如表 8-21 所示。

表 8-21　项目的主要经济技术指标

<table>
<tr><td colspan="4">一、项目总用地面积</td><td>3.4785ha</td></tr>
<tr><td colspan="4">二、规划总建筑面积</td><td>42639.2m^2</td></tr>
<tr><td rowspan="3">其中</td><td colspan="3">地上建筑面积</td><td>32397.3m^2</td></tr>
<tr><td rowspan="2">地下建筑面积</td><td>设备用房及一区地下车库</td><td>3778.5m^2</td><td rowspan="2">10241.9m^2</td></tr>
<tr><td>二区、三区地下车库</td><td>6463.4m^2</td></tr>
<tr><td colspan="5">三、停车位</td></tr>
<tr><td colspan="4">地下机动车停车位</td><td>290 个</td></tr>
<tr><td colspan="4">地面自行车停车位</td><td>75 个</td></tr>
<tr><td colspan="5">四、单体建筑经济技术指标</td></tr>
<tr><td colspan="2" rowspan="2">行政办公楼及报告厅</td><td>地上建筑</td><td>4376.5m^2</td><td rowspan="2">8155m^2</td></tr>
<tr><td>地下建筑</td><td>3778.5m^2</td></tr>
<tr><td colspan="2">综合实验楼</td><td colspan="2">地上建筑</td><td>7398.8m^2</td></tr>
<tr><td colspan="2">教学楼</td><td colspan="2">地上建筑</td><td>15980.6m^2</td></tr>
<tr><td colspan="2">体育馆及教师宿舍</td><td colspan="2">地上建筑</td><td>4641.4m^2</td></tr>
<tr><td colspan="2">二区、三区地下车库</td><td colspan="2">地下建筑</td><td>6463.4m^2</td></tr>
<tr><td colspan="4">容积率</td><td>0.93</td></tr>
<tr><td colspan="4">绿地率</td><td>35%</td></tr>
</table>

2. 项目评价年限及影响范围

按照项目拆迁进度和工程建设时间，该项目计划完全建成并投入使用在 2013 年。根据建设项目交通影响评价启动阈值，计算建设项目规模与启动阈值之比为 4.26，确定该项目的交通影响评价目标年为 2013 年和 2020 年。

该项目为小学新建项目，规划用地位于该市高新区，科技三路以南，高新二路以东，周边道路网日趋成熟。项目邻近科技三路与高新二路交叉口，向东距高新路 460m，向西距沣惠南路 450m、唐延路 300m，向南距科技六路 1170m，向北距科技二路 380m、科技路 1300m。参照 CJJ/T 141—2010《建设项目交通影响评价技术标准》中有关规定，单独报建的学校类建设项目，其评价范围为建设项目邻近的第二条主干路或快速路围合的范围。因此，该项目的影响评价范围确定为沣惠南路、科技路、高新路及科技六路所围合的区域，影响的路段主要是科技三路、高新二路、科技二路、高新路、唐延路和沣惠南路，如图 8-28 所示。

3. 评价日和评价时段的确定

（1）评价日的确定　该项目为高新第一小学项目，属于教学和办公综合项目，主要功能是为小学生提供学习与活动以及教师办公和住宿等，其出行的高峰一般发生在工作日。因此，依据最不利评价原则，评价日确定为工作日中任意一天。

（2）评价时段的确定　该项目的业态为学校，主要为学生学习、活动及教师办公休息的场所，其出行一般为上学和上班出行，出行高峰时段一般分布在早高峰和晚高峰，结合该市城市综合交通调查的相关结果和现状区域调查情况，将该项目的评价时段确定为早高峰（7:00～8:00）。

图 8-28　项目影响范围示意图

8.3.2　现状分析

1. 土地利用现状

该小学位于该市高新区，科技三路以南、高新二路以东，项目周边现状以行政办公用地、商业金融用地、居住用地和教育科研用地为主。周边用地发展较成熟，配套设施较完善。

2. 道路交通现状

（1）道路现状基本情况　项目位于科技三路与高新二路交叉口东南，北邻科技三路，周边的现状道路主要包括科技三路、科技二路、科技六路、科技路、高新二路、高新路、唐延路和沣惠南路，如图 8-29 所示。

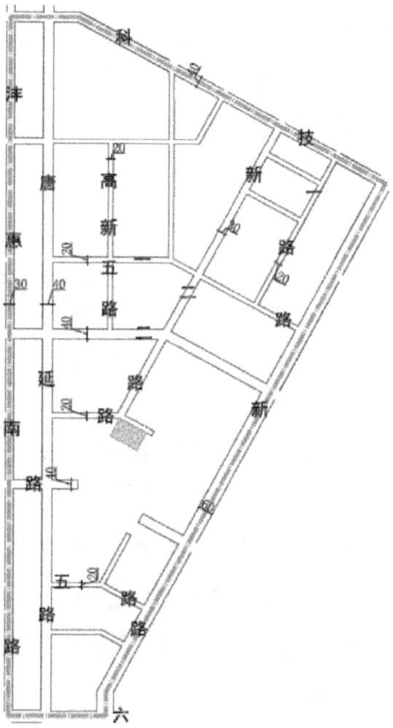

图 8-29　项目影响范围道路网现状

现状道路的等级、断面布置及功能为：

1）科技三路。东西向城市支路，道路红线宽度 20m，道路现状与丈八北路、高新二路相连。研究涉及区域道路断面为机非混行一块板形式，机动车双向两车道，对向车道无分隔，如图 8-30 所示。

2）科技二路。东西向城市主干路，道路红线宽度 40m，西起丈八北路、东至太白南路。道路断面为机非分离三块板形式，机动车双向四车道，部分路段对向车道隔离栏分隔，如图 8-31 所示。

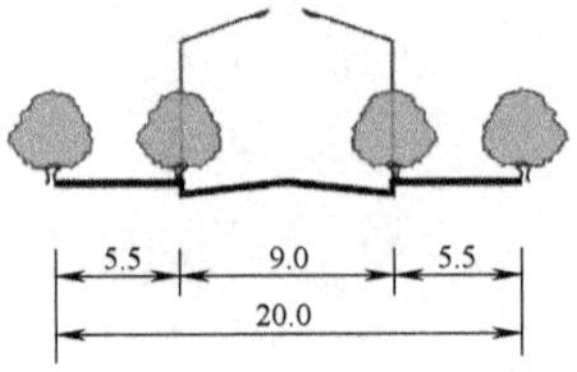

图 8-30　科技三路现状道路交通状况及断面

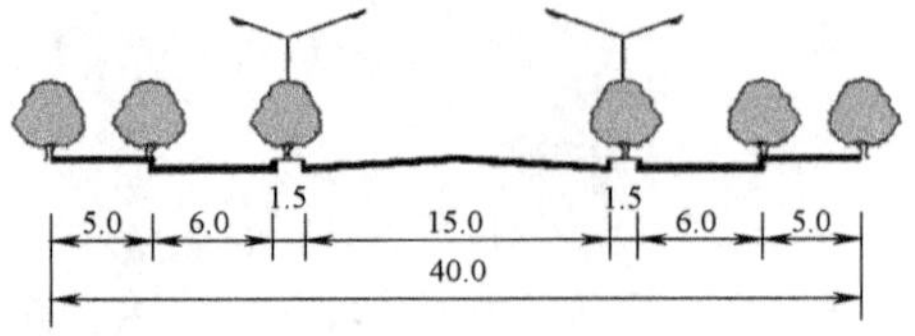

图 8-31　科技二路现状道路交通状况及断面

3）科技六路。东西向城市主干路，道路红线宽度 40m，西起丈八北路、东至太白南路，如图 8-32 所示。道路断面为机非分离三块板形式，机动车双向四车道，对向车道无分隔。

4）科技路。东西向城市主干路，道路红线宽度 40m，西起丈八北路、东至太白南路，如图 8-33 所示。道路断面为机非分离三块板形式，机动车双向四车道，对向车道隔离栏分隔。

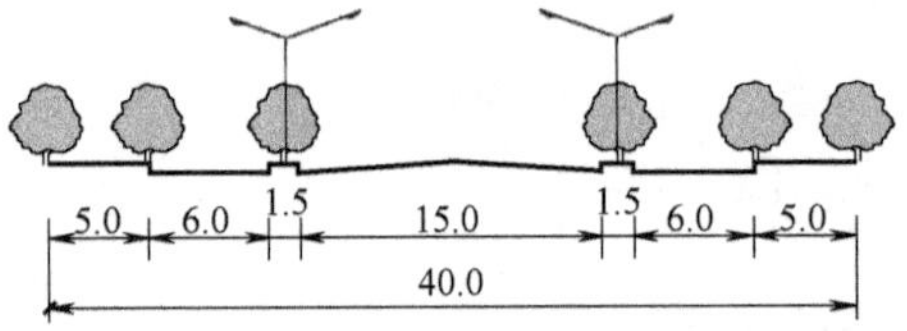

图8-32　科技六路现状道路交通状况及断面

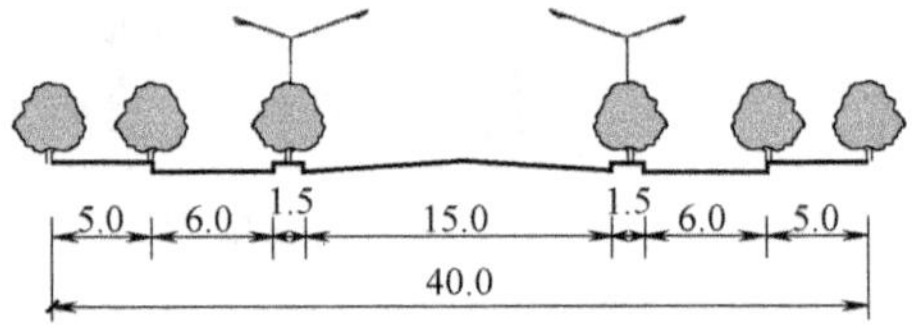

图 8-33　科技路现状道路交通状况及断面

5）高新二路。南北向城市次干路，道路红线宽度 30m，北连南二环，南接科技三路，如图 8-34 所示。道路断面机非混行一块板形式，机动车双向四车道，对向车道无分隔。

6）高新路。南北向城市主干路，道路红线宽度 60m，北接劳动南路，南至科技六路，与科技路、科技二路等形成平面十字交叉，如图 8-35 所示。道路断面为四块板形式，机动车双向六车道；其中，中间两块板为普通机动车双向四车道，对向车道绿化带分隔；东西两侧分别设有一条公交专用道，与非机动车混行。

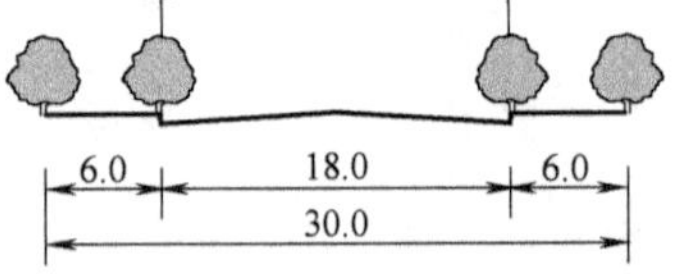

图 8-34　高新二路现状道路交通状况及断面

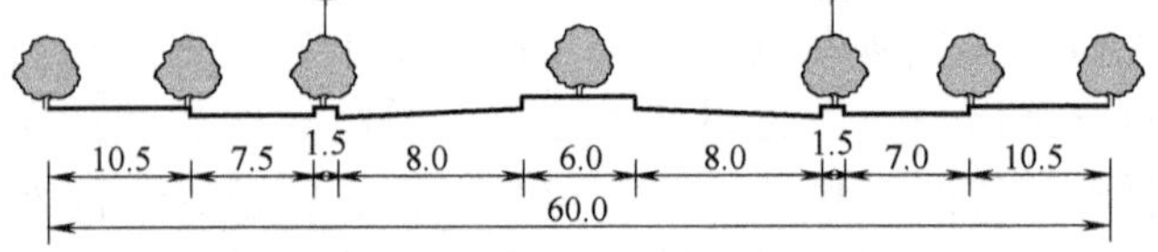

图 8-35　高新路现状道路交通状况及断面

7）唐延路。南北向城市主干路，道路红线宽度 40m，北接西二环，南至丈八东路，如图 8-36 所示。道路断面为三块板形式，中间一块板为机动车单向四车道，普通机动车由南向北单向行驶。东西两侧分别设有一条公交专用道，公交车双向运行，通过隔离栏与非机动车道分隔。

8）沣惠南路。南北向城市次干路，规划红线宽度 30m，北接昆明路，南至科技八路，如图 8-37 所示。道路断面为一块板形式，机动车单向四车道，其中西侧车道为一条公交专用道；机动车由北向南单向行驶，通过隔离栏与非机动车道分隔。

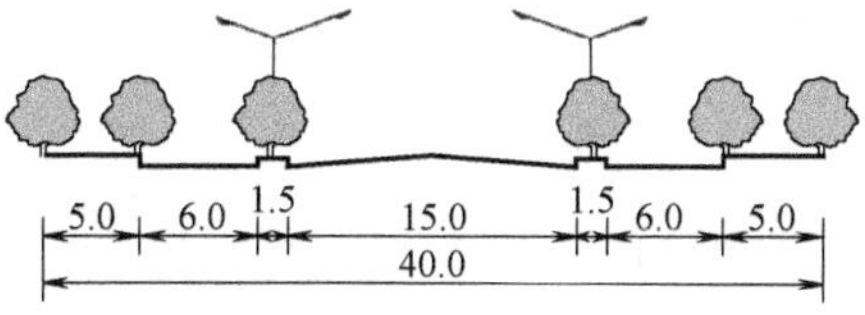

图 8-36　唐延路现状道路交通状况及断面

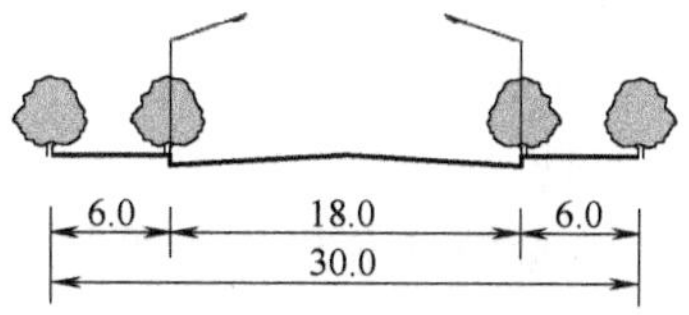

图 8-37　沣惠南路现状道路交通状况及断面

（2）交叉口现状基本情况　项目周边主要交叉口：科技三路-高新二路交叉口、科技三路-唐延路交叉口、科技二路-高新二路交叉口、科技二路-高新五路交叉口、科技二路-唐延路交叉口、科技二路-沣惠南路交叉口、科技二路-高新路交叉口。

1）科技三路-高新二路交叉口。无信号控制畸形交叉口，科技三路尚未完全贯通，科技三路为双向两车道，高新二路为双向四车道。

2）科技三路-唐延路交叉口。无信号控制 T 形交叉口，唐延路由南向北为主流向方向，包含东侧公交专用道，由南向北单向 5 车道；科技三路为次流向方向，双向两车道。

3）科技二路-高新二路交叉口。信号控制十字形交叉口，信号周期 90s，三相位控制，南北进口绿信比 0.278，东西进口直行绿信比 0.389，东西进口左转绿信比 0.333。

4）科技二路-高新五路交叉口。无信号控制 T 形交叉口，科技二路由东向西为主流向方向，单向两车道；高新五路为次流向方向，双向两车道。

5）科技二路-唐延路交叉口。信号控制十字形交叉口，信号周期 104s，两相位控制，南进口绿信比 0.519，东西进口绿信比 0.481。

6）科技二路-沣惠南路交叉口。信号控制十字形交叉口，信号周期 110s，两相位控制，北进口绿信比 0.455，东西进口绿信比 0.545。

7）科技二路-高新路交叉口。信号控制十字形交叉口，信号周期 80s，两相位控制，南北进口绿信比 0.525，东西进口绿信比 0.450。

为了分析该项目交通影响范围内的交通特征及存在问题，编制单位在既有调查数据基础上，于 2012 年 10 月 15 日对与该项目密切联系的路段及交叉口进行了交通调查，取得真实可信的交通数据。根据调查数据，对项目主要影响的道路和交叉口现状进行交通分析与评价。

（3）道路现状分析与评价　该项目周边的主要道路包括科技三路、科技二路、高新二路、高新路、唐延路和沣惠南路，通过交通调查和分析可得到其高峰小时的流量和饱和度，见表 8-22。

表 8-22　项目周边主要道路高峰小时流量及饱和度

路　　段	通行能力/(pcu/h)	流量/(pcu/h)	饱和度（V/C）
科技三路	2208	412	0.187
科技二路	6068	3869	0.638
高新二路	4588	2328	0.507
高新路	6068	3042	0.501
唐延路	5166	2914	0.564
沣惠南路	4182	2189	0.523

由表 8-22 可知，科技二路的通行能力不高且流量较大，高峰小时道路饱和度达到 0.6 以上；科技三路的通行能力不高但流量较小，高峰小时道路饱和度接近 0.2；其他主要道路的现状饱和度则在 0.5 ~0.6。

（4）交叉口现状分析与评价

1）交叉口流量流向分析。该项目主要影响的七个交叉口中，有四个为信号交叉口，流量相对较大，通过调查与分析，可得到其高峰小时流量流向（见图 8-38 ~ 图 8-41）。

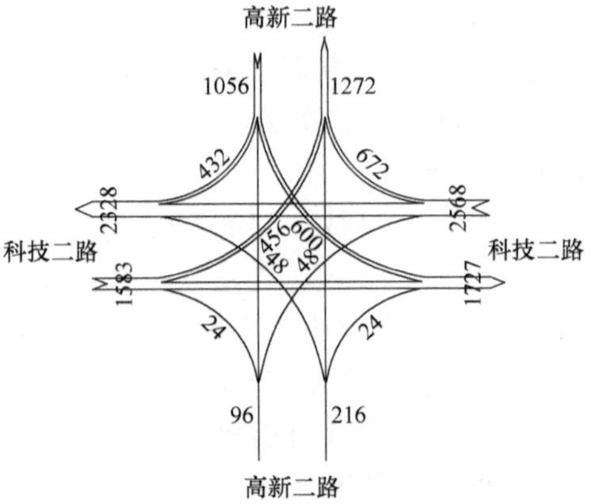

图 8-38　科技二路- 高新二路流量流向

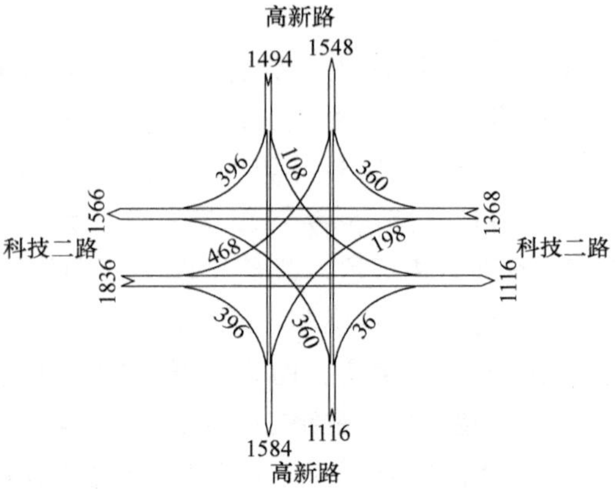

图 8-39　科技二路- 高新路流量流向

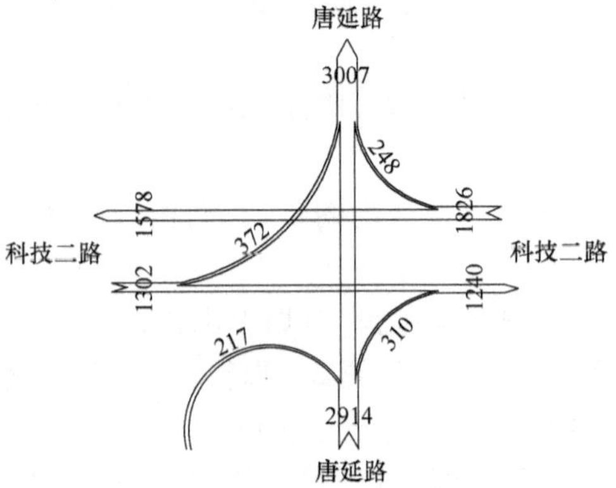

图 8-40　科技二路- 唐延路流量流向

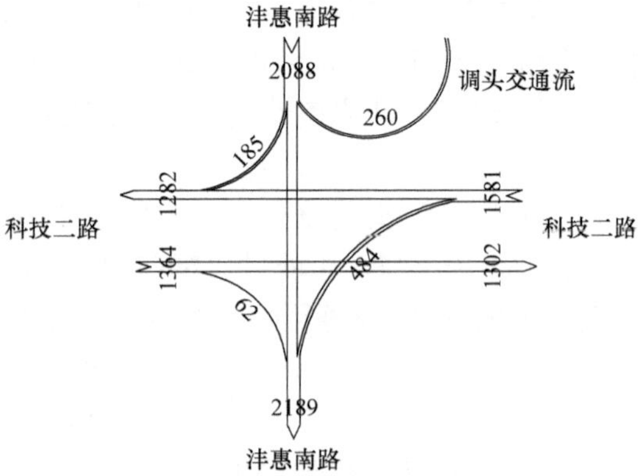

图 8-41　科技二路- 沣惠南路流量流向

2）信号交叉口评价。

根据计算分析，得到研究范围内主要信号交叉口的服务水平如表 8-23 所示。

表 8-23　信号交叉口现状高峰小时车均延误及服务水平

交叉口名称	平均延误/(s/veh)	服 务 水 平
科技二路- 高新二路	34.747	C
科技二路- 高新路	21.147	C
科技二路- 唐延路	30.245	C
科技二路- 沣惠南路	28.062	C

3）无信号交叉口评价。根据计算分析，得到研究范围内无信号交叉口的服务水平如表 8-24 所示。

表 8-24 无信号交叉口现状高峰小时服务水平

交叉口名称	主要道路单向车道数/条	次要道路单向车道数/条	主要道路双向高峰小时流量/(pcu/h)	流量较大次要道路单向高峰小时流量/(pcu/h)	服务水平
科技三路-唐延路	5	1	2914	206	三级

3. 公共交通现状

公共交通是未来居民出行首选的交通方式。对公交现状的调查内容包括经过项目临近道路的公交车数以及抽样的公交车载客率情况。调查结果表明：项目影响范围内主要的公交线路有 44 条，其中该项目周边 500m 范围内主要有五对公交站点、14 条公交线路途径（见表 8-25）。主要站点包括高新一路、科技四路、科技二路等（见图 8-42），现状公交运输能力可以满足人们的出行需求。

未来年，随着该项目的建成并投入使用，此处会产生大量出行需求。因此，须对项目建成后的公交服务能力进行评价，并针对公交问题提出改进措施，从而使该项目的居民能够享受更好的公交服务。

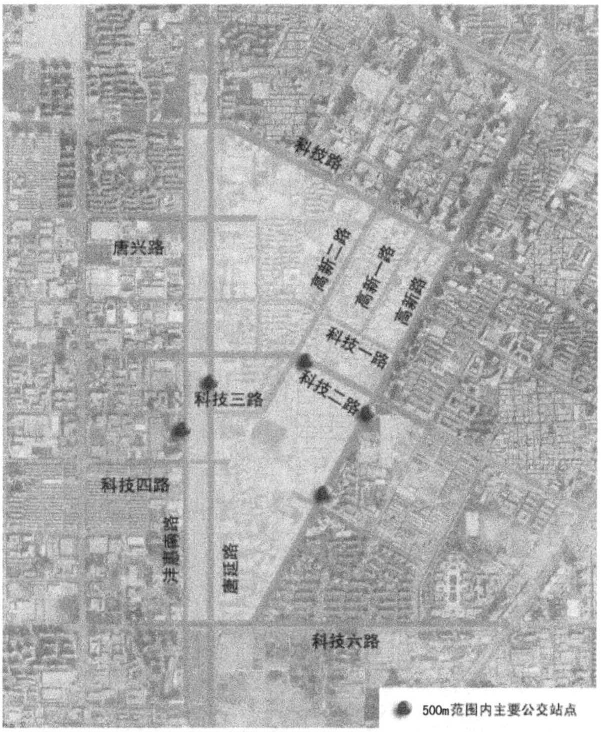

图 8-42 项目周边公交站点分布情况

表 8-25 项目周边 500m 范围内公交线路

序号	线路	单车容量	首末站
1	K29	75	东门-西工大软件园
2	K35	75	科技六路西口-钟楼
3	206	75	枫林绿洲西门-火车站西
4	217	75	富力城-邓家村
5	261	75	锦业路西口-公交六公司西区
6	324	75	城西客运站-培华学院
7	411	40	沙坡-西太路公交枢纽
8	608	双层 110	紫薇田园都市-火车站西
9	K700	75	高新路南口-王家坟
10	707	40	金裕青青家园-双水磨

（续）

序　号	线　路	单车容量	首　末　站
11	905	40	科技二路中段-翠华山旅游车站
12	908	40	双旗寨-城南客运站
13	高新1号线	75	枫叶新都市-丈八路南段
14	高新草堂专线	75	枫叶新都市-草堂科技产业基地

4. 慢行交通现状

1）科技三路。红线宽度为20m，机非混行一块板形式，机动车双向两车道。两侧人行道宽度5.5m，其上设有无障碍设计。路段及相关交叉口处设有行人过街横道线，盲道设置齐全，纵向步行条件一般。

2）高新二路。红线宽度为30m，机非混行一块板形式，机动车双向四车道。两侧人行道宽度6m，其上设有无障碍设计。路段及相关交叉口设有行人过街设施，部分路段盲道缺失，纵向步行条件一般。

3）科技二路。红线宽度为40m，机非分离三块板形式，机动车双向四车道。非机动车道宽度6m，通过绿化带与机动车道分隔；人行道宽度5m，其上设有无障碍设计。路段及相关交叉口设有行人过街横道线，盲道设置齐全，纵向步行条件一般。

4）高新路。红线宽度为60m，机非分离四块板形式，普通机动车双向六车道，其中东西两侧分别为一条公交专用道。非机动车道宽度3m，通过隔离栏与公交专用道分隔；人行道宽度10.5m，其上设有无障碍设计。路段及相关交叉口设有行人过街横道线，盲道设置齐全，纵向步行条件一般。

5）唐延路。红线宽度为40m，机非分离三块板形式，普通机动车单向四车道，车辆由南向北行驶；东西两侧分别设有一条公交专用道，公交车双向运行。非机动车道宽度2m，通过隔离栏与公交专用道分隔；人行道宽度5m，其上设有无障碍设计。路段及相关交叉口设有行人过街横道线，盲道设置齐全，纵向步行条件良好。

6）沣惠南路。规划红线宽度30m；机非分离一块板形式，机动车单向四车道，其中西侧车道为一条公交专用道，机动车均由北向南单向行驶。非机动车道宽度2m，通过隔离栏与公交专用道分隔；人行道宽度6m，其上设有无障碍设计。路段及相关交叉口设有行人过街横道线，盲道设置齐全，纵向步行条件良好。

5. 静态交通现状

该项目基地所处片区没有大型的社会公共停车场，大多数周边已有的和规划的小区、机关单位和商业机构都有各自的停车设施；现状道路路上和路边也规划有停车泊位，为主要停车方式。

6. 交通存在问题

1）路网发育待成熟，干道及节点拥堵日趋严重。科技三路、科技四路目前仍为断头路，科技三路-高新二路交叉口仍为无信号控制畸形交叉口，项目周边的道路网正在发育中，区域微循环交通组织不力。高峰期，高新二路、科技二路、唐延路等干路的交通量已十分大，该项目的建设与使用必将引起这些干路及相关节点车流量和人流量的增加。

2）公交站点距离较远，公交线路有待加密。该项目周边 500m 范围内已设五对公交站点，但由于路网连通性较差，项目与公交站点的实际步行距离已超 500m。另外，项目周边仅有的 14 条公交线路中有 4 条并不与区域主要客流方向连接，公交便捷程度有待加强。

3）缺乏足够的停车设施，车辆的乱停乱放现象严重。区域周边的停车需求较大，而目前的停车设施有限，车辆占用道路停车，导致人流、车流通行困难，同时也带来较多安全隐患。

4）该项目附近的交通安全设施尚待完善。区域路网尚在建设中，相应的交通安全设施仍较缺失；该项目相邻道路及交叉口处的行人过街设施、停车或减速让行标志等尚待完善。

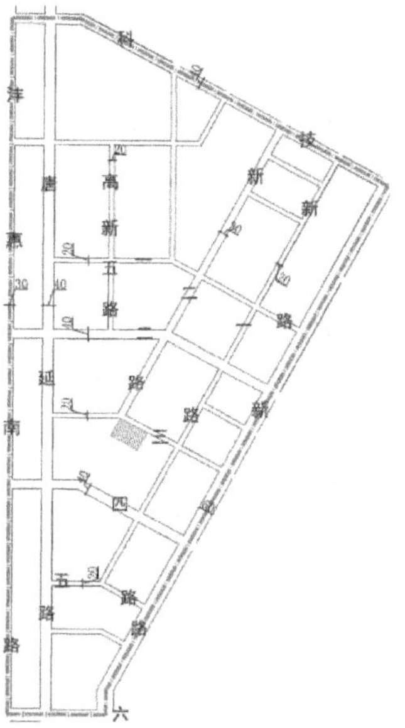

图 8-43　项目影响范围路网规划

8.3.3　规划分析

1. 土地利用规划

项目周边规划以居住用地为主，间有教育科研用地、商业金融用地、行政办公用地、公共绿地等。

2. 道路交通规划

该项目影响范围的道路网正趋成熟，未来科技三路、科技四路将向东延伸至白沙路，区域断头路、畸形交叉现象将有所改善，区域道路网的通行能力将进一步提高，如图 8-43 和表 8-26 所示。

表 8-26　项目影响范围内主要道路一览表

名　　称	道路等级	道路红线/m	横断面	机动车道数		备　　注
				普通车道	公交专用道	
科技路	主干路	40	三块板	双向 4	—	机非分离
科技二路	主干路	40	三块板	双向 4	—	机非分离
科技三路	支路	20	一块板	双向 2	—	机非混行
科技四路	主干路	40	三块板	双向 4	—	机非分离
科技六路	主干路	40	三块板	双向 4	—	机非分离
高新路	主干路	60	四块板	双向 4	双向 2	机非分离
高新二路	次干路	30	一块板	双向 4	—	机非混行
高新五路	支路	20	一块板	双向 2	—	机非混行
唐延路	主干路	40	三块板	单向 4	双向 2	机非分离
沣惠南路	次干路	30	一块板	单向 3	单向 1	机非分离

3. 公共交通规划

根据该市城市轨道交通线网规划，该项目周边规划有地铁 3 号线和 6 号线。地铁 3 号线位于项目北侧沿科技路方向，6 号线位于项目东侧沿高新路方向，如图 8-44 所示。

地铁站点方面，距离该项目较近的规划有两座，其中科技路站是地铁3号线与6号线的换乘站，与项目基地直线距离1400m；地铁6号线规划在科技四路-高新路交叉口附近设站，与项目基地直线距离约570m。

图8-44　项目周边轨道交通布局

3号线（一期）现已开工建设，计划2015年建成通车；6号线计划于2013年开工，2017年建成通车。未来，这两条轨道交通线路将共同承担起该区域的公共交通出行需求。

4. 慢行交通规划

在研究范围内有部分立体过街步行设施，大部分过街设施为人行横道，在该区域的慢行交通规划中建议：

1）路段的公交站点附近应该设置行人过街设施，避免行人任意穿行。

2）在学校门口应实施相应的交通管制措施并竖立相应的提示标牌，有条件的话，建议考虑设置信号控制过街形式和立体过街形式。

3）研究范围内，都设置有非机动车道，但是多数路段路侧停车占用非机动车道，当非机动车道流量大时，应该考虑取消部分路段的路侧停车，特别应该取消主干道上的路上或路边停车，如高新路。

5. 静态交通规划

停车场要与建筑设施规模相匹配，停车需求分析就是以交通需求计算的停车场规模和停车位数量，用以检验规划配置的功能需求的停车位数。

根据项目规划平面方案，该项目在建设时配建有地下机动车停车位290个，非机动车停车位75个。该项目周边目前尚未规划大型社会公共停车场，周边部分商务建筑、机关单位、小区规划配建有相应停车设施。

8.3.4　交通供需分析

1. 分析思路和方法

（1）需求分析　根据项目不同类型的功能分布特征，确定其多种交通出行方式的组成和高峰小时出行率，计算本项目开发所新增的交通出行；同时，依据实际观测的流量和本地区在目标年的规划和开发建设情况，确定背景交通流量；将新增的需求流量在路网上分配后与背景流量叠加，得出各路段高峰小时的需求流量。

（2）供给分析　根据目标年内的规划路网情况，分析相关路段、交叉口和主要出入口的通行能力。

（3）供需平衡分析　依据对应的需求和供给值，分析相关路段和交叉口的饱和度、延误及服务水平，并以此作为交通影响分析评估和交通组织方案的依据。

2. 项目交通需求分析

该项目的交通影响评价的目标年为2013年和2020年。项目规划总用地3.4785ha（$1ha=10^4m^2$），规划建筑面积42639.2m^2，容积率0.93，绿地率35.0%，总建筑密度28.1%。

（1）预测方法　项目交通量预测是指根据有关数据确定开发项目产生的新增交通量，

这里主要考虑开发此建设项目将新增的机动车交通量。预测采用四阶段法，思路是：首先进行出行调查，即调查与该项目处于同一区位、规模相近、同一性质的已建项目的出行生成量及出行方式，然后采用交通生成模型类比预测该项目的出行生成量，再进行出行方式划分，求出该项目新生成的各种出行方式的出行量，进而可换算出新增机动车交通量，最后对新增交通量在研究范围内进行交通分布和交通分配。

（2）出行生成　出行生成与建设项目类型、规模（强度）及所处区位条件等因素有关。因此在进行该项目出行生成分析时一般以同一区位的类似建设项目作为参照物进行类比分析，采用类别生成率法进行预测。类别生成模型如下

$$Q = RX \tag{8-3}$$

式中　Q——该项目的出行产生（吸引）量；

X——从指标值确定的难易程度及与交通生成的相关性两方面综合选取居住建筑面积为自变量；

R——用地的出行生成率即单位建筑面积的产生（吸引）出行量。

根据 2011 年对该市主城区居民以及小学生上下学出行方式的调查，分析可得 2011 年该市主城区居民以及小学上下学出行方式结构（见表 8-27）。

表 8-27　2011 年该市主城区居民出行方式结构　　（单位：%）

出行方式	私车	公交	班车	出租车	自行车	电动车	摩托	步行	其他
主城区居民	12.5	29.3	2.8	4.5	8.6	8.9	1.0	31.6	0.8
小学上下学	21.1	16.9	12.9	0.6	3.4	11.1	0.5	32.2	1.3

该项目 2013 年和 2020 年出行方式划分比例是在 2011 年现状调查的基础上，根据项目类型、位置、周边土地利用性质和社会经济发展状况进行微调。

（3）出行量预测　该项目建设类别为小学，参考 CJJ/T 141—2010《建设项目交通影响评价技术标准》小学高峰小时出行率为 12～25 人次/100m^2 建筑面积，结合综合交通调查确定该项目的高峰小时出行率为 18 人次/100m^2 建筑面积，该小学规划地上建筑面积 32397.3m^2，计算得到该项目高峰小时出行生成量为 5832 人次。

学校规划学生总数 3000 人，每班 50 人共 60 个教学班；学校规划教职工人数 200 人。2011 年该市小学生上下学调查数据显示，58.4% 的学生放学时有家长接；根据该项目所处位置及周边用地，将该学校家长接学生放学的比例调高至 65%。家长接学生回家，由于起止点的变化，可依据出行的含义将界定为两次出行（接/回家）；参考该市居民出行时耗，认为在高峰小时，40% 接学生的家长可完成两次出行，其余仅能完成一次出行。同时参考其他地区同类项目，计算可得该项目高峰小时出行生成量为 5930 人次。

综上所述，确定该项目高峰小时的出行量为 5930 人次。

（4）近期出行量预测　主要预测 2013 年该项目高峰小时的出行量：

1）私人机动车出行量。高峰小时机私人动车出行比例按 22% 计算，则其私人机动车出行人次为 1305 人次/高峰小时，由于该项目生成的机动车出行主要为接送学生，因此按 2 人次/辆车计算，折算成标准小汽车出行量为 652 辆/高峰小时。

2）公共交通出行量。随着政府对公共交通投入的增加，以及学校周边公交服务水平的改善，该项目的公共交通出行比例将有所提高。预计 2013 年其公共交通出行比例将达到

18%，因此公共交通的出行人次为 1067 人次/高峰小时。

3）出租车出行量。该项目出租车的出行比例可调低 1%，因此出租车的出行人次为 59 人次/高峰小时，按 2 人次/辆车计算，折算成标准小汽车出行量为 30 辆/高峰小时。

4）自行车出行量。该项目的自行车出行比例可调整为 7%，因此自行车的出行人次为 415 人次/高峰小时。

5）电动车出行量。该项目的自行车出行比例可调整为 14%，因此自行车的出行人次为 830 人次/高峰小时。

6）步行出行量。该项目的步行出行比例可调整为 38%，因此步行的出行人次为 2254 人次/高峰小时。

（5）中远期出行量预测　主要预测 2020 年该项目高峰小时的出行量：

1）私人机动车出行量。高峰小时机私人动车出行比例将有所下降，按 18% 计算，则其私人机动车出行人次为 1067 人次/高峰小时，由于该项目生成的机动车出行主要为接送学生，因此按 2 人次/辆车计算，折算成标准小汽车出行量为 534 辆/高峰小时。

2）公共交通出行量。随着周边公交服务水平的提高以及轨道线网的完善，该项目的公共交通出行比例将有所提高。预计 2020 年其公共交通出行比例将达到 24%，因此公共交通的出行人次为 1423 人次/高峰小时。

3）出租车出行量。该项目出租车的出行比例为 1%，因此出租车的出行人次为 59 人次/高峰小时，按 2 人次/辆车计算，折算成标准小汽车出行量为 30 辆/高峰小时。

4）自行车出行量。该项目的自行车出行比例可调整为 10%，因此自行车的出行人次为 593 人次/高峰小时。

5）电动车出行量。该项目的自行车出行比例可调整为 10%，因此自行车的出行人次为 593 人次/高峰小时。

6）步行出行量。该项目的步行出行比例为 37%，因此步行的出行人次为 2195 人次/高峰小时。

（6）方式划分　根据对以上出行生成分析，可以确定该项目出行方式比例如表 8-28 所示。

表 8-28　该项目出行方式划分

出行方式	私车	公共交通	出租车	自行车	电动车	步行
2013 年比例（%）	22	18	1	7	14	38
2020 年比例（%）	18	24	1	10	10	37

注：本研究中所有吸引率及方式划分数据均来源于该市城市综合交通体系规划中的小学生上下学调查数据，并依据未来交通发展趋势及该项目的实际情况进行适当调整。

（7）交通分配　交通分配主要是将项目产生的新增出行量分配到具体的路段上，得出各路段由于项目的建设而产生的新增交通量，从而分析该项目对周围路网服务水平的影响。主要思路如下：根据该项目与其他分区的出行分布规律以及路段交通阻抗、各路段通行能力等数据，将项目的产生吸引交通量分配到路网上。分配方法采用目前认为的预测精度较高的随机用户平衡模型，应用交通规划软件进行建模与计算，由此得到各主要路段的项目交通量分布。

3. 背景交通需求分析

该项目产生的交通量要叠加到已有的道路交通量上去，这部分已有的交通量称为背景交通量。它包括两部分，一部分是起止点之一至少位于项目所在的地区之内，即项目附近其他开发设施所发生的交通量；另一部分是起止点均不在影响范围之内的交通量，即过境交通量。这两部分交通量在不同时段会存在一些变化。

根据该市交通数据库及预测系统的有关数据整理得到交通增长系数，见表 8-29。

表 8-29　项目相关路段高峰小时交通量年增长系数

路　段	科技三路	科技二路	高新二路	高新路	唐延路	沣惠南路
年增长系数	1.040	1.030	1.040	1.030	1.045	1.045

本研究中，以现状交通量数据为基础，考虑规划年城市规划的用地和人口分布情况，得到 2013 年和 2020 年路段背景交通量如表 8-30 所示。

表 8-30　项目相关路段目标年背景交通量　（单位：pcu/h）

道路名称	道路等级	现状交通量	2013 年背景交通量	2020 年背景交通量
科技三路	支路	412	428	564
科技二路	主干路	3869	3985	4901
高新二路	次干路	2328	2421	3186
高新路	主干路	3042	3133	3854
唐延路	主干路	2914	3045	4144
沣惠南路	次干路	2189	2288	3113

4. 叠加后交通需求分析

通过交通分配，将该项目的新增交通量与背景交通量叠加，获得 2020 年交通需求，见表 8-31、图 8-45、图 8-46。

表 8-31　目标年路段高峰小时交通量　（单位：pcu/h）

道路名称	2013 年			2020 年		
	背景流量	新增流量	叠加后流量	背景流量	新增流量	叠加后流量
科技三路	428	341	769	564	282	846
科技二路	3985	136	4121	4901	112	5013
高新二路	2421	205	2626	3186	170	3356
高新路	3133	28	3161	3854	23	3877
唐延路	3045	290	3335	4144	240	4384
沣惠南路	2288	94	2382	3113	76	3189

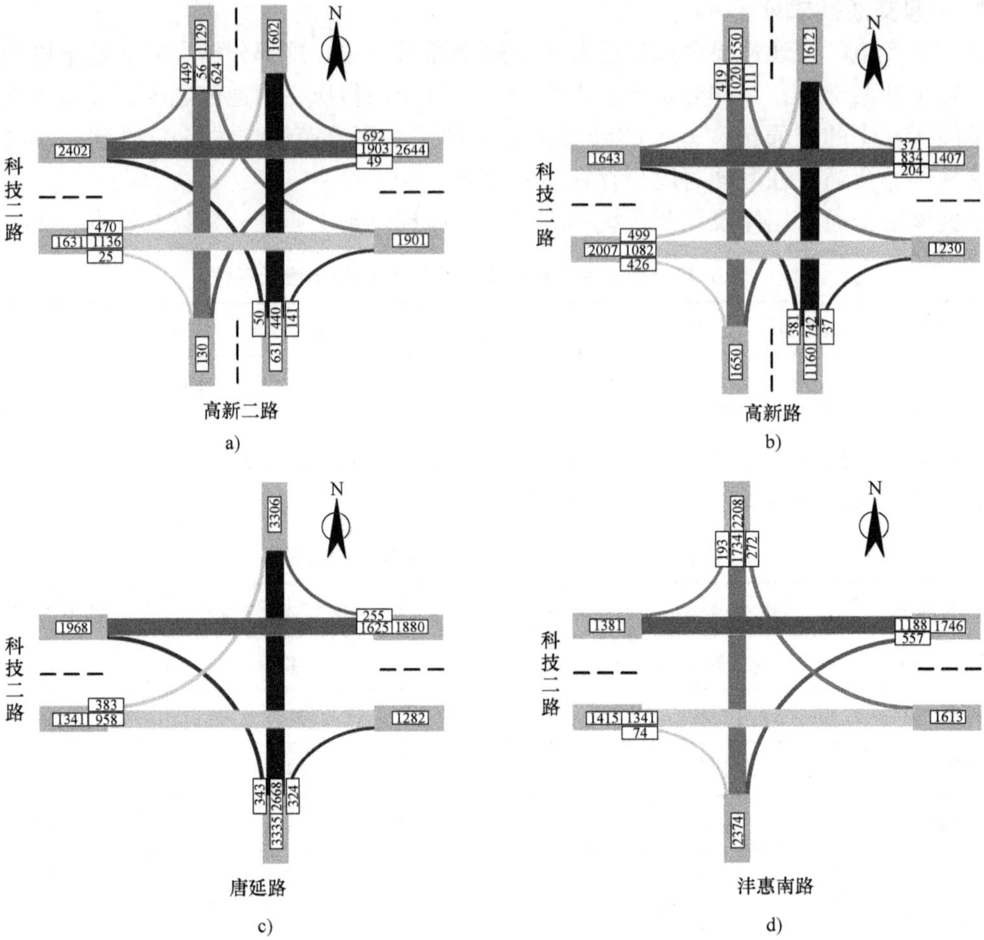

图 8-45　2013 年交叉口高峰小时叠加后流量流向图（单位：pcu/h）

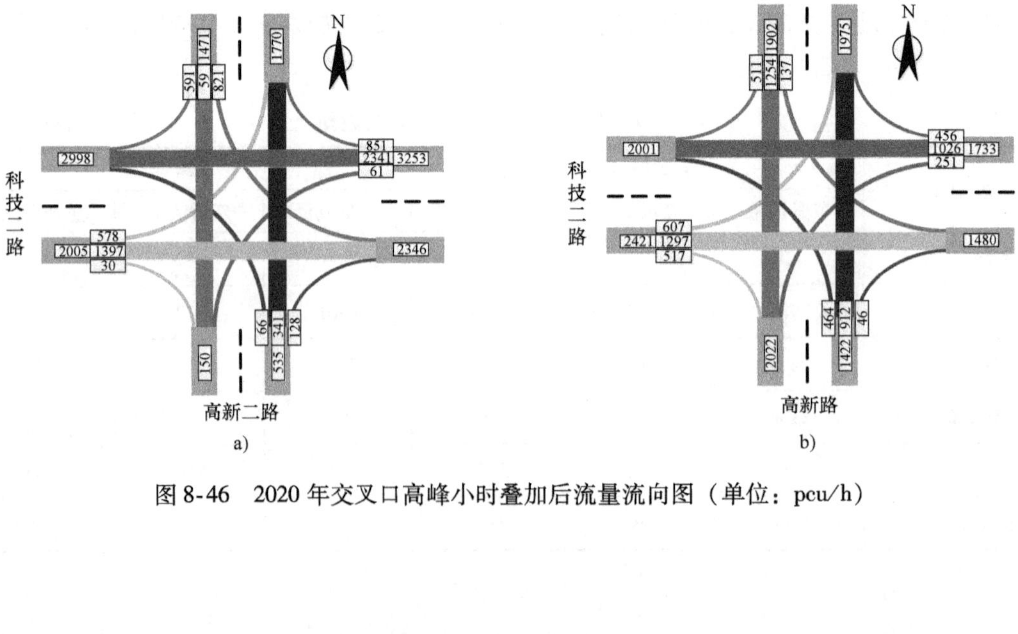

图 8-46　2020 年交叉口高峰小时叠加后流量流向图（单位：pcu/h）

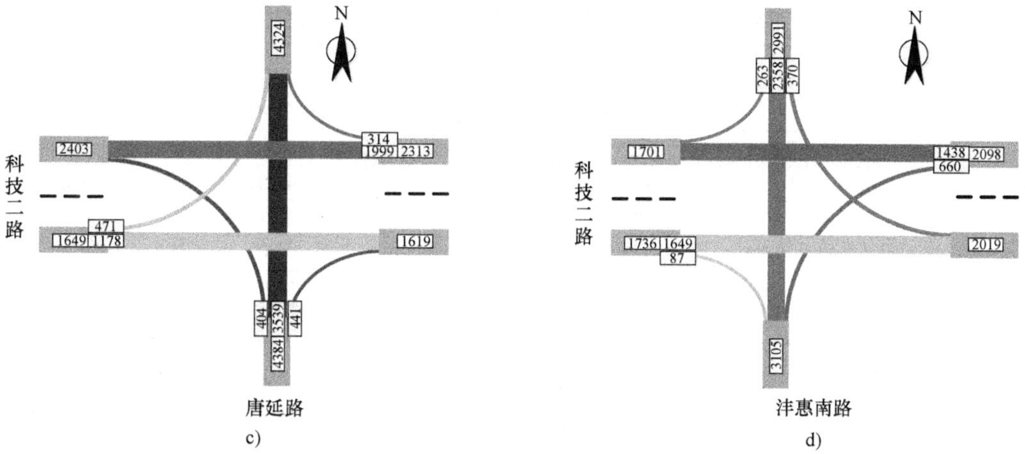

图 8-46　2020 年交叉口高峰小时叠加后流量流向图（单位：pcu/h）（续）

5. 道路供需平衡分析

（1）路段　城市道路路段设计通行能力可根据一个车道的理论通行能力进行修正而得。对理论通行能力的修正应包括车道数、车道宽度、非机动车影响及交叉口影响四个方面，即

$$N_a = N_0 r \eta n' s \tag{8-4}$$

式中　N_a——单向路段设计通行能力（pcu/h）；

N_0——单向路段理论通行能力（pcu/h）；

r——非机动车影响修正系数；

η——车道宽度影响修正系数；

n'——车道数修正系数；

s——交叉口影响修正系数。

根据各个因素综合分析，得到项目周边道路通行能力如表 8-32 所示。

表 8-32　研究范围内道路的通行能力

道　　路	道路等级	车　道　数		普通车道通行能力/(pch/h)	说　　明
		普通车道	公交专用道		
科技三路	支路	双向 2	—	2208	现状道路断面为一块板结构，现状面达到规划形式
科技二路	主干路	双向 4	—	6068	现状道路断面为三块板结构，现状面达到规划形式
高新二路	次干路	双向 4	—	4588	现状道路断面为一块板结构，现状面达到规划形式
高新路	主干路	双向 4	双向 2	6068	现状道路断面为四块板结构，现状面达到规划形式
唐延路	主干路	单向 4	双向 2	5166	现状道路断面为三块板结构，现状面达到规划形式
沣惠南路	次干路	单向 3	单向 1	4182	现状道路断面为一块板结构，现状面达到规划形式

2013 年和 2020 年，有无该项目路段高峰小时饱和度对比分析，见表 8-33 和表 8-34。

2013 年，科技二路和唐延路的饱和度将大于 0.6，高新二路、高新路和沣惠南路的饱和度将大于 0.5；该项目的建设与使用，将使高新二路和唐延路的饱和度均增加 0.04 以上，对相应路段的运行造成一定影响。

表 8-33　2013 年有无项目路段普通车道高峰小时饱和度对比

道路名称	通行能力/(pcu/h)	无项目		有项目	
		流量/(pcu/h)	饱和度（V/C）	流量/(pcu/h)	饱和度（V/C）
科技三路	2208	428	0.194	769	0.348
科技二路	6068	3985	0.657	4121	0.679
高新二路	4588	2421	0.528	2626	0.572
高新路	6068	3133	0.516	3161	0.521
唐延路	5166	3045	0.589	3335	0.646
沣惠南路	4182	2288	0.547	2382	0.570

表 8-34　2020 年有无项目路段普通车道高峰小时饱和度对比

道路名称	通行能力/(pcu/h)	无项目		有项目	
		流量/(pcu/h)	饱和度（V/C）	流量/(pcu/h)	饱和度（V/C）
科技三路	2208	564	0.255	846	0.383
科技二路	6068	4901	0.808	5013	0.826
高新二路	4588	3186	0.694	3356	0.731
高新路	6068	3854	0.635	3877	0.639
唐延路	5166	4144	0.802	4384	0.849
沣惠南路	4182	3113	0.744	3189	0.763

2020 年，科技二路和唐延路的饱和度将大于 0.8，高新二路和沣惠南路的饱和度将大于 0.7，道路拥堵现象将较为突出；该项目的建设与使用，将使高新二路和唐延路的饱和度增加 0.02 以上，进而加剧了相关路段的拥堵状况。

（2）交叉口　根据计算，得到2013 年和2020 年有无该项目，四个信号交叉口的平均延误与服务水平，见表 8-35、表 8-36。

表 8-35　2013 年信号交叉口高峰小时车均延误及服务水平

交叉口名称	无该项目		有该项目	
	平均延误/(s/veh)	服务水平	平均延误/(s/veh)	服务水平
科技二路-高新二路	35.189	D	36.926	D
科技二路-高新路	21.557	C	23.077	C
科技二路-唐延路	31.119	C	32.648	C
科技二路-沣惠南路	28.797	C	29.434	C

表 8-36　2020 年信号交叉口高峰小时车均延误及服务水平

交叉口名称	无该项目		有该项目	
	平均延误/(s/veh)	服务水平	平均延误/(s/veh)	服务水平
科技二路-高新二路	37.879	D	38.159	D
科技二路-高新路	24.508	C	25.721	C
科技二路-唐延路	33.728	C	34.764	C
科技二路-沣惠南路	32.722	C	33.920	C

2013 年和 2020 年，无信号交叉口高峰小时服务水平见表 8-37。

表 8-37　目标年无信号交叉口高峰小时服务水平

交叉口名称	主要道路单向车道数（条）	次要道路单向车道数（条）	主要道路双向高峰小时流量/(pcu/h)		流量较大次要道路单向高峰小时流量/(pcu/h)		服务水平	
			2013 年	2020 年	2013 年	2020 年	2013 年	2020 年
科技三路-唐延路	5	1	3335	4384	504	522	三级	三级

目标年，科技二路-高新二路交叉口的车均延误增加到 35s 以上，服务水平由现状的 C 级变为 D 级；其余交叉口的车均延误也随着时间的推移有所延长。该项目的建设与使用，将使交叉口的车均延误稍有增加，但服务水平可保持不变。

6. 公共交通供需平衡分析

（1）年公共交通供需平衡分析　据调查，经过项目周边 500m 范围内的公交线路目前有 14 条，除高新草堂专线发车频率较低外，其余均为常规公交线路。设高峰小时每路公交车平均发车频率是 10 趟/h，小公交车的平均载客量为 40 人/趟，大公交车的平均载客量为 75 人/趟，双层大公交的平均载客量为 100 人/趟，实载率为 60%，计算可得这些公交线路高峰小时可提供的公交总运输能力为 860 人次。

根据上文分析，2013 年该项目高峰小时的公共交通出行需求为 1067 人次。2013 年项目建成年，公共交通提供的运输能力不能满足其公交需求量。

公交线路剩余载客容量计算公式为

$$C = \sum (0.7 - o_i) \times 60/f_i \times c_i \tag{8-5}$$

式中　f_i——线路 i 高峰小时发车频率（min）；

c_i——线路 i 单车载客量（人），大公交车取 75 人，小公交车取 40 人；

o_i——线路 i 在项目最近公交站的高峰载客率（%）。

（2）2020 年公共交通供需平衡分析　2020 年地铁 3 号线与 6 号线已通车运营，未来 6 号线在此处将提供 5000 人次以上的运能；而该项目 2020 年高峰小时的公共交通出行需求为 1423 人次；2020 年，轨道交通与常规公交共同提供的运输能力能够满足项目的公交需求量。

7. 慢行交通供需分析

2013 年，项目高峰小时步行交通需求为 2254 人次，自行车交通需求 415 人次，电动车交通需求 830 人次。另外，项目将生成 1067 人次公交出行需求，公交出行者也需通过步行到达周围公交站点。即每日高峰小时共计约 4566 人次慢行交通需求。

2020 年，项目高峰小时步行交通需求为 2195 人次，自行车交通需求 593 人次，电动车交通需求 593 人次。另外，项目将生成 1423 人次公交出行需求，公交出行者也需通过步行到达周围公交站点。即每日高峰小时共计约 4804 人次慢行交通需求。

慢行交通需求主要通过道路两侧的慢行通道进行疏散，随着周边路网的不断完善，道路慢行通道能够满足其慢行交通需求。该项目的开发对慢行系统的影响不显著。

由于行人和自行车出行者是城市交通出行中的弱者，尤其是小学生，安全意识和自我防护能力都相对薄弱。建议合理引导行人规范过街，并积极完善周边慢行通道，保证行人安全。

另外，电动车在短途出行中虽然具有方便快捷的优点，但其安全性和环保性仍有待商榷，建议合理引导电动车发展，确保电动车出行者的出行安全。

8. 静态交通供需分析

（1）机动车停车供需平衡分析　该项目供给配建290个停车位，均为地下停车位。

停车场要与建筑设施规模相匹配，停车需求分析就是以交通需求计算的停车场规模和停车位数量，用以检验规划配置的功能需求的停车位数。根据2012年6月8日开始执行的该市政府办公厅发［2012］100号文件《建筑工程机动车非机动车停车位配建标准》有关规定，行政办公建筑停车配建指标为1.0辆/100m^2、普通住宅停车配建指标为1.0辆/100m^2。另外，对于家长接送这部分的机动车停车需求，参考其他城市同类项目，按2.0个/教学班的标准配建。通过测算，该项目所需配建机动车停车位211个。

项目规划配建机动车停车位能够满足其机动车停车需求。

（2）非机动车停车供需平衡分析　该项目供给配建75个停车位。

从需求角度分析，2013年自行车和电动车的出行需求为1245人次，2020年自行车和电动车的出行需求为1186人次。项目生成的非机动车出行多为家长接送学生出行，这部分非机动车出行较少具有停车需求；按具有停车需求的非机动车占非机动车出行量的13%计算，得2013年所需非机动车停车位162个，2020年所需155个。另外，调查显示在无家长接送的学生中，有3%的小学生上下学采用非机动车出行方式；这部分学生多来自高年级，需为其配建约32个停车位。故该项目2013年需配建194个非机动车停车位。

从配建角度分析，参考相关规范非机动车停车位按2.0/100m^2配建，该项目需配建181个非机动车停车位。

项目规划配建的非机动车停车位不能满足其非机动车停车需求。

9. 出入口评价

项目设置2个出入口，西侧出入口为行人主出入口，东侧出入口为机动车和非机动车出入口。主要出入口的宽度和与主干路交叉口距离均满足规范要求，出入口对交通的影响不显著。

8.3.5　交通组织与交通改善

1. 机动车交通组织方案

（1）外部机动车交通组织

1）项目对外交通，主要通过科技三路、高新二路、科技二路进行疏散。

2）为了减小机动车出入对外部交通的干扰，各进出口均设置停车让行标志。

（2）内部交通组织

1）结合地下停车库布置，确定东侧出入口为机动车出入口、西侧为慢行出入口。

2）东侧道路为内部主要道路，宽度10m，结合地下停车库出入口，机动车单向组织，限速10km/h。

3）各出入口均设置减速设施和让行标志，小区严禁机动车绕行，保证行人安全。

4）严格管理停车，禁止机动车乱停乱放，内部设置禁鸣标志。

5）在项目内部尽可能开辟场地，以满足非机动车停车需求。

2. 行人组织方案

行人交通组织分为三种：外部行人、内部行人和内外衔接的行人交通组织。

（1）外部行人交通组织　主要是行人过街交通组织。在路段上，行人过街主要通过人行横道进行组织；在信号交叉口，行人过街通过信号控制及人行横道进行组织。

（2）内部行人交通组织　项目建成后，基地内部的行人组织较为容易。但要注意行人通道的宽度要达到相关规范要求，且应有效利用绿化带等分离不同流向的行人，使行人冲突减少，通道的设置应使行人绕行距离最短。

（3）内外衔接的行人交通组织　行人的内外衔接仍然通过基地的出入口进行，在出入口处应该为行人设置专用通道，和机动车通道区分开来。

3. 交通改善建议与措施

基于该项目周边现存交通问题及交通供需分析结果，提出以下四方面交通改善建议与措施：

（1）道路交通方面　2020 年，科技二路和唐延路道路饱和度将超过 0.8，高新二路和沣惠南路道路饱和度将超 0.7；该项目的建设与使用，将使高新二路和唐延路的饱和度增加至少 0.02；由以上四条干道引发的区域道路网拥堵将日趋严重。另外，规划科技三路将向东延伸至白沙路，与高新二路在项目西侧形成 T 形交叉口，其交通组织需引起重视。

建议：①在高新二路路中及路侧施设隔离栏，减少对向交通及非机动车对正常行驶车辆的影响，增加高新二路通行能力；②继续完善周边路网，尤其是次干路和支路的建设与贯通，以较完善的路网为基础构建区域交通微循环，减少干道上无谓的绕行交通；③近期，科技三路-高新二路交叉口可维持无信号控制，其主流向仍为两条路的转向交通，在科技三路直行方向须设置停车让行标志，未来随着科技三路的贯通及流量增加，须将其变更为信号交叉口。

（2）公共交通方面　在轨道交通运营前，该项目周边的公交运力不能满足其需求；目前该区域仍存在公交线路不足，乘客步行距离较远的问题。

建议：①基于项目周边快速增长的公交出行需求，合理延长和增加公交线路，加密公交线网和站点；②考虑运营区域短线公交或最后一千米接驳巴士，缓解项目周边公交乘车难问题；③在科学调研和严格管理的基础上，学校及相关部门可考虑开设校车和班车，解决学生上下学出行问题。

（3）静态交通方面　交通供需分析结果显示，项目规划非机动车泊位不能满足其需求，缺口约为 119 个；若以 $1.5m^2$/泊位计算，仍需约 $178.5m^2$ 用于非机动车停放。由于校门口空间有限、学生上下学时间集中，上下学时段家长车辆的临时停放及“家长群”的交通组织仍存在问题。

建议：①在满足规范机动车泊位数的基础上，将规划的部分机动车泊位变为非机动车泊位，以满足其非机动车停车需求；②实施学生错时上下学，减少接送家长及其车辆在校门口的短时集聚；③在校门口及附近人行道上设置不同的区域，用以分年级、分班级、分时段地组织管理接送学生的“家长群”及其非机动车停放；④科技三路目前施设有路边及路上停车位，必要时将部分停车位转变为接送学生的即停即走停车位；⑤引导出行距离较近的学生及家长选择慢行或公交出行方式，引导出行距离较远且采用私车接送学生的家长（尤其是高年级学生家长），将机动车临时停在距学校 500 ~ 1000m 外的停车场，减少校门口的短时交通拥堵。

（4）慢行交通方面　学校周边缺少交通安全标志，行人过街安全保障有待加强。

随着项目的建设，建议在其周边设置安全标志、提示学校慢行，同时施设人行横道，增加人员管理，确保学生安全过街。

8.3.6 结论与建议

根据以上分析，项目建设交通影响指标分析见表8-38。

表8-38 项目建设交通影响指标分析

<table>
<tr><td rowspan="24">交通影响评价指标</td><td colspan="2" rowspan="2"></td><td colspan="2">2013年</td><td colspan="2">2020年</td><td rowspan="2">是否影响</td></tr>
<tr><td>无项目</td><td>有项目</td><td>无项目</td><td>有项目</td></tr>
<tr><td rowspan="6">主要道路饱和度（V/C）</td><td>科技三路</td><td>0.194</td><td>0.348</td><td>0.255</td><td>0.383</td><td>否</td></tr>
<tr><td>科技二路</td><td>0.657</td><td>0.679</td><td>0.808</td><td>0.826</td><td>否</td></tr>
<tr><td>高新二路</td><td>0.528</td><td>0.572</td><td>0.694</td><td>0.731</td><td>是</td></tr>
<tr><td>高新路</td><td>0.516</td><td>0.521</td><td>0.635</td><td>0.639</td><td>否</td></tr>
<tr><td>唐延路</td><td>0.589</td><td>0.646</td><td>0.802</td><td>0.849</td><td>是</td></tr>
<tr><td>沣惠南路</td><td>0.547</td><td>0.570</td><td>0.744</td><td>0.763</td><td>否</td></tr>
<tr><td colspan="2"></td><td>无项目</td><td>有项目</td><td>无项目</td><td>有项目</td><td>是否显著影响</td></tr>
<tr><td rowspan="5">主要交叉口</td><td>科技二路-高新二路</td><td>D</td><td>D</td><td>D</td><td>D</td><td rowspan="5">不显著</td></tr>
<tr><td>科技二路-高新路</td><td>C</td><td>C</td><td>C</td><td>C</td></tr>
<tr><td>科技二路-唐延路</td><td>C</td><td>C</td><td>C</td><td>C</td></tr>
<tr><td>科技二路-沣惠南路</td><td>C</td><td>C</td><td>C</td><td>C</td></tr>
<tr><td>科技三路-唐延路</td><td>三级</td><td>三级</td><td>三级</td><td>三级</td></tr>
<tr><td rowspan="3">停车需求分析</td><td></td><td colspan="2">规划泊位</td><td colspan="2">需求泊位</td><td>是否满足</td></tr>
<tr><td>机动车泊位</td><td colspan="2">290</td><td colspan="2">211</td><td>满足</td></tr>
<tr><td>非机动车泊位</td><td colspan="2">75</td><td colspan="2">194</td><td>不满足</td></tr>
<tr><td rowspan="4">公交需求分析</td><td rowspan="2"></td><td colspan="2">提供量</td><td colspan="2" rowspan="2">需求量</td><td rowspan="2">是否满足</td></tr>
<tr><td>常规</td><td>轨道</td></tr>
<tr><td>2013年</td><td rowspan="2">860</td><td>/</td><td colspan="2">1067</td><td>不满足</td></tr>
<tr><td>2020年</td><td>5000</td><td colspan="2">1423</td><td>满足</td></tr>
<tr><td>出入口分析</td><td colspan="6">根据项目的规划方案，该项目基地共设置两个出入口；其中西侧出入口为慢行出入口，东侧为车辆出入口，其宽度、与主干路交叉口距离满足规范要求。</td></tr>
<tr><td>主要结论</td><td colspan="7">1. 项目新增流量加入后，将对高新二路和唐延路相关路段产生一定影响
2. 项目新增流量加入后，将使相关交叉口车均延误增加，但其服务水平可保持不变
3. 近期周边公交供给不能满足其需求，地铁运营后公交供给将满足需求
4. 项目规划机动车停车位满足项目停车要求，非机动车停车位不能满足停车需求
5. 项目的出入口的个数、宽度和距干道及交叉口距离满足规范要求</td></tr>
<tr><td>相关建议</td><td colspan="7">1. 优化高新二路、科技二路、唐延路、沣惠南路等路段及交叉口的交通组织管理
2. 合理加密公交线网及公交站点，考虑开设区域短驳公交
3. 在出入口设置减速设施，保障行人安全，同时合理引导行人规范过街
4. 尽可能开辟用地作为非机动车停车场，满足非机动车停放需求
5. 项目内部禁止机动车乱停乱放，设置禁鸣标志，减小机动车对内部环境的干扰
6. 严格控制路边及路上停车，必要时在科技三路部分路段设置家长接送学生的即停即走停车位
7. 科学合理施工组织，保证项目建设不会干扰周边道路的正常运行</td></tr>
</table>

综上所述，通过对该项目建设前后主要相关道路及交叉口的交通分析，对周边公共交通承载分析，对周边慢行系统、项目配建停车位、出入口分析、项目内部交通组织与外部交通的衔接等分析，可以认定：在交通影响评价的范畴内，在对周边路网及公交进一步完善和优化、提升其承载能力，同时对项目建成后的机动车交通进行合理引导、出入口处设置停车让行标志、完善行人交通保障措施、鼓励公交及慢行出行方式等改善与保障措施实施后，该项目的建设规模和使用可以接受，规划方案可行。

8.4　某物流园区建设项目交通影响评价

8.4.1　项目背景

某物流项目位于某市国际港务区，为西北最大的医药物流配送中心项目。项目占地 200 亩（1 亩 $=666.6m^2$），建成后可提供仓储标准货位 3 万个，商品库存量超过 25 万箱，年处理能力 350 万箱，流通商品规格超过 1 万种，为企业销售提供超过 100 亿元的能力，最大限度满足省内医药企业和国内大型制药企业在西北地区的药品仓储、中转、集散、配送、销售需求，将极大地推动医药产业又好又快发展。

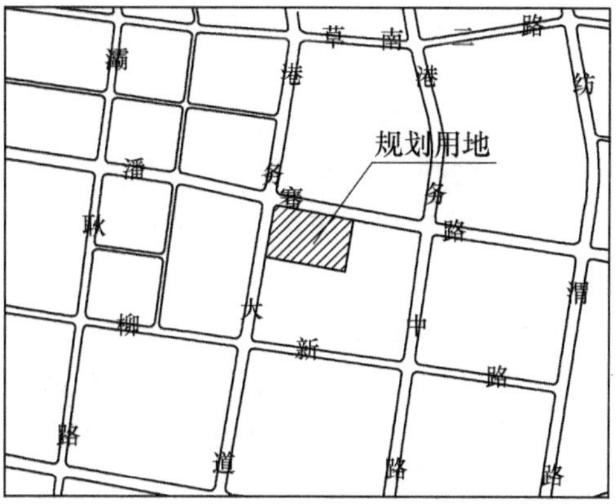

图 8-47　项目位置图

医药物流项目一期占地 $47660m^2$，总建筑面积 $41203m^2$（总折算建筑面积 $58136m^2$，层高超过 8m 时折算建筑面积加倍），其中联合工房及立体库房折算建筑面积 $34338m^2$（总折算建筑面积 $51271m^2$），其他附属建筑面积 $6865m^2$。

该建设项目位于港务大道以东、潘骞路以南，项目位置图如图 8-47 所示。港务大道为现状城市主干路，港务区南北向主轴，规划红线宽度 180m，双向六车道，潘骞路为规划东西向城市主干路，规划红线宽度 100m，双向六车道。港务大道贯通南北，潘骞路连通东西，区域功能完善，交通条件便利。

8.4.2　项目评价年限与影响范围

该项目计划于 2011 年建成，同时结合周边规划路网的建设计划，将研究目标年确定为 2014 年。通过对周边已建仓储项目附近路网交通观测，确定评价时段为工作日早高峰时期。

按照建设项目交通影响分析报告编制办法的相关规定，综合考虑该项目的开发规模、周边用地性质（见图 8-48）及道路交通状况，该项目影响范围确定为与该项目相邻的交叉口，如图 8-49 所示。

8.4.3　道路交通系统分析

1. 现状道路网络分析

研究区域内现状路仅有港务大道及潘骞路。

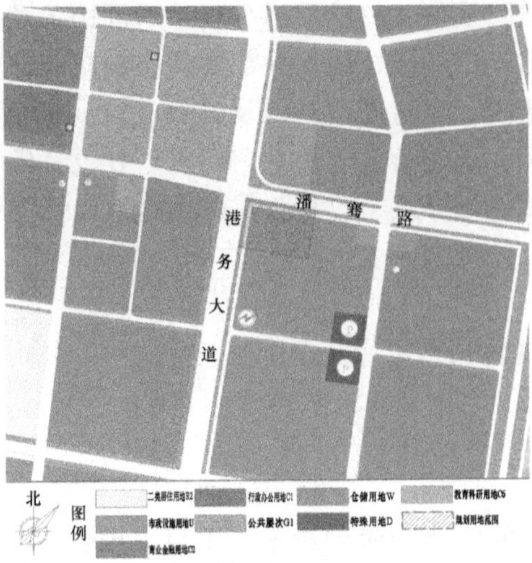

图 8-48　项目所在区域用地性质

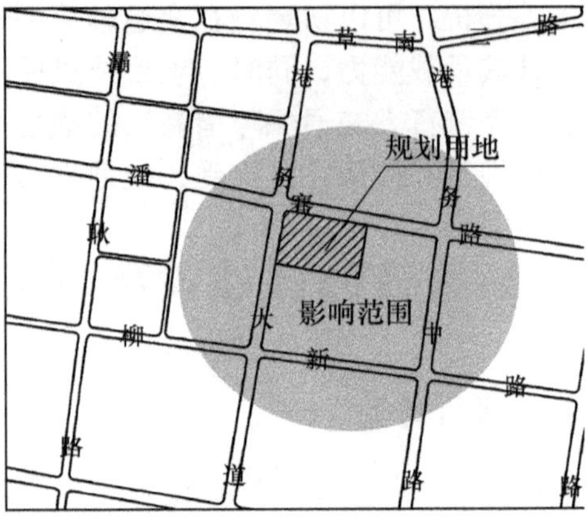

图 8-49　项目影响范围

1）港务大道。港务大道为城市主干路，宽 60m，四幅路，双向六车道，机非隔离。

2）潘骞路。潘骞路现状为县乡公路，路面宽 9m。

3）港务大道与潘骞路交叉口。该交叉口为平面十字交叉，交叉口设有信号灯，未进行渠化。

2. 规划道路网络分析

研究区域内规划有两条城市主干路，分别为港务大道和潘骞路。

1）港务大道。城市主干路，红线控制 180m，四幅路，双向六车道，机非隔离，设计车速 60km/h。

2）潘骞路。城市主干路，红线控制 100m，四幅路，双向六车道，机非隔离，设计车速 60km/h。

研究区域内规划有一条城市次干路港务中路，其红线宽度 40m，双向四车道，设计车速 40km/h。

研究区域内规划有一条城市支路柳新路其红线宽度 25m，双向两车道，设计车速 30km/h。

3. 现状交通调查与分析

为了掌握项目影响区现状交通状况，项目组对项目影响区主要道路进行了交通量调查。调查对象为港务大道、潘骞路路段交通量和交叉口流量流向。交通量调查时间为：2010 年 2 月 23 日（星期三）7:30～10:30、2 月 24 日（星期四）7:30～10:30 和 2 月 27 日（星期日）7:30～10:30。

（1）交通流量调查与分析　由上述三天的交通量调查数据，进行统计分析，取三天高峰小时的平均值为最终高峰小时交通量。

1）港务大道。港务大道为城市主干路，同时还承担一定的过境车辆通行，是港务区南北向多功能主轴，道路为四幅路，机非隔离，道路路面现状较好，部分路段交通标线不清，道路交通量不大，车辆通行情况良好，道路服务水平较高，道路断面机动车高峰小时流量平均为 1443pcu/h。

2）潘骞路。潘骞路现状为县乡公路，路面宽度9m，机非混行，现状交通量较小，农用车辆、工程建设车辆比例较大，断面流量平均为321pcu/h。

港务大道与潘骞路为平面十字交叉，交叉口设有信号灯，未进行渠化，交叉口流量不大，排队车辆均可在一个信号周期内放行，服务水平较高。两条道路的主要流量均为直行车辆，分别占84%和67%。

（2）公共交通调查　项目研究范围内已开通两条公交线路，分别是907路和陶家村线，见表8-39。

表8-39　研究区域开通公交线路表

车　次	起点终点	线　　路	时　　间	票　　价
907	纺织城火车站 - 新合	纺织城火车站—三殿村—穆将王村—半引路北口—水泥厂—国棉五六厂—国棉五厂—国棉四厂—公社—灞桥区政府—公安灞桥分局—新寺—席王—申家村—柳巷—灞桥——二四所—锻压机床厂—灞桥白庙村—孝义庄—高寨—市八十中—贺韶村—潘骞路—新寇村—杨庄村—陶家村—罗百寨—东塘村—南郑村—买家村—耿镇—马寨村—新合	首班：6:00 末班：19:30	起步1元 进位0.5元 全程4.5元
陶家村线	东五路 - 陶家村	东五路—火车站东—多彩商城—华清村—华清立交西—华清立交东—火车东站—万寿路北口—陕汽总厂—十里铺—酒十路—华清园小区—金裕青青家园—周家坡村—西安酒厂—新房绿色家园—新房村—十字街村—广大门村—浐灞半岛—安邸村—浐灞商务中心—灞柳西路北段—欧亚论坛会址—灞河东路—浐灞生态区—段家村—杏园村—西冯村—北舍村—西部渔港—骞村—骞村东—西庄村—围墙村—仓门村—新筑—市六十四中—新寇村—杨庄村—音乐舞蹈学院—陶家村	首班：6:30 末班：19:30	起步0.5元 每四站进位0.5元

（3）社会公共停车设施　研究区域内尚未设置社会公共停车设施。

（4）区域交通分析　根据调查，项目影响区域内全天出现四个峰值，最高峰时段为：早高峰9:00～10:00。

项目研究区域内现有一条城市主干路，一条县乡公路。

项目研究区域内现状交通流量不大，道路服务水平较高。

项目研究区域内现状开通两条公交线路。

道路交通方面现状主要存在问题：道路网结构存在缺陷，道路网密度偏低，仅有一条城市道路，公共交通未形成网络，社会公共停车设施匮乏。

8.4.4　交通需求预测

1. 交通需求预测基础

（1）OD小区划分　为便于进行交通需求预测，需要对项目研究区域划分交通小区，分区时应综合考虑多方面因素，在该项目小区划分中，参考港务区详细规划，按照开发项目性质和规模，结合区域内天然或人工结构物的分隔，依据项目影响区周边的经济发展状况及道路网络，将研究区域划分成5个交通小区，编号为：1、2、3、4、5（其中小区1为该项目所在交通小区）。小区划分的具体情况见表8-40及图8-50。

表8-40 交通小区划分一览表

小区编号	代表区域
1	项目所在区域
2	港务大道南方向
3	港务大道北方向
4	潘骞路西方向
5	潘骞路东方向

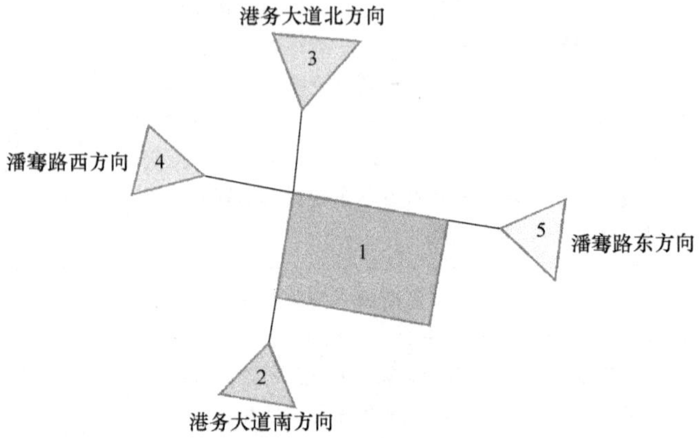

图8-50 交通小区划分示意图

（2）交通需求预测思路 通过对项目建设规模、用地性质以及项目周边建筑规模的调查，确定相应的交通与土地利用之间的参数，结合项目本身的特点，预测项目的发生量与吸引量，将项目所诱增的交通量分配到规划网络上，分析项目建设前后对周边道路的影响，总体预测思路可归纳为图8-51。

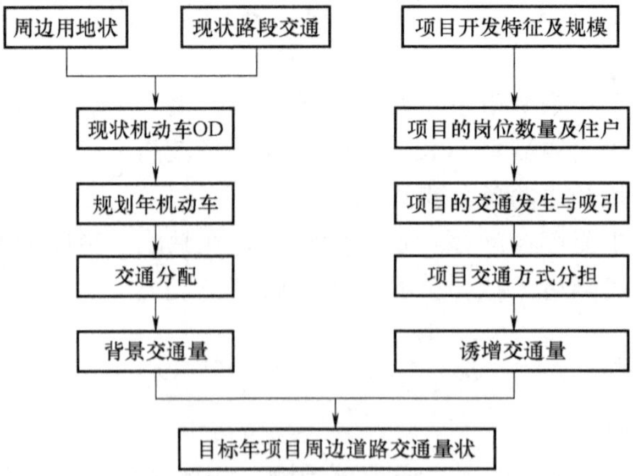

图8-51 交通需求预测流程图

2. 背景交通量预测

（1）交通发生预测　不同用地性质决定了交通发生交通吸引的规模，因此项目交通生成量的大小与项目的用地性质及建筑规模直接相关。在以往该市各种性质用地的交通发生率及吸引率调查的基础上，可预测出各小区的交通发生及吸引大小，再根据主要道路上的交通流量发展趋势以及这些小区的经济发展状况及性质进行修正。

如上所述，该项预测中采用如下预测方法，即根据各类建筑的面积及发生率、吸引率分别预测机动车交通的发生量和吸引量。预测模型为

$$G = \sum_i \alpha_i S_i \tag{8-6}$$

$$A = \sum_i \beta_i S_i \tag{8-7}$$

式中　G——小区机动车交通发生量，标准小汽车（pcu）；

A——小区机动车交通吸引量，标准小汽车（pcu）；

S_i——表示小区内第 i 类用地的建筑面积，（m^2）；

α_i——第 i 类用地的车辆发生率，pcu /100m^2；

β_i——第 i 类用地的车辆吸引率，pcu /100m^2。

不同用地性质、不同类型建筑的车辆发生率和吸引率参数的选取，主要参考现有类似建筑车辆进出量调查结果，并考虑项目自身的特点而定。通过上述方法，预测得各小区目标年高峰小时标准车发生量及吸引量如表 8-41 所示。

表 8-41　项目周边小区交通生成预测表　（单位：pcu/h）

小区编号	发生量	吸引量
1	0	0
2	2869	2816
3	2421	2512
4	2069	1949
5	1667	1749

（2）交通分布预测　根据交通发生吸引预测的结果，采用重力模型分布预测，小区间的阻抗采用小区形心间道路最短的自由流时间作为阻抗矩阵。

重力模型考虑了交通区之间的吸引强度与交通阻抗，交通区 i 到交通区 j 的交通分布量与交通区 i 的交通产生量、交通区 j 的交通吸引量成正比，与交通区 i 和 j 之间的交通阻抗成反比，两区间的交通阻抗可以是两区之间的距离、出行时间、出行费用或者是时间距离和费用的综合函数。

根据重力模型对约束条件的满足情况，可以把重力模型分为 3 类，分别是无约束重力模型、单约束重力模型和双约束重力模型。在交通分布预测中，常用双约束重力模型进行交通分布计算。

双约束重力模型形式为

$$X_{ij} = K_i L_j G_i A_j f(R_{ij}) \tag{8-8}$$

$$\sum_i X_{ij} = A_j, \sum_j X_{ij} = G_i \tag{8-9}$$

式中　X_{ij}——i 区到 j 区出行分布量；

K_i、L_j——$K_i = [\sum_j L_j A_j f(R_{ij})]^{-1}, L_j = [\sum_i K_i G_i f(R_{ij})]^{-1}$；

G_i——i 区发生交通量；

A_j——j 区吸引交通量；

R_{ij}——i 区到 j 区出行阻抗（impedance，通常以最短时距表示）；

$f(R_{ij})$——交通阻抗函数，又叫阻抗系数（friction factor），常用的形式为 $f(R_{ij}) = at_{ij}^{b}e^{ct_{ij}}$，其中 a、b、c 为待定系数，t_{ij} 为 i 区与 j 区之间的交通阻抗。

该项目以 TransCAD 中提供的计算模型以及运行程序为指导，以现状交通量为基准，将各交通小区发生吸引交通量（经方式划分预测后再转换成标准车型）在交通小区间进行交通分布预测的各小区 OD 分布。

在目标年“无项目情况”的发生量与吸引量得到预测的条件下，根据影响区各小区间距离，道路规划等级标定路网模型，完成各交通小区交通分布预测。目标年各小区间背景交通量 OD 分布预测情况见表 8-42 和图 8-52。

表 8-42　影响区目标年“无项目情况”OD 分布

OD	1	2	3	4	5	合计
1	—	0	0	0	0	0
2	0	—	1489	742	638	2869
3	0	1427	—	575	419	2421
4	0	769	608	—	692	2069
5	0	620	415	632	—	1667
合计	0	2816	2512	1949	1749	9026

注：1 小区即该开发项目，不考虑小区内部的出行。

（3）交通分配预测　交通分配预测是指在交通分布预测基础上，将各分区之间出行分布量分配到交通网络的各条边上去的工作过程，一般都借助于交通规划软件实现。在目标年各交通小区预测 OD 分布量的支持下，根据影响区各道路规划等级标定路网模型，完成背景交通量 OD 在路网上的交通分配。

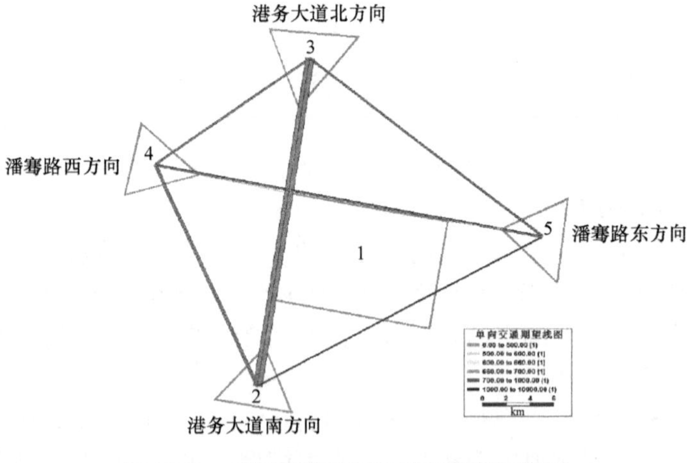

图 8-52　目标年背景交通量出行期望线图

交通分配的方法有多种，总体上可以分为两类，即均衡分配方法和非均衡分配方法。平衡分配法是指满足 Wardrop 第一、第二原理的网络分配方法，平衡分配法的求解通常被归结为数学上的凸规划求解，且路网越复杂，凸规划的维数就越高。非平衡模型主要有最短路分配法、容量限制分配法、多路径概率分配等方法，非平衡分配模型具有结构简单、概念明确、计算简便等特点。该项目采用目前国内外广泛使用的随机用户平衡模型（Stochastic User Equilibrium）作为交通分配预测的方法。

随机用户均衡（SUE）模型是 TransCAD 交通需求分析平台中提供的分配模型之一，是“用户平衡（UE）”模型的改进。主要模拟出行者不完全掌握所有路况信息，且均认为自己所选择的路径是“阻抗”最小的路径，再没有出行者相信能依靠单方面改变出行路径来减少自己的估计行驶阻抗。

该项目交通量分配采用“随机用户均衡”模型，是目前公认的预测精度较高的交通分配模型，也是交通软件交通需求分析平台中所提供的模型之一，主要模拟道路使用者不是完全掌握所有路况信息，并且不是总能依照客观最佳路线出行的交通行为特征。这一特征完全符合该项目的需求。

在目标年“无项目情况”的 OD 矩阵的支持下，根据影响区各道路规划等级标定路网模型，完成各交通小区交通分布量在各道路区段上的交通分配。目标年背景交通量分配预测结果见表 8-43。

表 8-43　主要路段“无项目情况”背景交通量预测表

道路名称	路段名称	单向背景交通量	max（V/C）
港务大道	潘骞路以南	2518	0.72
	潘骞路以北	2412	0.69
潘骞路	港务大道以西	1879	0.52
	港务大道以东	1768	0.51

3. 项目新增交通量预测

（1）新增交通量生成　项目新增交通量预测是指根据有关数据确定土地开发项目产生的新增交通量，这里主要考虑开发此建设项目将新增的机动车交通量。根据项目特点、研究条件以及国内外研究资料，对项目交通量的预测采用传统的“四阶段”预测方法进行。思路是：首先采用交通生成模型类别生成率法预测该项目的出行生成量，再进行出行方式划分，求出该项目新生成的各种出行方式的出行量，进而可换算出新增机动车交通量，最后对新增交通量在研究范围内进行交通分布和交通分配。

该项目属仓储物流用地，所以在项目新增交通量预测中只对仓储物流所生成的交通量进行预测。

在仓储物流用地交通量生成预测中，按发生和吸引进行预测。预测时，主要根据仓储物流用地的面积和分类来进行预测。

根据项目规划中的经济技术指标，该项目总建筑面积 41203m^2，依据该市 2008 年居民出行调查数据用地吸引指数计算得出本项目目标年出行生成总量为为 1443 人次。

（2）出行方式划分　该项目居民出行方式划分依据该市居民出行调查数据，并根据仓储物流区交通出行特征进行修正，进而得到目标年项目用地各种交通方式交通发生量见表 8-44。

表 8-49 中，小汽车出行数并不等于小汽车交通量，而是存在一个小汽车载客系数，该项目小汽车载客系数依据该市城市总体规划（2008-2020）并对其进行修正，取小汽车载客系数为 1.8 人/车，公共汽车载客系数为 20 人/车，换算小汽车当量系数取 2.0，货车及其

他车辆转换系数取 2.1 人/车，换算小汽车当量系数取 2.5。仓储物流区运营特性决定了出入本项目交通流的不规律性，交通潮涌现象突出，从而导致高峰小时系数较大，综合考虑该项目规模及属性，取高峰小时系数为 24%，得到居民出行的小汽车交通生成量见表 8-45。

表 8-44　目标年各交通方式分担表

出行方式	发生量	
	比例（%）	出行次数/(人次/日)
步行	11	159
自行车	6.5	94
公共交通	9.5	137
小汽车	12	173
货车及其他	61	880
合计	100	1443

表 8-45　目标年项目当量小汽车交通生成量表

交通量类型	年　份	生成量
全日/(pcu/d)	2014	1158
高峰小时/(pcu/h)	2014	278

由于该项目为封闭性仓储物流用地，其特殊的用地特征决定了其交通发生量和吸引量相等，从而得到目标年项目小区高峰小时的交通发生量和交通吸引量均为（278/2）pcu/h = 139pcu/h。

（3）目标年交通分布　目标年，在项目建成投入使用后，利用交通分布预测模型及方法，进行分布预测得目标年各小区 OD 分布状况见表 8-46 和图 8-53。

表 8-46　项目影响区目标年 OD 分布

OD	1	2	3	4	5	合计
1	—	68	38	8	25	139
2	63	—	1498	746	639	2946
3	39	1439	—	576	424	2478
4	10	776	618	—	692	2096
5	27	628	422	645	—	1722
合计	139	2911	2576	1975	1780	9381

注：1 小区即该开发项目，不考虑小区内部的出行。

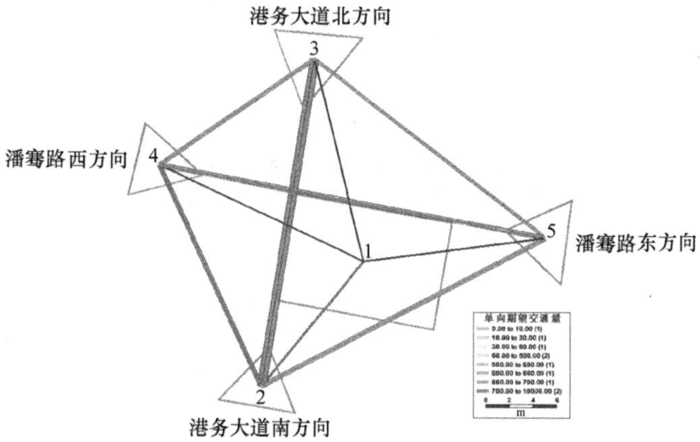

图 8-53　目标年有项目交通量出行期望线图

（4）目标年交通分配　在得出目标年“有项目开发情况”交通分布的情况下，利用 4.3.3 所述的分配模型及方法，对目标年的交通量进行分配，又称叠加交通量分配，获得目标年项目影响区路网的交通服务状况，见表 8-47。

表 8-47　项目周边主要路段“有项目开发情况”叠加交通量预测表

道 路 名 称	路 段 名 称	单向交通量	max（V/C）
港务大道	潘骞路以南	2586	0.74
	潘骞路以北	2450	0.70
潘骞路	港务大道以西	1887	0.54
	港务大道以东	1793	0.51

4. 机动车停车位需求预测

参照《陕西省城市规划管理技术规定》确定该项目机动车停车位配建指标见表 8-48。

表 8-48　停车位配建指标

项　　目	指 标 单 位	机 动 车 位
仓储物流	车位/100m^2	0.5
办公	车位/100m^2	0.7

该项目建筑面积 41203m^2，其中仓储物流面积 34338m^2，其他办公面积 6865m^2，该项目应配套建设机动车停车位为

$$(34338/100\times0.5+6865/100\times0.7)\text{个}=220\text{个}$$

综上所述，该项目需要配建机动车停车位 220 个。

8.4.5　交通影响分析与评价

1. 对周边道路交通影响评价

通过对背景年及目标年项目周边路网交通量的预测，进一步分析道路的服务水平，若服务水平变化较大，则认为项目的开发对周边交通造成了较大的影响，若服务水平没有明显变

化，则认为项目的开发从交通的角度来讲是可以接受的。

根据道路前面分配所得的交通量及服务水平分级，得到下面的交通状况评价，见表8-49。

表 8-49　项目开发与否周边道路交通状况对比表

道路名称	路段名称	未开发交通量			开发后交通量		
		流量/pcu	max（V/C）	服务水平	流量/pcu	max（V/C）	服务水平
港务大道	潘謇路以南	2518	0.72	C	2586	0.74	C
	潘謇路以北	2412	0.69	C	2450	0.70	C
潘謇路	港务大道以西	1879	0.52	B	1887	0.54	B
	港务大道以东	1768	0.51	B	1793	0.51	B

结论：由上述数据可以看出，目标年项目周边路网的服务水平整体较高，且项目的建成与否，项目周边路网的饱和度（*V/C*）变化幅度较小，服务水平未发生变化，说明本项目的建设对周边道路网影响较小，对周边交通影响不显著，因此本项目的开发从交通方面考虑是可以接受的。

2. 项目出入口评价

根据该建设项目建筑总图，本园区设置了2个主要对外出入口，分别为货运主出入口和园区次出入口。货运主出入口临潘謇路，预留出口宽60m，主要用于出入园区的货运车辆通行。园区次出入口临港务大道，宽9m，主要用于人行出入。这两个出入口的设置可以满足出入园区的交通流从两个不同方向进出园区的需求，出口设置满足要求。

这两个对外出入口的最小宽度为9m，满足消防车辆的通行要求，消防车辆可以利用这两个出入口，进入园区，因此本项目出入口的设置也满足消防要求。

3. 停车位供需评价

由该项目开发概况可知，该项目配建机动车停车位220个，根据8.4.4分析可知该项目需要配建机动车停车位220个。配建停车位能够满足该园区停车需求。

4. 公共交通评价

该项目研究范围内已开通两条公交线路，分别是907路和陶家村线。根据8.4.3预测分析本项目目标年的公交日发生量为130人次，公交出行需求较小，现有公交线路即可满足出行需求。

8.4.6　交通组织及改善建议

1. 机动车交通组织

该项目周围规划道路条件良好，随着港务区的快速发展，土地开发强度的提高，这就要求在现有交通条件的基础上尽可能组织好机动车流，保证项目与区域交通在高峰时段有序的运营。

2. 机动车运行改善措施

对项目周围主要道路及交叉口进行渠化整治，按规划道路等级基本实行机非分离，人车分隔等。具体措施包括：

1）园区进出口设置禁止鸣笛标志、机动车限速标志牌，并配合橡胶减速拱。

2）园区出入口应设置减速让行标志。

3）整个园区内部限速 10km/h。

4）园区内部停车场出入口设置诱导标志。

3. 人行交通组织

该园区道路均为人车共享道路，未实现人车的物理隔离，为了更好地组织整个区域的人流交通，还需提出一些改善措施。具体如下：

1）项目与周边道路连通的出入口要设置注意行人、限速和禁鸣的标志。

2）做好景观带及沿路人行道的铺装，为步行人群提供良好的步行环境。

4. 静态交通组织

该项目在园区设有地面停车位，建议做好停车标识及停车诱导措施，减少停车冲突。

园区内部未考虑非机动车停车场，为了鼓励绿色交通，建议在园区内部增设适量的非机动车停车场，为非机动车出行居民提供便利。

8.4.7 结论与建议

1. 结论

通过对该建设项目进行交通影响分析和评价后认为，该项目的建设规模与规划局的有关要求相符，项目的建成对周边道路网的影响在允许范围之内。主要结论如下：

1）从“背景交通量分配”与“叠加交通量分配”的对比中，由该项目建成后所产生的交通需求使周边道路交通饱和度略有增高，但增加幅度较小，服务水平未发生变化，项目开发所产生的交通量不会对其服务水平产生显著性影响。

2）该项目周边道路各主要路段交通最大饱和度为 0.74，道路服务水平较高，均能维持道路交通的正常运行。

3）该项目实际配建停车位等于停车需求量，配建停车位能够满足该园区停车需求。

4）目标年该项目新增的公交客流量较小，现有公交线路即可满足出行需求。

总体分析，该项目的建设规模是适当的，设计方案是合理可行的，其建设使用对城市交通的影响是可以接受的。

2. 相关建议

1）参与本次交通影响评价的为 × × 物流项目一期工程，随着二期工程的开发建设，建议取消一期工程临港务大道出入口，与二期工程合并综合考虑设置临港务大道出入口，避免城市主干路出入口过多对交通流的不利影响。

2）园区紧邻城市主干路，为保证出行交通安全，加强对项目小区出入口的管理，设置相应标志标线，在小区出入口设置减速拱等设施。

3）建议在园区内部增设适量的非机动车停车位，为非机动车出行的工作人员提供便利。

结合园区开发建设，须同步完成园区周边道路建设，以带动区域开发建设。道路建成初期流量较小，建议在初建时即对交叉口实行渠化措施，以满足未来交通增长的需要，避免日后进行交叉口改造。

8.5 某城市综合体建设项目交通影响评价

8.5.1 项目背景

某城市综合体建设项目位于某市的核心商业圈，是一个集办公、商业、休闲等功能于一体的大型建设项目。该项目规划建设用地 60000m^2，总建筑面积为 450000m^2。该项目的建设对于促进城市经济发展，提高区域内居民的生活质量起着重要作用。但是，项目的建设会引起交通吸引强度发生变化，成为新的交通吸引源。为改善因项目建设产生的交通问题，确保将项目建设对交通的影响降到最低，有必要对该建设项目展开交通影响评价。

8.5.2 评价范围与年限

该项目的评价范围是：北到北滨河路，南至民主西路，西到白银路，东至平凉路围合的区域范围。评价年限为 2015 年和 2020 年。

8.5.3 评价日与评价时段

由于该建设项目以办公楼为主体，结合该市 2010 年综合交通调查结果，确定该项目的评价日与评价时段为：工作日的晚高峰。

8.5.4 现状调查与分析

该项目周边路网图如图 8-54 所示。评价范围内道路主要包括：北滨河路、滨河东路、秦安路、张掖路、武都路、庆阳路、甘南路、白银路、民主路、张掖路、中山路、通渭路、永昌路、酒泉路、静宁路、金昌路、平凉路、皋兰路、永昌路等道路，主要交叉口是张掖路与酒泉路交叉口、武都路与酒泉路交叉口、武都路与静宁路交叉口、秦安路与静宁路交叉口、通渭路与南滨河路交叉口、南关什字、庆阳路与静宁路交叉口、静宁路与南滨河路交叉

图 8-54　项目周边路网图

口、金昌路与南滨河路的交叉口、庆阳路与永昌路交叉口。对这些道路及交叉口的高峰小时交通量进行观测与统计，并计算其饱和度和服务水平。

研究范围内公共交通为地面普通公交线路，现状公共交通线路密度较大，出行比较方便。另外，项目周边共有公共停车场泊位数 690 个，配建停车场泊位数 564 个。根据现状调查结果，地面停车较多，有占道停车现象，地下停车位利用率低。

8.5.5　交通需求预测

根据该市 2009 年居民出行和吸引源交通调查统计数据，在现状交通量调查的基础上，根据城市总体交通量的发展趋势，采用了经典的“四阶段”交通预测法并运用专用的交通规划软件分别对项目周边道路背景交通量和项目交通量进行预测，综合分析计算并确定项目建设后路网交通量。

1. 背景交通量预测

参考该市居民出行调查小区划分，将影响范围以及周边划分为 12 个交通小区，如图 8-55所示，图中外围的边界线为虚拟边界。

以交通调查数据为基础，结合现状路网，利用交通规划软件对各交通小区 OD 进行反推，然后进行交通分布预测和交通分配，得到 2015 年和 2020 年的交通流量分配结果分别如图 8-56 和图 8-57 所示（两图均见书后彩色插页）。

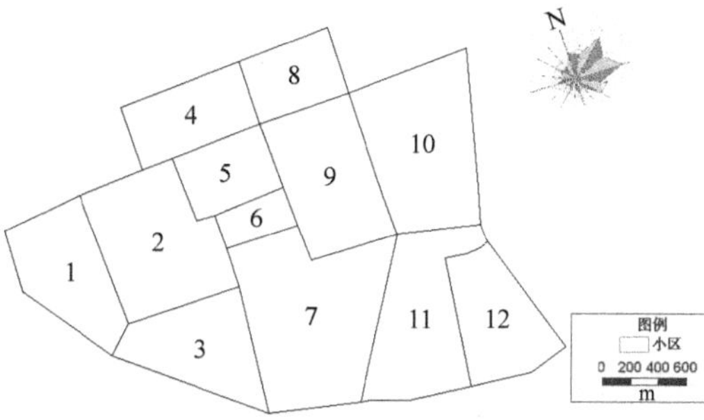

图 8-55　交通小区划分图

从流量分配图可看出：东西方向的主干道南滨河路、庆阳路、白银路的交通流量较大，南北方向的主要通道中山路、酒泉路、静宁路、平凉路、承担交通量较大。

2. 项目交通量预测

该项目交通量的发生和吸引量预测以该地区的建设规模和建筑的不同性质构成为基础，不同的性质的建筑将具有不同的交通产生和吸引指标。该项目出行量预测采用出行产生率法。根据该市同类建筑交通调查数据，并参照该市出行率指标表和国内大城市同类建筑设施发生、吸引交通量特征数据，综合预测计算项目建设后的人流、车流发生与吸引量。该项目根据基地内部不同功能空间的建筑面积来进行出行预测。在预测出行发生量之后进行方式划分，求出各建筑空间不同方式的出行量，最终进行汇总。该项目交通分布预测结果如图8-58和图 8-59 所示（两图均见书后彩色插页），以上两图反映了建设项目交通需求的空间分布关系，可以看出，2020 年与 2015 年的交通分布趋势基本一致，但交通需求增大。

运用交通规划软件进行项目交通分配，分配结果如图 8-60 和图 8-61 所示（两图均见书后彩色插页）。

3. 交通量的叠加

运用交通规划软件作出叠加后的交通量分配图如图 8-62 和图 8-63 所示（两图均见书后彩色插页）。

对比背景交通出行需求预测可以看出，交通量叠加后，在建设项目附近的支路，酒泉路、武都路、甘南路、其他主干道路、庆阳路、民主路、南滨河路等路段交通流量分配都有所增加，体现出建设项目对附近道路的交通影响。

8.5.6 道路和交叉口交通影响评价

该项目建成后，各时期研究范围内各路段和交叉口的饱和度和服务水平如表 8-50 和表 8-51 所示。

表 8-50 路段饱和度、服务水平一览表

道路名称	基年		2015 年		2020 年	
	饱和度（V/C）	服务水平	饱和度（V/C）	服务水平	饱和度（V/C）	服务水平
北滨河路	0.77	C	0.88	D	0.90	D
滨河东路	0.79	C	0.92	D	0.93	D
秦安路	0.72	C	0.85	C	0.90	D
张掖路	0.56	B	0.67	C	0.70	C
武都路东段	0.69	C	0.83	C	0.87	D
武都路西段	0.68	C	0.85	C	0.92	D
庆阳路东段	0.73	C	0.86	D	0.90	D
庆阳路西段	0.73	C	0.86	D	0.90	D
甘南路东段	0.66	C	0.79	C	0.82	C
甘南路西段	0.61	C	0.72	C	0.76	C
白银路	0.78	C	0.89	D	0.90	D
民主西路	0.73	C	0.83	C	0.85	C
中山北路	0.55	C	0.63	C	0.64	C
中山南路	0.56	C	0.65	C	0.65	C
永昌南路	0.76	C	0.89	D	0.90	D
永昌北路	0.79	C	0.91	D	0.93	D
通渭路	0.54	B	0.68	C	0.71	C
酒泉南路	0.77	C	0.89	D	0.92	D
酒泉北路	0.70	C	0.83	C	0.86	D
静宁南路	0.73	C	0.86	D	0.90	D
静宁北路	0.57	B	0.69	C	0.72	C
金昌北路	0.74	C	0.85	C	0.86	D
金昌南路	0.59	B	0.68	C	0.73	C
平凉路	0.68	C	0.79	C	0.80	C

表 8-51　交叉口饱和度、服务水平一览表（无项目⇒有项目）

交叉口名称	进口方向	基年		2015 年		2020 年	
		饱和度（V/C）	服务水平	饱和度（V/C）	服务水平	饱和度（V/C）	服务水平
张掖路与酒泉路交叉口	东进口	0.66	C	0.67⇒0.70	C⇒C	0.72⇒0.74	D⇒D
	南进口	0.76	D	0.77⇒0.78	D⇒D	0.79⇒0.81	D⇒D
	西进口	0.61	C	0.65⇒0.67	C⇒C	0.68⇒0.69	C⇒C
武都路与酒泉路交叉口	东进口	0.82	D	0.82⇒0.85	D⇒D	0.86⇒0.88	E⇒E
	南进口	0.79	D	0.81⇒0.84	D⇒D	0.86⇒0.89	E⇒E
	西进口	0.79	D	0.82⇒0.84	D⇒D	0.90⇒0.92	E⇒E
	北进口	0.70	C	0.73⇒0.75	D⇒D	0.77⇒0.79	D⇒D
武都路与静宁路交叉口	东进口	0.81	D	0.82⇒0.84	D⇒D	0.84⇒0.85	D⇒D
	南进口	0.75	D	0.76⇒0.79	D⇒D	0.79⇒0.81	D⇒D
	西进口	0.78	D	0.81⇒0.83	D⇒D	0.83⇒0.85	D⇒D
	北进口	0.74	D	0.76⇒0.79	D⇒D	0.80⇒0.83	D⇒D
秦安路与静宁路交叉口	东进口	0.65	C	0.67⇒0.68	C⇒C	0.69⇒0.71	C⇒C
	南进口	0.77	D	0.78⇒0.80	D⇒D	0.81⇒0.84	D⇒D
	西进口	0.67	C	0.69⇒0.71	C⇒D	0.71⇒0.74	D⇒D
	北进口	0.72	D	0.73⇒0.75	D⇒D	0.75⇒0.77	D⇒D
通渭路与南滨河路交叉口	东进口	0.81	D	0.83⇒0.85	D⇒D	0.86⇒0.89	E⇒E
	西进口	0.80	D	0.84⇒0.85	D⇒D	0.88⇒0.90	E⇒E
南关什字	东进口	0.84	D	0.86⇒0.88	E⇒E	0.89⇒0.90	E⇒E
	南进口	0.88	E	0.90⇒0.91	E⇒E	0.92⇒0.94	E⇒E
	西进口	0.82	D	0.86⇒0.87	E⇒E	0.90⇒0.93	E⇒E
	北进口	0.79	D	0.82⇒0.84	D⇒D	0.86⇒0.89	E⇒E
庆阳路与静宁路交叉口	东进口	0.71	C	0.72⇒0.74	D⇒D	0.75⇒0.78	D⇒D
	南进口	0.82	D	0.83⇒0.85	D⇒D	0.89⇒0.92	E⇒E
	西进口	0.83	D	0.84⇒0.85	D⇒D	0.89⇒0.92	E⇒E
	北进口	0.61	C	0.67⇒0.70	C⇒C	0.71⇒0.74	D⇒D
静宁路与南滨河路交叉口	东进口	0.82	D	0.83⇒0.85	D⇒D	0.86⇒0.89	E⇒E
	南进口	0.86	E	0.87⇒0.89	E⇒E	0.90⇒0.93	E⇒E
	西进口	0.88	E	0.90⇒0.91	E⇒E	0.92⇒0.95	E⇒E
金昌路与南滨河路交叉口	东进口	0.80	D	0.81⇒0.83	D⇒D	0.83⇒0.85	D⇒D
	南进口	0.81	D	0.82⇒0.84	D⇒D	0.86⇒0.89	E⇒E
	西进口	0.83	D	0.84⇒0.85	D⇒D	0.89⇒0.93	E⇒E
庆阳路与永昌路交叉口	东进口	0.83	D	0.85⇒0.87	E⇒E	0.90⇒0.93	E⇒E
	南进口	0.86	E	0.91⇒0.92	E⇒E	0.93⇒0.95	E⇒E
	西进口	0.83	D	0.83⇒0.83	D⇒D	0.83⇒0.85	D⇒D
	北进口	0.92	E	0.93⇒0.94	E⇒E	0.94⇒0.95	E⇒E

从表 8-55 和表 8-56 中可以看出，该项目建成后在工作日的晚高峰周围路段以及交叉口的饱和度和服务水平虽略有增加，但是增幅较小。运用类似的方法对该项目非工作日的高峰时段进行计算，得到的计算结果与工作日高峰时段计算结果非常接近，根据 CJJ/T 141—2010《建设项目交通影响评价技术标准》中的评价准则，该项目建成后对周边路网的交通影响不显著，道路网增加的交通负荷是可以接受的。

其他对象（如：停车设施、出入口及交通组织方案、公交系统）的评价在此省略。

8.5.7　交通问题及改善措施简述

1. 交通问题简述

通过以上交通影响评价可发现该项目建成后对影响范围内的交通影响并不显著，存在的主要问题为现状道路网中本身存在的交通问题。在对预测结果、现状交通量及周边路网内的交通状况和交通设施调查及分析的基础上，发现此项目周围路网存在的主要交通问题有以下几个方面：

1）较大的交通流通过等级较低和驾驶条件较差的道路，导致该道路上若干连续的交叉口交通状况差，使附近路段和交叉口区域交通堵塞（如永昌路）。

2）道路等级较高、驾驶条件较好，但因此也吸引了过大的流量并导致交通拥堵（如酒泉路、庆阳路）。

3）研究范围内主干道上，车流量大，缺乏公交车专用道，尤其个别道路上机非混行严重（如甘南路），存在一定交通事故隐患。

4）港湾式公交停靠站不足，尤其庆阳路上，容易发生后续车流因前车停靠而造成的流通不畅。

5）道路（尤其是庆阳路）沿线地块开口过多，导致道路交通不畅。

6）项目周边道路路面停车泊位不足，路边停车现象较多，在一定程度上影响道路通行能力。

2. 改善措施简述

为了使项目投入使用后拥有良好的交通环境，同时尽可能降低由于项目建设对周边路网造成的不利影响，现提出以下改善措施：

（1）对外主要路段存在问题的改善

1）庆阳路道路等级较高，随着项目建成后交通吸引量的增加，允许部分路段机动车借用非机动车道行驶。

2）南关什字东口 50m 处的公交停靠站可设置为港湾式站台，以此来缓解后续车流因前车停靠站而造成的流通不畅。

3）永昌路和武都路实行收费停车或分时段停车。

4）永昌路道路等级较低，且流动摊贩较多，从而导致交通秩序混乱，应加强管理来提高其服务水平。

5）通过交通管理和组织手段，使路网的各节点交通负荷均衡，提高整个路网的服务水平。

（2）交叉口存在问题的改善　通过交通预测的结果可知，在武都路与酒泉路交叉口、南关什字、静宁路与南滨河路交叉口、金昌路与南滨河路交叉口、庆阳路与永昌路交叉口等交叉口的饱和度较大，可采取拓宽进口道、优化信号配时、加强管制等措施缓解交叉口的压力。在交叉口处增设行人警告标志、减速标志等交通设施保障行人的安全。

（3）公交停靠站存在问题的改善　该项目建成后，会对部分公交停靠站产生影响。大力发展有竞争力的城市公共交通系统，逐步加大公交线网密度和服务半径，提高公交准点率和服务质量，合理设定公交车的停靠点，方便人们到该项目区域购物、游憩等，从而吸引更多的行人乘坐公交出行，减轻周边道路的交通压力。临近该项目区域的公交站点，采用港湾式停靠站，减小对道路交通流的影响。

（4）停车设施存在问题的改善　该项目周边用地性质以商业金融、行政办公为主，各交通小区机动车出入量大。建议各小区设立相对独立的出入口联系城市主要道路，并在进一步设计中调整机动车出入口位置，减少机动车出入口交织点。与此同时，在各小区内部，地面停车系统应与地下停车场相配套，规范地面停车系统管理，以减少停车秩序混乱而造成的机动车拥堵。

（5）项目周边交通组织　综合分析交通量预测结果及项目设计方案可知，项目内部道路规划较合理，功能布局适当，停车场设施在功能布局上对建设项目各类建筑的服务功能发挥良好，能够满足内部交通需求。但是，随着该项目交通吸引强度的逐步增大，很有必要进行合理的交通组织，调节疏导交通流量，尽量减少进出车辆对周围道路车流的交叉干扰，使交通流顺畅，道路的交通量与道路的通行能力相协调，充分发挥路网的效能，以缓解交通矛盾。

8.5.8　评价结论

集办公、商业、休闲等功能于一体的城市综合体地处该市中心繁华地带，该项目建成后对该市及周边地区的社会经济发展具有积极的推动作用。

项目的建成后会衍生出一些额外的交通量，通过对该项目所进行的交通量预测及交通影响评价，可发现该项目对周边城市道路网及相关设施的交通影响是在允许范围内的，根据 CJJ/T 141—2010《建设项目交通影响评价技术标准》的规定的评价准则，该项目对周围路网及相关设施的交通影响不显著。

8.6　本章小结

本章选取了 5 个具有代表性的建设项目进行了案例分析，分析过程比较详细，可供读者参考。实例中的部分已知数据是编者假设的数据，这些数据仅仅是为了说明交通影响评价的具体操作过程及计算结果，并不代表这个地区或这个路口的真实数据，请读者勿盲目引用。

思　考　题

1. 体育场馆交通影响评价与住宅区交通影响评价有哪些区别？
2. 城市综合体建设项目交通影响评价与传统的建设项目交通影响评价有哪些异同？
3. 开展校区建设项目交通影响评价时应重点关注哪些方面？
4. 开展物流园区交通影响评价时应重点关注哪些方面？
5. 结合身边的建设项目，阐述交通影响评价工作的基本方法。

附　　录

附录 A　交通影响评价报告主要内容

A.1　交通影响评价报告内容应包括建设项目概况、评价范围与年限、评价范围现状与规划情况、现状交通分析、交通需求预测、交通影响程度评价、交通系统改善措施与评价，以及结论与建议。

A.2　建设项目概况应包括建设项目主要规划设计条件、主要技术经济指标和业态、建设方案等内容。

A.3　评价范围与年限应按照我国 CJJ/T 141—2010《建设项目交通影响评价技术标准》中的规定确定。

A.4　评价范围现状与规划情况应介绍评价范围内现状、规划的用地和交通发展情况。

A.5　现状交通分析应包括下列内容：

（1）交通调查方案说明

（2）现状交通运行状况评价，应符合以下规定：

1）应对评价范围内各种交通方式的交通流特征、交通设施、交通管理政策及措施进行说明。

2）应对评价范围内的现状道路、公共交通、自行车、行人和停车等交通系统的管理措施、供需和运行状况进行分析，提出现状交通系统存在的主要问题。

A.6　交通需求预测应对各评价年限、各评价时段的背景交通和项目新生成交通进行预测，分析评价范围内交通系统的交通量分布和运行特征。

A.7　交通影响程度评价应包括下列内容：

1）评价范围内主要交通问题分析。根据交通系统供需分析和交通影响程度评价，提出评价范围内交通系统存在的主要交通问题。

2）评价建设项目新生成交通需求对评价范围内交通系统运行的影响程度。评价对象应包括评价范围内的各种交通系统，包括机动车、公共交通、停车、自行车和行人等。

A.8　交通系统改善措施与评价应包括下列内容：

（1）改善出入口布局与组织，优化建设项目内部交通设施：

1）根据出入口与外部交通衔接的状况，提出出入口数量、大小、位置以及交通组织的改善建议。

2）优化建设项目内部交通与停车设施布局。

（2）评价范围内的交通系统改善：

1）各交通方式的交通组织优化。

2）道路网络改善和道路改造措施。

3）出入口或交叉口的渠化和信号控制改善。

4）公共交通系统改善。包括公共交通运营组织、线路优化、场站改善等。

5）自行车、行人和无障碍交通系统改善。

6）停车设施改善。包括机动车、自行车停车设施，货车装卸点，出租车、社会车辆停靠点等。

（3）改善措施评价。

A.9 结论及建议应包括下列内容：

1）交通影响评价的结论及建议应包括：评价结论、必要性措施和建议性措施。

2）评价结论应明确项目建成对评价范围内交通系统的影响程度，明确交通改善后建设项目交通影响是否可接受，以及是否需要对建设项目的选址和（或）报审方案进行调整。

3）必要性措施是保证建设项目交通影响可接受的前提条件。建议性措施包括对建设项目内部或评价范围内交通系统推荐采取的措施与方法。对评价范围内交通系统影响为显著影响的建设项目，应明确必要性措施。

附录 B 机动车服务水平分级

B.1 信号交叉口机动车服务水平应符合下列规定：

1）信号交叉口的机动车服务水平确定，应符合表 B-1 的规定。当交叉口现状的饱和度大于0.85，必须计算延误指标；当延误与饱和度对应的服务水平不一致，则应以延误对应的服务水平为准。计算规划年交叉口服务水平时，信号周期时长不得大于150s 。

表 B-1 信号交叉口机动车服务水平

服务水平	交叉口饱和度（V/C）	每车信控延误 T/s
A	（V/C）$\leqslant$0.25	$T\leqslant 10$
B	0.25 <（V/C）$\leqslant$0.50	$10 < T\leqslant 20$
C	0.50 <（V/C）$\leqslant$0.70	$20 < T\leqslant 35$
D	0.70 <（V/C）$\leqslant$0.85	$35 < T\leqslant 55$
E	0.85 <（V/C）$\leqslant$0.95	$55 < T\leqslant 80$
F	0.95 <（V/C）	$80 < T$

2）信号控制的环形交叉口应采用信号交叉口的评价方法进行评价。

B.2 无信号交叉口的机动车服务水平，应根据是否需增设标志、标线、信号灯分为三个等级，并应按照表 B-2 的规定确定。

表 B-2 无信号交叉口机动车服务水平

服务水平	流 量
一级	未达到表 B-3 且未达到表 B-4 的流量要求
二级	符合表 B-3 或者表 B-4 的流量要求
三级	符合表 B-5 的流量要求

1）对无信号交叉口增设停车控制标志，应按表 B-3 的规定确定。

表 B-3　需增设停车控制标志的无信号交叉口车道高峰小时流量

主要道路单向车道数/条	次要道路单向车道数/条	主要道路双向高峰小时流量/(pcu/h)	流量较大的次要道路单向高峰小时流量/(pcu/h)
1	1	500	90
		1000	30
1	≥2	500	170
		1000	60
		1500	10
≥2	1	500	120
		1000	40
		1500	20
≥2	≥2	500	240
		1000	110
		1500	40

注：1. 主要道路指两条相交道路中流量较大者，次要道路指两条相交道路中流量较小者。
2. 双向停车控制标志应设置于次要道路进口道。
3. 流量较大次要道路单向高峰小时流量为次要道路两个流向中高峰小时流量较大者。

2）对无信号交叉口增设行人过街标线，应按表 B-4 的规定确定。

表 B-4　需增设行人过街标线的高峰小时流量

标线设置要求	道路双向机动车高峰小时流量/(pcu/h)	行人过街双向高峰小时流量/(人/h)
需要增设行人过街标线	≥300	≥50

3）对无信号交叉口增设信号灯，应按表 B-5 的规定确定

表 B-5　需增设信号灯的无信号交叉口车道高峰小时流量

主要道路单向车道数/条	次要道路单向车道数/条	主要道路双向高峰小时流量/(pcu/h)	流量较大次要道路单向高峰小时流量/(pcu/h)
1	1	750	300
		900	230
		1200	140
1	≥2	750	400
		900	340
		1200	220
≥2	1	900	340
		1050	280
		1400	160
≥2	≥2	900	420
		1050	350
		1400	200

B.3　无信号环形交叉口的机动车服务水平，应按照饱和度进行分级。单环道环形交叉口，根据进口道饱和度判断服务水平，应按表 B-1 的规定确定；对于多环道环形交叉口，应根据多环道环形交叉口交织区饱和度判断服务水平，按表 B-6 的规定确定。

表 B-6　多环道环形交叉口交织区服务水平

服务水平	多环道环形交叉口交织区饱和度（V/C）
一级	（V/C）≤0.35
二级	0.35＜（V/C）≤0.75
三级	0.75＜（V/C）≤0.90
四级	0.90＜（V/C）

B.4　各类长路段机动车服务水平应按照表 B-7 的规定确定。

表 B-7　各类长路段机动车服务水平

服务水平	高速公路和快速路基本路段	一级公路路段	二、三、四级公路路段
	密度值/[pcu/(km·车道)]		延误率（%）
一级	≤7	≤7	≤30
二级	≤18	≤15	≤60
三级	≤25	≤20	≤80
四级	≤45	≤40	＜100
	＞45	＞40	

B.5　高速公路交织区的机动车服务水平，应按照表 B-8 的规定确定。

表 B-8　高速公路交织区机动车服务水平

服务水平等级	最小平均交织速度/(km/h)	最小平均非交织速度/(km/h)
一级	80	86
二级	72	77
三级	64	67
四级	56	56

B.6　各类匝道与主线连接处的机动车服务水平，应按照表 B-9 的规定确定。

表 B-9　匝道与主线连接处机动车服务水平

服务水平等级	汇合交通量/(pcu/h)	分离交通量/(pcu/h)	以下为计算行车速度的主线单向交通量/(pcu/h)							
			120km/h		100km/h		80km/h		60km/h	
			4 车道	6 车道	4 车道	6 车道	4 车道	6 车道	4 车道	6 车道
一级	≤1000	≤1050	≤2200	≤3300	≤2000	≤3000	—	—	—	—
二级	≤1450	≤1500	≤3200	≤4600	≤2600	≤4200	≤2600	≤3900	≤2300	≤3450
三级	≤1750	≤1800	≤3800	≤5700	≤3400	≤5100	≤3200	≤4800	≤2900	≤4350
四级	≤2000	≤2000	≤4000	≤6000	≤4000	≤6000	≤3800	≤5700	≤3600	≤5400

参 考 文 献

[1] CJJ/T141-2010 建设项目交通影响评价技术标准 [S]. 北京：中国建筑工业出版社，2010.

[2] 北京市交通委员会. 北京市建设项目交通影响评价相关指标和标准—研究范围 [R]. 北京：北京市交通委员会，2009.

[3] 建设项目交通影响评价技术标准编制组. 建设项目交通影响评价技术手册 [M]. 北京：中国建筑工业出版社，2011.

[4] 北京市城市规划设计研究院. 城市土地使用与交通协调发展——北京的探索与实践 [M]. 北京：中国建筑工业出版社，2009.

[5] 郑连勇. 城市交通影响评价 [M]. 北京：中国建筑工业出版社，2006.

[6] 过秀成. 建设项目交通影响分析方法 [M]. 北京：中国铁道出版社，2008.

[7] 王丽. 大城市交通影响分析体系研究 [D]. 北京：北京工业大学，2001.

[8] 王根城. 大城市区域交通影响分析方法研究 [D]. 北京：北京工业大学，2007.

[9] 黄良会. 香港城市交通影响评价实践及启示 [J]. 城市交通，2008 (6)：64-70.

[10] 雷蕾，杨孝宽，熊辉，等. 交通影响评价标准的定量化研究 [J]. 交通运输系统工程与信息，2009 (6)：32-41.

[11] 叶以农. 交通影响分析实践与思考 [J]. 城市交通，2003 (1)：33-36.

[12] 赵童，蒲琪. 国内外几种交通影响分析理论与方法的比较分析 [J]. 城市轨道交通研究，2000 (1)：51-58.

[13] 王丽，刘小明，任福田. 对大城市交通影响分析理论与方法的探讨 [J]. 北京工业大学大学学报，2001，27 (1)：16-20.

[14] JGJ 100—1998. 汽车库建筑设计规范 [S]. 北京：中国建筑工业出版社，1998.

[15] 张震山. 城市多路交叉口设计方法和应用实例 [J]. 中国市政工程，2008 (S_1)：11-13.

[16] 宋涛，郭建民. 城市交叉口改善规划设计探析 [J]. 交通标准化，2011 (15)：121-124.

[17] 过秀成. 城市停车场规划与设计 [M]. 北京：中国铁道出版社，2008.

[18] 史密斯. 共享式停车场设计与管理 [M]. 王莹，译. 沈阳：辽宁科学技术出版社，2007.

[19] 王根城，叶曾. 交通影响评价研究方法及其应用综述 [J]. 交通运输系统工程与信息，2009 (6)：14-20.

[20] 任刚，李文勇，陈茜. 交通计算机辅助工程 [M]. 北京：人民交通出版社，2010.

图 7-47　路网交通流量分配图

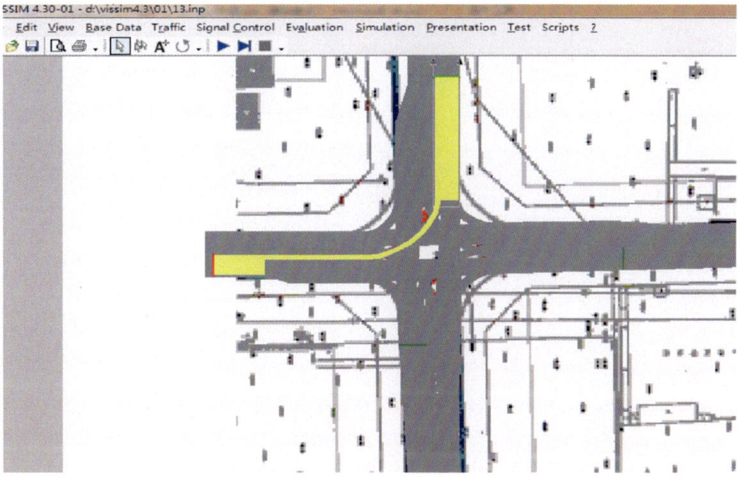

图 7-77　路径决策路段

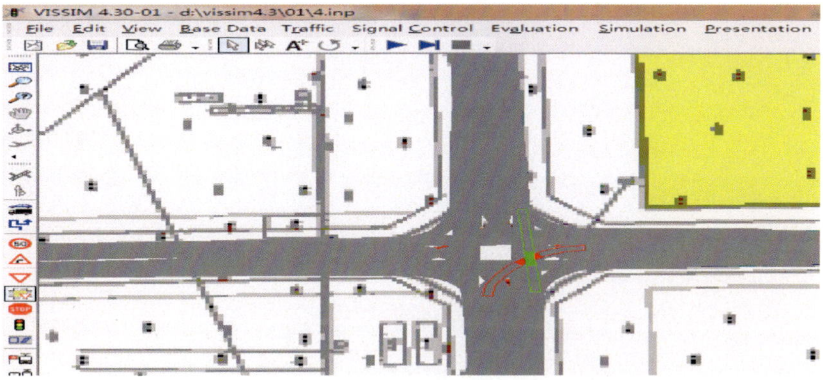

图 7-82　南进口左转与北进口直行冲突区设置

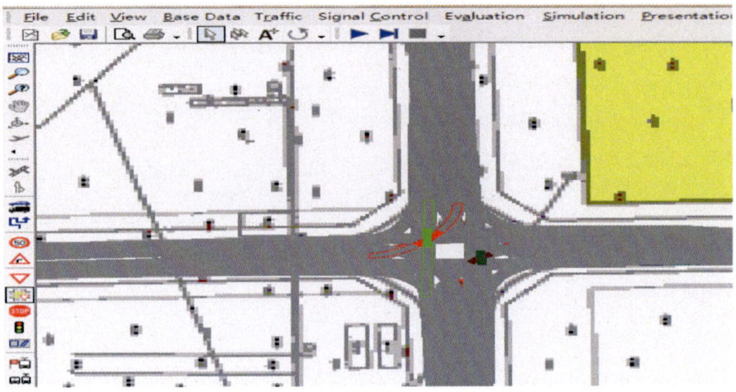

图 7-83　北进口左转与南进口直行冲突区设置

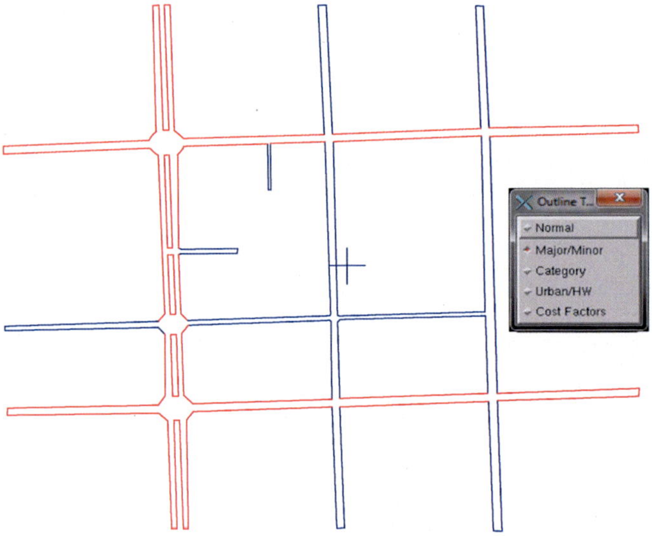

图 7-95　建成的道路网络

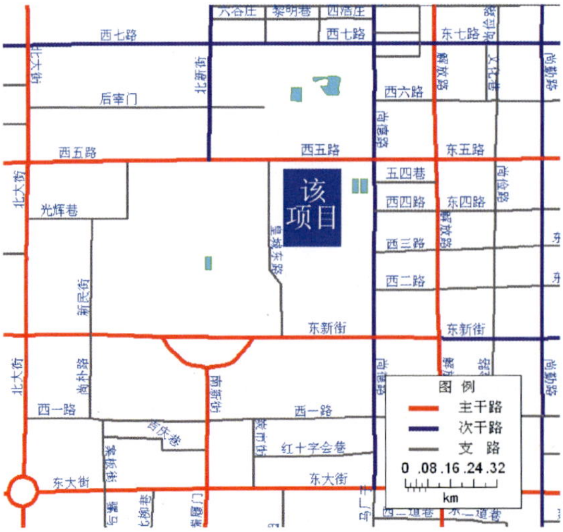

图 8-11　项目周边现状路网结构图

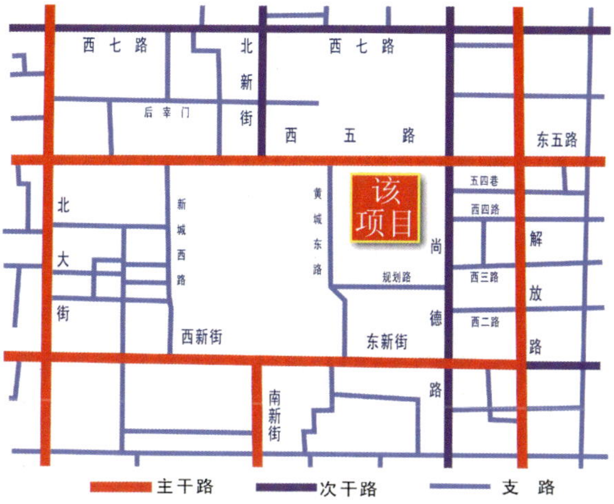

图 8-15　研究区域规划路网

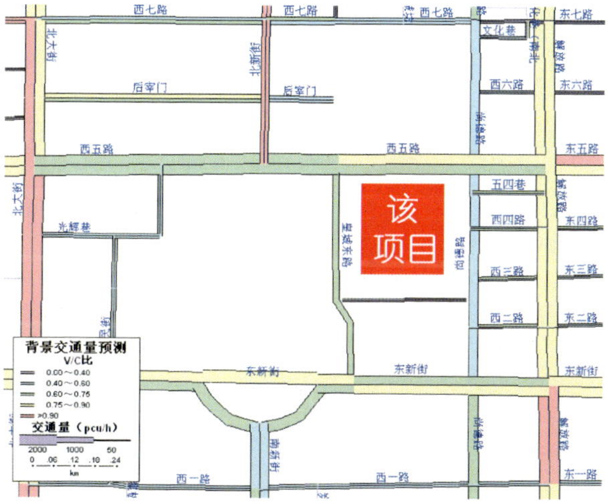

图 8-22　研究区域该项目背景交通量预测结果

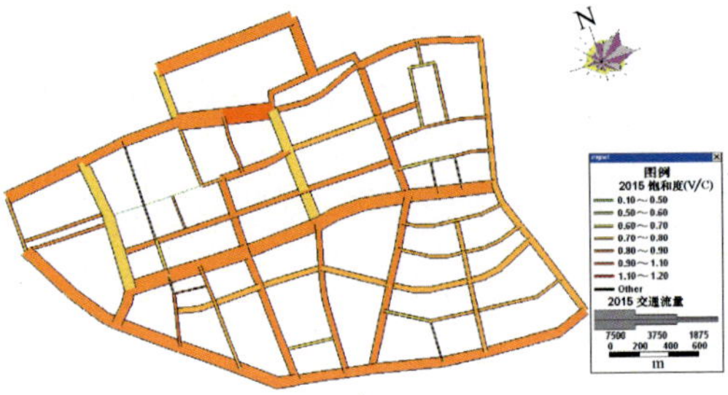

图 8-56　2015 年背景交通流量分配图

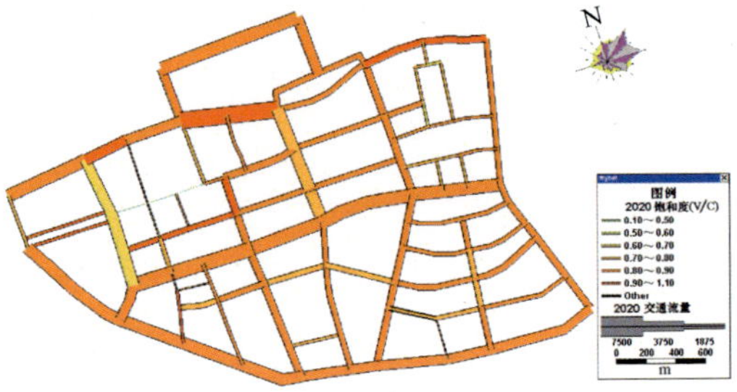

图 8-57　2020 背景年交通流量分配图

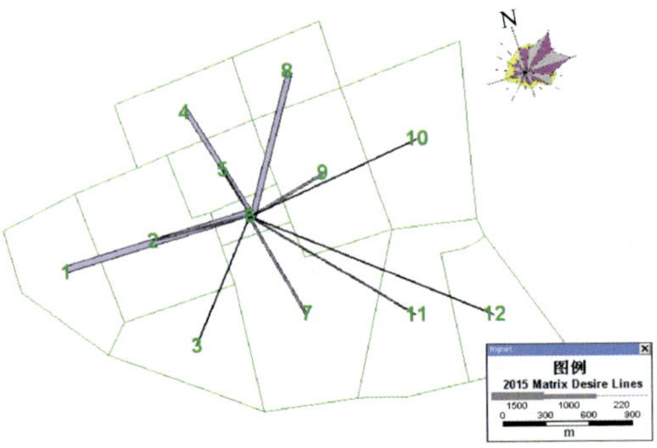

图 8-58　2015 年项目交通量出行分布

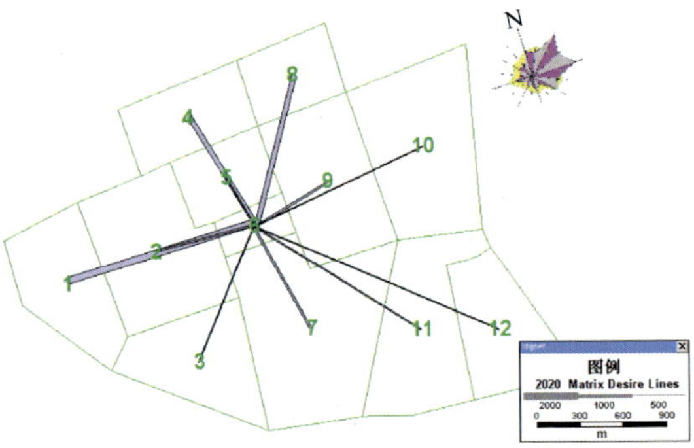

图 8-59　2020 年项目交通量出行分布

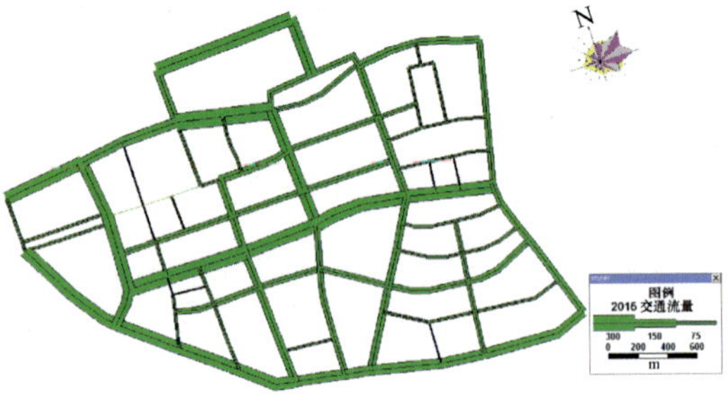

图 8-60　2015 年项目交通流量分配图

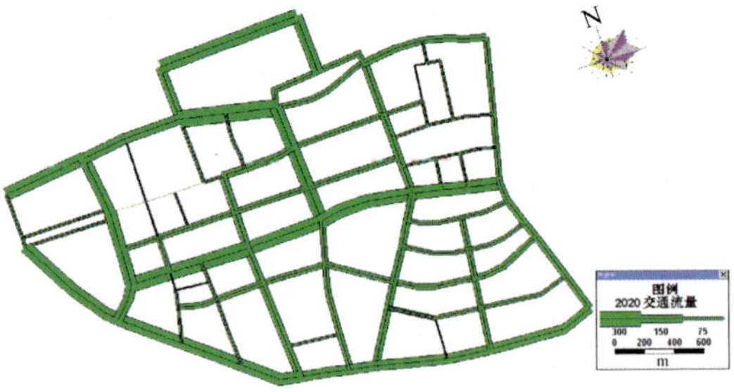

图 8-61　2020 年项目交通流量分配图

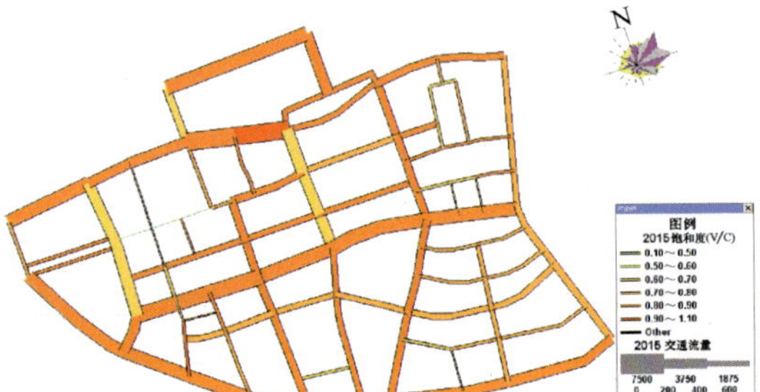

图 8-62　2015 年高峰小时交通量分配图

图 8-63　2020 年高峰小时交通量分配图